基于竞争与合作的全球贸易问题研究

朱婷 著

中国商务出版社
CHINA COMMERCE AND TRADE PRESS

图书在版编目(CIP)数据

基于竞争与合作的全球贸易问题研究 / 朱婷著. --
北京:中国商务出版社,2020.9
ISBN 978-7-5103-3516-7

Ⅰ.①基… Ⅱ.①朱… Ⅲ.①国际贸易—研究 Ⅳ.
①F74

中国版本图书馆 CIP 数据核字(2020)第 162058 号

基于竞争与合作的全球贸易问题研究
JIYU JINGZHENG YU HEZUO DE QUANQIU MAOYI WENTI YANJIU
朱 婷 著

出　　版:中国商务出版社
地　　址:北京市东城区安定门外大街东后巷 28 号　邮　　编:100710
责任部门:职业教育事业部(010-64218072　295402859@qq.com)
责任编辑:魏　红

总 发 行:中国商务出版社发行部(010-64208388　64515150)
网　　址:http://www.cctpress.com
邮　　箱:cctp@cctpress.com

排　　版:北京亚吉飞数码科技有限公司
印　　刷:北京亚吉飞数码科技有限公司
开　　本:787 毫米×1092 毫米　1/16
印　　张:12.75　　　　　　　　字　　数:228 千字
版　　次:2021 年 6 月第 1 版　　印　　次:2021 年 6 月第 1 次印刷
书　　号:ISBN 978-7-5103-3516-7
定　　价:65.00 元

序　言

　　过去几年,全球国际贸易价值每年增长不到 2％,2015 年下降 10％,2016 年下降约 3％。随后强劲反弹,2017 年增长 10％。尽管经济增长乏力是 2009 年"大衰退"(great recession)的持续结果,但令人意外的是,2015 年和 2016 年的衰退发生在全球实际 GDP 正增长的背景下。这在很大程度上是前所未有的,主要是商品价格下跌、主要经济体需求疲软和美元升值等若干因素导致的共同结果。这些年来,服务贸易表现较好,同时由于大宗商品价格上涨,自然资源贸易在 2017 年出现了最强劲的价值增长。中国、欧盟和美国三个主要经济体的贸易增长遵循了类似的模式。对欧盟来说,贸易增长的大幅放缓更为明显。中国、美国和欧盟国家过去几年的整体贸易表现相似,但波动程度不同,美国贸易表现波动较小,中国与欧盟的贸易价值差异较大。欧盟贸易呈现出非常高的增长(有时接近 25％),但随后出现大幅放缓。中国的出口产品在制成品中所占比例大于进口产品,而进口产品又包括价格波动较大的自然资源和农业。然而,造成这种格局的另一个重要因素是,中国经济正在朝着内需而非出口供应的方向进行再平衡。在贸易平衡方面,中国从经济低迷时期的盈余增加趋势(定义为出口减去进口)转变为 2016 年初的盈余下降趋势。根据贸易流向对中国贸易顺差进行分解后发现,由于区域内贸易、南南贸易的下降,2017—2018 年中国贸易顺差有所下降。

　　未来几年的贸易业绩面临很大的不确定性,将呈现特点是世界主要经济体之间持续的贸易紧张局势和多边贸易体制的削弱。无论是经济增长还是国际贸易,增长势头都在减弱。这一点在一些发达经济体更为明显。在未来几年中对国际贸易格局产生不利影响的另一个因素是与国际贸易制度有关的不确定性增加。多边贸易体制的弱化、中美之间持续的贸易争端诉讼、英国脱欧、欧盟内部的困难以及发达经济体的货币政策正常化,都将对未来的国际贸易格局产生影响。

　　这样的客观现实要求我们客观地、科学地预见国际经济交往中的利弊得失,特别是对于从事对外贸易工作的政府官员、企业家和经理人员、经贸领域从业者来说,如何通过科学判断和理性操作,达到能够制定正确的对外贸易政策、回避风险、妥善经营、获取最佳经济利益的目的是极为重要的,同时应适应开放形势的要求。

鉴于以上考虑,作者用两年时间设计和编写了此书,旨在反映当今国际贸易与地缘经济变化的突出问题。全书共分为五个章节,分别为双边及区域贸易关系、贸易摩擦来源及趋势、贸易保护措施的影响、农业贸易自由化问题、贸易体制的发展与贸易便利化五个部分。其中第一章分别讨论了双边贸易关系如中国与南非、拉美加勒比地区贸易关系,区域贸易关系如欧盟、东盟、南南贸易。第二章分别论述了中美贸易争端、北美自贸区贸易摩擦、拉美国家和欧盟对华反倾销等贸易问题。第三章对贸易保护措施、关税、反倾销等问题做进一步的阐述。第四章重点论述农业贸易自由化面临的挑战和对策。第五章围绕贸易机制的发展趋势展开论述。

本书虽力求有新的提高和突破,但由于水平所限,再加上国际经贸形势的不断发展变化,新书送到读者手中仍会发现许多过时或不当之处,望读者不吝赐教。

朱　婷

2020 年 6 月

目　录

第一章　双边及区域贸易关系

第一节　中国与南非贸易关系

中国是南非最大的贸易伙伴,自全球金融危机结束以来,这两个经济体之间的双边贸易流量一直在增加。南非与中国的双边贸易从 2012 年的 2050 亿兰特增加到 2014 年的 2700 亿兰特,增长了 32%。根据恩索尔(2014)的研究,中国在 2009 年成为南非最大的贸易伙伴。南非和中国一直根据各种贸易协定进行合作,这些协定在一定程度上促进了两国之间的贸易。南非是非洲大陆的主要经济体,中国是世界上最大的发展中国家,两国建立了独特的伙伴关系,在双边、大陆和多边层面开展合作,两国政府正在积极努力实现 2010 年设想的全面战略伙伴关系。随着贸易和投资的步伐加快,加上通过 20 国集团和巴西、俄罗斯、印度、中国、南非(金砖国家)集团与中国更紧密的国际合作,南非—中国关系在全球事务中占据重要地位。

一、南非对中国的出口贸易

南非对中国的十大出口产品中约 90% 是原材料。Alden 和 Yushan (2014)研究表明,南非拥有丰富的矿产资源。中国主要进口自然资源作为制造业生产原材料。南非对中国的出口总额为 87 亿美元,占其 2014 年总出口的 9.6%。2014 年南非对中国出口前 10 名商品如表 1-1 所示。

表 1-1　2014 年南非对华出口前 10 名商品

大宗商品	商品价值(以美元表示)
矿石、矿渣和灰烬	56 亿
铁和钢	12 亿
木浆	3.434 亿

续表

大宗商品	商品价值（以美元表示）
宝石、贵金属、钱币	2.162 亿
羊毛	2.091 亿
石油	2.032 亿
铜	1.705 亿
塑料	1.026 亿
机器、发动机、泵	9850 万
镍	8940 万

资料来源：沃克曼，2015 年 6 月 21 日，《世界最富裕国家》。

国家之间的比较优势加强了两国关系，也为贸易奠定了基础。南非在各种初级商品（金属矿石、黄金和煤炭）方面具有比较优势。多年来，南非对中国的出口业绩一直在波动，但 2010—2012 年一直保持正值，如图 1-1 所示，该图显示了南非对中国出口的年度增长百分比。

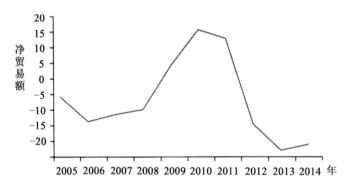

图 1-1　南非对中国出口的年度增长百分比

资料来源：世界银行（2017 年）获得的 2005 至 2014 年的出口数据。

1995—2013 年，南非对中国的出口增长在 2010 年以前一直为正，但在 2012 年后为负。在此期间受到全球金融危机的影响，贸易平衡为赤字。金融危机影响了包括南非在内的许多经济体。经济开始下降，通货膨胀加剧，高失业率加剧了危机。

二、南非对中国的进口贸易

南非从中国进口的全部产品都是制成品（Workman，2015）。中国在非洲采购用于制造的原材料,并销售至世界各地。2014 年中国对南非的出口总额为 154 亿美元,占其进口总额的 15.5%。2017 年南非从中国进口的前 10 名列于表 1-2。中国在第二产业商品(例如纺织品和食品)方面具有比较优势。

表 1-2　2017 年南非对华进口前 10 名商品

大宗商品	商品价值(以美元表示)
电子设备	38 亿
机器、发动机和泵	33 亿
鞋子	6.211 亿
塑料	4.954 亿
针织或钩针服装	4.783 亿
衣服(非针织或钩针编织)	4.666 亿
家具、照明和信号	4.149 亿
钢铁产品	3.962 亿
车辆	3.926 亿
铁或钢	3.732 亿

资料来源:沃克曼,2015 年 6 月 21 日,《世界最富裕国家》,http://worldsrichestes.com/top-south-africa-exports.html。

南非在 1995—2013 年的大部分时间里,进口增长都是正值,只有 1999 年和 2009 年出现了负增长。2008—2009 年的金融危机也抑制了南非从中国的进口的增长。这表明,经济危机总体上减少了贸易。多年来,南非的进口增长一直高于出口增长,这导致了南非和中国之间的贸易逆差。

三、南非—中国政治经济关系

双边、多边和南南关系的发展使南非与中国的关系更加紧密。自 1998 年以来,南非和中国进行了多次高层互访,达成了包括经济合作在内的一系列协议。根据深化战略伙伴关系的计划,南非在 1998 年 1 月与中国建立了外交关系。1999 年曼德拉总统对中国进行首次国事访问,开启了两国正式外交关系。

2000 年时任国家主席江泽民访问南非,两国签署了《中国和南非共和国关于伙伴关系的比勒陀利亚宣言》,首次凸显了双方加强伙伴关系的重要性。这些政治关系为双边关系的发展奠定了基础。南非对中国经济有着重要的影响。对中国来说,南非是非洲大陆最重要的贸易伙伴,双边贸易占中国对非洲贸易总额的近 20%(Shinn&Eisenman,2012)。

2001 年,成立了高级别国家双边委员会。2001 年 12 月,南盟总统为北共体第一届全体会议致开幕词,分别在外交部、经贸、科技、能源、旅游等部门举行了会谈。自《比勒陀利亚宣言》发表以来,2001—2010 年期间举行了四次 BNC 会议。2004 年第二次 BNC 会议结束时,联合公报宣布,南非关税联盟将与中国进行自由贸易谈判,进一步整合加强南南合作的承诺。2006 年 6 月制订了深化战略伙伴关系的计划(PMG,2010)。2010 年双方在原则上达成了全面战略伙伴关系,并提议祖马总统于 2010 年 8 月对中国进行国事访问(PMG,2010)。

2012 年,即将卸任的中国国家主席胡锦涛表示,中国和南非分享共同利益,在许多国际事务中,中国希望配合南非在联合国、20 国集团、金砖国家等国际论坛加强发展中国家的集体声音,推动国际政治经济秩序朝着一个更加公正、合理的方向发展。

多边伙伴关系方面,中国支持南非竞选联合国安理会非常任理事国席位、南南合作、新非洲、亚洲战略伙伴关系(NAASP)以及支持南非加入 20 国集团(G20)。中国和南非寻求增加彼此之间的贸易机会,贸易的快速增长结合了全球蓬勃发展的双边友好因素。中国已经超越美国等国家,成为南非最大的双边贸易伙伴。

南非和中国之间的多边关系巩固了其政治关系。Molepolle(2015)认为,中国与南非在多边层面的关系包括中非合作论坛(FOCAC)、20 国集团(G20)、世界贸易组织(WTO)和 77 国集团(G77)。中国与南非国家相互支持,通过联合国安理会、中非合作论坛、金砖国家和 20 国集团等四个多边论坛得到了具体落实。根据 Alden 和 Yushan(2014),南非也通过中非合作论坛与中国建立了多边关系。关于中非合作论坛,南非从一开始就积极参与中非合作论坛的进程,希望在部长级会议上纳入非洲的观点,或者至少是南非的观点(Alden&Yushan,2014)。与此同时,在中国的南非官员,例如大使,经常被中国官员称赞为驻北京的非洲大使中最活跃的代表。中国邀请南非加入"金砖四国",以提升中国与南非的全面战略伙伴关系。南非于 2011 年正式加入金砖国家。《地方财政》(2013)中引用的《全球协调人》指出,金砖国家的形成是其成员为应对全球挑战、特别是新兴经济体所面临的挑战而促进合作的一种努力。这些国家的合作旨在满足 21 世纪的经济需求,包括基础设施建设、消费和贸易增长。通过金砖国家集团,南非成功地与中国开展了合作。在金砖国家和全球问题上,不同的峰会宣言强调了金砖国家有着相似的需求,例如国际机构的民主化以及考虑发展中国家应对气候变化问题(Alden&Yushan,2014)。这些合作都有助于加强南非与中国的关系。

四、中国与南非贸易竞争问题

本研究对南非和中国之间贸易的利益相关者进行了网上调查,调查对象包括消费者、制造商、出口商和进口商。调查发现,许多南非消费者使用的是中国制造的产品,其次是国产产品和其他进口产品。购买中国产品的主要原因是相对较低的价格、产品的可获得性、质量、技术和包装。从中国进口的产品种类有电子产品、手机及配件、电脑及配件、电子电器、药品、食品等。

在消费者从各个市场购买家庭用品方面,从中国购买的家庭用品有所增加,而从南非、欧洲和美国购买的家庭用品有所减少。各种外国市场的产品流入导致南非市场制造商和外国生产商之间的竞争。中国产品在南非市场的占比有所增加,本地制造的商品和其他外国商品(包括欧洲和美国制造的商品)的消费偏好下降。关于全球金融危机对消费者的影响,消费者表示危机导致他们的消费下降。

进口商方面,进口商品主要来自中国和其他国家。中国是进口商品的主要来源国,包括衣服和鞋子,电气和电子设备及用具,电脑、电话及配件,家具及地毯,乐器,印刷材料及文具,还有摩托车、自行车及零部件。从各个市场对进口商品的需求来看,从中国进口的商品有所增加,从美国进口的商品数量没有变化,从欧盟进口的商品数量有所减少。在价格走势方面,来自中国、欧盟和印度的商品价格有所下降。因此,这意味着南非市场上各种进口商品之间将存在竞争,特别是来自中国、印度、美国和欧盟的竞争是破坏性的。此外,来自不同市场的竞争,特别是来自中国的竞争,对它们的销售和利润产生了消极的影响。

制造商方面,中国是进口原材料的主要来源。近年来从中国进口的投入不断增加,从其他来源进口的投入保持不变。来自各种市场(南非国内和国外)的竞争对它们的经济活动造成了一定的影响,主要包括不利的政府政策(如高且不利的利率和汇率)、基础设施差、治理不到位(使本地商品更加昂贵)、进口关税低、低水平的国外市场信息、恶性价格竞争、质量标准和许多零售及批发商店的出现。

五、政策建议

总体而言,南非生产商应生产高质量的产品。除此之外,应该采用良好的包装和现代技术,降低市场价格。消费者还建议,政府可以采取措施,使本地生产商能够应,来自中国和其他市场的商品流入,其中包括以补贴利率向本地生产商提供贷款,大力支持本地产品的消费。提供稳定的电力供应,并协助生产者改进其技术。电子、服装、电话及配件、电器(煤气灶、发机电、加热器、熨斗、风扇等)、药品和食品、冰箱和空调、电脑和配件、家具和地毯等商品是主要消费品。

南非政府应确保低汇率,减少进口关税,提供良好的道路网络,鼓励当地生产,提供贷款设施,确保进口优质产品。为了使制造商应对竞争,应努力保持与外国商品的统一价格,甚至降低产品的价格,生产高质量的产品,确保交货方便快捷。不同类别公司生产的产品包括加工农产品(腰果、棕榈仁、薯片、蜂蜜、木炭、生姜、芝麻等)、化学及相关产品(化妆品、盥洗用品等),ICT 设备及材料(电脑及配件、电话、印刷设备及材料、投影仪、IP 电话等),企业发展及专业服务(金融、房地产等),家具用品(家居及办公室家具用品等),运输(运输、清算等)。南非本地销售商应做好应对措施,包括适度的价格、促销、质量改善、更好的客户服务、有效的分销、在线交易和包装。政府应继续提倡消费本地生产的产品。

由于出口所得的大部分收益并没有直接进入公民的腰包,因此,为了确保人民(特别是穷人)从石油出口收入中获得最大的利益,应该消除腐败。因此,应该允许经济和金融犯罪委员会(EFCC)和独立腐败行为委员会(ICPC)公正地开展工作,并加快针对案件的法院行动。政府应该利用石油收入来改善基础设施和社会福利,应将出口收入投资于就业潜力大的产业,如农业和制造业,以放开供应方面的限制并使经济基础多样化。应该通过鼓励制造商和出口商来增加对中国的出口。政府应该通过足够的激励政策支持工业发展。为了增加生产者的国内产出,必须改善国内基础设施的状况,政府必须保证充足的电力供应,以降低生产成本,应采用标准、卫生和植物检疫措施来控制有害产品的进口。确保不会因低质量、不合格和有害的产品而变成倾倒场。防止走私是政府可以用来帮助国内生产商应对竞争的另一项措施。应加强消费者保护委员会的活动,使消费者能够报告市场上的任何有害产品,以便采取适当行动。教育消费者行使有关权利,以及在消费任何商品对其福利产生任何不良影响时寻求咨询。

第二节 中国与拉美加勒比地区贸易关系

自 2001 年以来,中国与拉丁美洲的接触显著增加,尤其是在外交和经济关系方面。这种增长反映了中国在全球范围内不断增强的"软实力"。中国国家主席和其他官员相继访问了该地区。拉丁美洲领导人和官员也经常访问中国。中国与拉丁美洲的几个国家签署了多个双边伙伴关系协议,包括与阿根廷、巴西、智利、哥斯达黎加、厄瓜多尔、墨西哥、秘鲁、乌拉圭和委内瑞拉的"战略伙伴关系"。中国国家主席习近平出席了 2015 年 1 月在北京举行的拉美和加勒比国家共同体(拉美共同体)领导人和外长论坛。拉美和加勒比国家共同体是一个不包括美国和加拿大的区域性组织。论坛上,中国和拉美共同体国家商定了涵盖政治、安全、贸易、投资、金融、基础设施、能源、资源、工业、农业、科技、教育等领域的五年合作计划。人文交流方面,在 2018 年 1 月举行的中拉第二届部长级会议上,双方同意将新的合作计划延长至 2021 年。中国还邀请拉美国家参与"一带一路"建设。"一带一路"建设的重点是世界各地的基础设施建设。目前,有 16 个拉美和加勒比国家参与"一带一路"建设。2016 年中国政府关于拉丁美洲和加勒比地区的政策文件指出,中国寻求在"平等互利"基础上,加强在交流对话、贸易投资、农业、能源、基础设施、制造业、技术创新等重点领域的合作。

一、中国与拉丁美洲贸易关系

中国在该地区的经济目标包括原材料(如石油和各种矿石、矿物)和农产品(特别是大豆),建立包括高附加值产品在内的中国商品新市场,与拉丁美洲公司合作获取和开发技术。中国还寻求为其基础设施公司在拉丁美洲获得投资机会,并减少钢铁、水泥和其他相关商品的过剩产能。

表 1-3 对比了 2008—2014 年阿根廷、哥伦比亚、巴西等市场对中国的依赖程度。较为敏感的行业包括纺织品、鞋类、金属制品和机械设备。较为敏感的产品有棉壳、螺丝、螺帽和螺栓、管材和管件、钢材、玩具、圣诞树和装饰品、汽车零部件等。例如哥伦比亚,受中国竞争影响最大的国内产业是金属和产品、机械和设备、橡胶和塑料以及纺织和服装。2005—2010 年,这四类从中国进口的产品以 28% 的年化速度增长,而从世界其他地区进口的总增长速度低于 15%。在同一时期,整个哥伦比亚经济的消费增长约为 14%。2005—2010 年,进口商品消费与中国产品爆炸式增长之间的差距,

导致中国在进口商品消费中所占的份额从 1.3% 上升到 2.9%。在巴西,纺织、服装、鞋类、工业机械设备、办公机械和非金属矿产在国内市场受到冲击,尤其是由钢铁和合金制成的产品,如工具、零部件、厨具等。

表 1-3　2008—2014 年拉美国家市场对中国的依赖程度

排名	国家	依赖指数(2014)	依赖指数(2008)
1	哥斯达黎加	0.43	0.45
2	哥伦比亚	0.42	0.22
3	乌拉圭	0.41	0.27
4	委内瑞拉	0.37	0.27
5	巴西	0.36	0.30
6	智利	0.35	0.30
7	秘鲁	0.34	0.26
8	巴拿马	0.32	0.02
9	圭亚那	0.30	0.00
10	阿根廷	0.30	0.34

资料来源:联合国贸易发展委员会。

2005—2010 年间,墨西哥从中国进口产品中所占比例的消费量增幅更大,从 3.3% 升至 6.4%。纺织和服装业、汽车零部件、工业机械和设备、金属和衍生品以及其他制造产品是主要消费产品。2000 年以来,中国已成为拉美主要贸易伙伴之一,是巴西、智利和秘鲁最重要的合作伙伴。中国与拉美之间的贸易增长了 22 倍,与拉美对美国和欧洲的贸易形成鲜明对比,拉美与美国和欧洲的贸易同期仅增长了一倍。墨西哥从中国的进口增长率几乎是从其他国家进口增长率的 5 倍(21%:4%)。尽管如此,墨西哥几乎没有采取反倾销调查等限制性措施。

拉丁美洲市场,受中国竞争加剧影响,出口占其区域内工业出口总额的 12%,特别是巴西、墨西哥和阿根廷的出口工业受到的影响更大,共计占总额的 94%。在欧盟市场,拉美国家的出口份额仅为 4%,总体而言,过去 5 年没有发生重大变化。2016 年一年,该地区各国政府就从中国政策性银行获得了 210 亿美元贷款。从中期和长期来看,拉美与中国之间的贸易联系仍将是两国关系的一个决定性特征。

中拉贸易总额从 2002 年的 170 亿美元增长到 2018 年的近 3060 亿美元。中国从拉丁美洲和加勒比的进口 2018 年几乎达到 1580 亿美元,占中国进口总额的近 7.5%。同年,中国对拉丁美洲出口 1480 亿美元,占中国出口总额的 5.9%。中国已成为巴西、智利、秘鲁和乌拉圭的最大贸易伙伴。2018 年中国从该地区进口的主要是自然资源,包括矿石(29%)、大豆(19%)、石油(19%)和铜(8%)。中国对拉丁美洲的主要出口包括机电和设备(21%)、机械及机械器具(15%)、机动车辆及零件(7%)以及各种工业和消费产品。在美国于 2017 年 1 月退出跨太平洋伙伴关系(TPP)自由贸易协定之后,中国参加了 TPP 与其余 11 个签署国(包括智利、墨西哥和秘鲁)就全球未来贸易一体化举行的会议。尽管剩下的 TPP 签署国已经在没有美国参与的情况下达成了自己的贸易协定,但 TPP 的三个拉美签署国也都表示有兴趣推进与中国的进一步贸易一体化。中国对拉美和加勒比地区累计利用外商直接投资存量超过 1000 亿美元。据 2018 年布鲁金斯学会(Brookings)报告中引用的中国数据显示,2017 年中国的对外直接投资为 2000 亿美元。根据美国大西洋理事会(Atlantic Council)2017 年的一份报告,中国对拉美的直接投资传统上集中在采掘业,但现在超过一半的投资投向了运输、金融、电力、信息和通信技术以及替代能源等服务行业。中国的银行(中国国家开发银行和中国进出口银行)已经成为拉丁美洲最大的银行,累计贷款超过 1400 亿美元(2005—2018 年),委内瑞拉、巴西、厄瓜多尔和阿根廷是这些贷款的最大接收国(见表 1-4)。近年来,中国的银行为该地区提供的融资超过了世界银行(World Bank)和泛美开发银行(Inter-American Development Bank)的总和。大量贷款用于基础设施项目以及石油、天然气和采矿项目。与主要国际金融机构的贷款相比,此类贷款的条款通常不那么严格,不附加政策条件,环境指导方针也不那么严格。

表 1-4 2005—2018 年中国对拉丁美洲融资

国家	数额(百万美元)
委内瑞拉	67.2
巴西	28.9
厄瓜多尔	18.4
阿根廷	16.9
特立尼达和多巴哥	2.6
玻利维亚	2.5

国家	数额（百万美元）
牙买加	2.1
墨西哥	1.0
其他国家	1.3
总计	141.3

资料来源：玛格丽特·迈尔斯，"中国—拉美金融数据库"，美洲对话，2019年。

中国作为全球商品和服务贸易的主要参与者，同时，中国市场的需求对拉美国家出口价格和区域出口结构产生了积极影响。

二、中国与拉美贸易关系新机遇

中国的结构转型意味着传统大宗商品出口将大幅下降。智利和秘鲁等矿业出口国将受到最严重的打击，年出口增长率将从21世纪初的16%下降到2030年的4%左右。化石燃料出口国（委内瑞拉、厄瓜多尔、哥伦比亚、玻利维亚）和农业为主的经济体（尼加拉瓜、危地马拉、乌拉圭、巴西、洪都拉斯、巴拉圭、阿根廷）也将经历类似的衰退。相比之下，以制造业和服务业为基础的经济体（墨西哥、多米尼加共和国、萨尔瓦多、哥斯达黎加）将能更好地经受住这场风暴，放缓幅度也会小得多（从2000年的5%出口增长到未来的2%）。中国的再平衡也为拉美在某些农业食品领域的出口创造了机会。中国占世界耕地和水资源的比例不到10%，但人口却占世界近20%，由于城市化和不断壮大的中产阶级，中国的食品消费模式正在改变。在这十年里，人均食糖、家禽和羊肉的消费量将大幅增长（增幅超过20%），而鱼、植物油、水果、蔬菜、牛奶和牛肉等产品的消费量将以两位数的速度增长。鉴于阿根廷、巴西、萨尔瓦多和危地马拉的产品专业化和出口结构，中国与拉美贸易将能很好地利用这种趋势。

三、拉美国家贸易发展对策

拉丁美洲的政府需要助力企业发展，以帮助它们进入生产链的高附加值阶段。乌拉圭肉类行业的电子可追溯性或阿根廷大豆种子的生产都是很好的例子。特别是在农业方面，市场营销和物流有助于提升产品价值。

在与原产中国的同类产品竞争的行业，特别是在以低技能劳动力为主的行业,产品的竞争力至少可以通过三种方式得到提升。降低物流成本,增加研究、开发、设计和营销上的投入,使产品更能保持内部或外部的市场份额,专注于差异化更高的领域。通过有针对性的激励措施和质量控制、ISO认证规范等领域的投资,提高产品质量,促进产品创新,降低出口产品的碳排放。

拉美公司将需要提升国家和品牌认知度。拉丁美洲的矿业公司还需要将其活动扩大到除开采以外的其他产品,包括物流、基础设施和其他服务。还应提升当地产业的能力,鼓励中国企业与当地企业之间的活动升级。厄瓜多尔的米拉多和巴西的米纳斯吉拉斯州等投资与采矿有关的服务和工业的项目就是这一战略付诸实施的例子。Stefanini(斯帝芬尼)是巴西领先的IT服务公司,2011年进入中国为中国汽车行业的客户提供服务,计划在2020年前将中国业务扩大五倍。旅游业也显示出了进一步发展的潜力,每100名中国游客中就有1人游览过拉丁美洲。为了促进更灵活的区域交流,拉丁美洲的签证限制和复杂的移民程序需要进行调整。从多边途径抓住这些机遇,需要建立更强有力的地区对话与谈判协调机制。双边协定虽然对一些国家有利,但也会对其他国家产生不利影响。

利用区域平台,制定区域贸易协定,可以增强区域竞争力,增强区域与中国谈判的议价能力。现有的平台,如加勒比共同体、中美洲共同市场、南方共同市场和太平洋联盟,有助于建立协调机制,设计更有针对性的战略,同时也有助于巩固对中国更有吸引力的市场。在与中国的对话中,拉美区域贸易协定应超越关税政策,包括服务、投资、政府采购、知识产权、竞争政策和监管透明度等非关税措施和规则。应建立一个新的中国—拉美伙伴关系,以促进政策升级和区域一体化的政策多样化。总而言之,拉美国家应认真把握中拉关系的商业和贸易机会。

第三节 南南贸易增长因素及发展趋势

2017年和2018年的国际贸易增长模式不仅限于主要经济体,发展中国家也是如此。发展中国家的贸易增长从2015年的5.8%下降到2018年的4.3%左右。表1-5通过区分区域内、区域间和发达国家(南北)之间的增长率进一步说明了发展中国家的贸易情况。首先,区域内贸易在2015年和2016年的低迷期更有弹性,而在2017年和2018年的反弹期则表现优于南北贸易。这是区域一体化战略以区域协定和区域价值链形式体现的结果。所有这些因素有助于使区域内贸易免受全球宏观经济因素的影响。其次,在过去五年里,对发展中国家来说,区域外南南贸易是最不稳定的。这是发展中国家的区域间流动,主要与东亚的商品价格和需求有关。2018年区域外贸易增长近20%,区域内贸易增长约15%,南北贸易增长约10%。

表1-5　发达国家与发展中国家GDP增长率,2012—2018年(百分比)

	2012	2013	2014	2015	2016	2017	2018	平均值
发达国家	0.1	−3.7	2.6	1.5	1.1	1.2	1.7	0.6
发展中国家	5.1	2.9	7.7	5.8	4.7	4.6	4.3	5.0
发展中国家								
阿根廷	3.1	0.1	9.1	8.6	0.9	2.9	0.5	3.6
巴西	5.2	−0.3	7.5	2.7	1.0	2.5	0.1	2.7
中国	9.6	9.2	10.4	9.3	7.7	7.7	7.4	8.8
埃及	7.2	4.7	5.1	1.8	2.2	2.1	2.2	3.6
印度	3.9	8.5	10.5	6.4	4.7	5.0	5.4	6.3
印度尼西亚	6.0	4.6	6.2	6.5	6.3	5.8	5.1	5.8
马来西亚	4.8	−1.5	7.4	5.1	5.6	4.7	6.0	4.6
墨西哥	1.4	−4.7	5.2	3.9	4.0	1.4	2.1	1.9
尼日利亚	6.3	6.9	7.8	4.9	4.3	5.4	6.0	5.9
俄罗斯	5.2	−7.8	4.5	4.3	3.4	1.3	0.6	1.6
南非	3.2	−1.5	3.0	3.2	2.2	2.2	1.5	2.0
土耳其	0.7	−4.8	9.2	8.8	2.1	4.1	2.9	3.3
泰国	1.7	−0.9	7.4	0.6	7.1	2.9	0.7	2.8

资料来源:联合国贸易发展委员会议秘书处。

世界贸易在很大程度上是不平衡的。中国和德国保持着最大的顺差。美国和英国还有一些发展中国家和发达国家保持着巨大的逆差金额。尽管这些失衡有时程度很大,但它们相对于GDP的比率较低。印度是个例外,其贸易平衡赤字与全球总体失衡和国内生产总值(GDP)的比例都很高。相比之下,非洲和南亚许多国家的贸易失衡相对于其国内生产总值(GDP)较大,而相对于世界整体而言则较小。虽然许多国家正在努力使其出口多样化,但农业和自然资源仍然占许多发展中国家出口结构的大部分。中东的能源出口国、非洲的原料供应国以及拉丁美洲国家对商品的依赖更为明显,因为这些国家的农业仍然占出口总额的很大比例。从2014年开始,由于大宗商品价格下跌,依赖指数已经下降。地理、人口和政策选择导致农业贸易出现逆差或顺差。一般而言,拉丁美洲、东非和南亚国家是粮食净出口国,而亚洲和非洲其他大多数国家仍然是粮食净进口国。大多数发达国家以及许多发展中国家(东亚、南亚和东非)、拉丁美洲的大多数国家,都是能源净出口国。在发展中国家中,只有少数新兴经济体达到了与发达国家相似的多样化水平。非洲国家仍然容易受到外来冲击,因为它们的出口一般集中于少数产品。

2012年以来,除出口主要集中在能源产品的国家外,大量国家特别是东非、中美洲和东亚国家的商品和服务出口均有增长。2012—2017年,许多东非和亚洲国家也增强了与关键贸易伙伴的竞争力(表1-6)。与人均GDP水平相似的国家相比,澳大利亚、北美和南美国家倾向于出口初级产品。欧洲和亚洲倾向于出口深加工产品。就变化而言,许多发展中国家的出口在过去几年变得不那么复杂。总体而言,自2005年以来,东亚发达国家和发展中国家的出口表现一直高于平均水平。一些非洲国家的情况也比较好,特别是在东部和南部非洲,过去几年出口增长率很高,出口竞争力和多样化有所改善。另一方面,出口负增长,出口竞争力下降,出口成熟度差距加大,导致拉美地区出口绩效相对较低。

表1-6　2017年按进出口地区划分的货物贸易流动构成(十亿美元)

进口/出口	发达国家		东亚		转型经济体		拉丁美洲		西亚和北非		南亚		非洲撒哈拉以南	
发达国家	5847	588	2150	83	286	16	643	118	418	18	190	15	122	24
	453	4617	56	1980	165	100	82	425	199	195	23	151	43	53
东亚	1526	127	2186	94	96	8	181	57	259	2	106	11	95	7
	149	1237	175	1898	61	26	75	49	198	58	38	57	53	35
转型经济体	209	19	99	5	93	16	11	8	19	1	8	2	3	2
	11	174	0	93	26	51	1	2	1	14	1	6	1	1
拉丁美洲	523	46	276	4	8	0	160	33	15	0	16	1	5	0
	80	384	4	258	0	6	29	98	6	9	1	15	3	1
西亚和北非	463	44	222	11	50	13	33	20	154	24	69	10	19	4
	27	375	2	208	20	20	4	9	21	106	9	44	2	13
南亚	162	12	236	16	19	6	31	10	119	3	42	7	35	3
	17	131	17	201	4	4	13	7	72	43	14	21	18	14
非洲撒哈拉以南	111	15	82	10	4	2	9	5	29	3	19	3	49	9
	14	76	3	66	1	2	1	3	14	12	5	13	13	26

东亚国家的贸易增长在很大程度上是区域一体化的结果,特别是与中国的贸易增长。区域间(其他南南)贸易仅增加了约 2000 亿美元。另一方面,中国的贸易表现在区域内流动和区域间流动之间更加一致。所有其他发展中国家和地区的南南贸易都有所增长。尽管东亚地区的绝对表现在很大程度上优于其他地区,但与 2016 年相比,非洲撒哈拉以南、南亚、西亚和北非地区的变化幅度最大(表 1-7)。尽管如此,这些区域的贸易业绩主要是由区域间贸易(主要是与东亚和中国的贸易)的相对较高增长所推动的,而不是区域内贸易的增长。非洲撒哈拉以南的区域内贸易仅略有增长。

表 1-7　2016—2017 年贸易值变化表(百分比)

进口/出口	发达国家		东亚		转型经济体		拉丁美洲		西亚和北非		南亚		非洲撒哈拉以南	
发达国家	8	8	9	7	20	16	8	4	13	3	10	21	8	3
	28	7	20	9	28	20	21	6	27	3	37	6	22	−1
东亚	11	10	20	24	29	14	19	15	25	28	34	74	27	10
	45	8	30	19	36	19	35	6	26	21	45	23	55	2
转型经济体	15	14	22	12	17	13	14	3	14	13	19	7	10	1
	30	18	30	23	18	20	72	41	47	12	71	21	18	32
拉丁美洲	10	8	12	8	16	5	16	5	20	22	15	21	19	2
	44	4	97	10	18	14	56	11	22	17	−34	17	13	42
西亚和北非	5	−2	8	21	29	39	18	23	11	−3	27	5	−17	−2
	25	1	35	7	43	21	55	0	6	13	116	17	51	−26
南亚	22	20	18	18	34	26	27	7	21	2	19	23	39	3
	84	17	22	18	160	21	38	44	34	4	37	7	32	62
非洲撒哈拉以南	4	14	−3	32	26	52	4	13	19	17	0	−9	6	3
	5	1	−28	−7	224	12	−11	−2	40	3	−9	5	−6	14

2017 年,国际贸易平均增速约为 10%,大多数区域贸易流动的贸易价值都有所增长。2018 年的增速甚至更高(约为 12%)。然而,2017 年和 2018 年的表现不太可能在近期持续下去。尽管这种增长在一定程度上受到全球产出和投资回升的推动,但这种强劲反弹的一个决定性因素是 2015 年和 2016 年的低迷贸易表现(表 1-8)。国际货物贸易主要来自发达国家和东亚地区之间的贸易往来。除初级产品贸易外其他发展中国家

区域之间的贸易要小得多。除转型期经济国家和西亚及北非区域的出口外,大部分贸易是制成品。

表 1-8　2015 年低迷的贸易表现数据(十亿美元)

进口/出口	发达国家		东亚		转型经济体		拉丁美洲		西亚和北非		南亚		非洲撒哈拉以南	
发达国家	4423	357	1200	45	199	6	432	67	358	12	98	6	127	15
	380	3578	56	1083	129	63	110	243	232	112	25	67	69	42
东亚	781	36	948	27	34	2	47	13	139	1	44	2	27	1
	32	706	83	834	11	22	13	21	120	18	23	19	17	8
转型经济体	119	12	25	2	66	7	6	5	7	1	3	1	1	1
	3	102	0	22	23	31	0	1	0	6	0	2	0	0
拉丁美洲	303	22	76	1	7	0	103	14	9	0	4	0	7	0
	20	259	1	72	4	3	22	65	6	3	1	3	6	1
西亚和北非	265	20	67	3	29	2	13	7	57	8	26	4	5	1
	9	233	1	63	8	14	2	4	16	32	4	18	1	3
南亚	83	3	50	4	7	0	4	3	30	1	11	2	5	1
	4	72	4	42	1	6	0	1	11	18	2	6	0	4
非洲撒哈拉以南	74	7	29	3	1	0	6	2	13	1	8	1	23	3
	3	59	1	24	0	1	1	2	8	1	4	4	9	11

资料来源:联合国贸易发展委员会。

南南贸易迅速从危机前水平反弹,2014 年达到近 5.5 万亿美元。经过两年的下降,南南贸易在 2017 年恢复到 4.9 万亿美元左右。与 2016 年相比,2017 年除非洲撒哈拉以南地区外,大多数发展中国家和其他南南贸易保持相对稳定,对这些地区而言,对华贸易变得更加重要。

在过去十年中,世界贸易的增长主要是由发展中国家(南南)之间贸易的增长所推动的。到 2014 年,南南贸易总额已接近 5.5 万亿美元,接近发达国家(北—北)之间的贸易总额。2015 年和 2016 年的贸易大幅下降对发展中国家的冲击大于发达国家,但 2017 年南南贸易的反弹强于其他类型的贸易(表 1-9)。南南贸易流动对发展中国家的重要性是显而易见的,因为近年来,它们占发展中国家区域贸易(进口和出口)的一半以上。南南贸易份额因区域而异,从拉丁美洲的约 40% 到南亚和东亚的近 70%。自 2005 年以来,中国已成为所有其他发展中国家地区日益重要的合作伙伴。由于大宗商品价格回升,自然资源价格涨幅最大,农业和制造业贸易流量的增长大幅度下降。几乎所有双边贸易流量在 2017 年都有所增加,但美中农业贸易和加美制造业贸易略有下降。

表1-9　按产品类别划分,2016—2017 年期间双边贸易流量价值变化

农产品出口国	进口国	2016 与 2017 变化对比（%）	2017 净值（十亿美元）
美国	中国	−1%	22
美国	欧盟	0%	14
美国	加拿大	2%	21
加拿大	美国	4%	26
美国	墨西哥	4%	18
美国	日本	5%	14
欧盟	美国	7%	27
墨西哥	美国	7%	27
欧盟	欧盟	9%	395
巴西	中国	27%	24
自然资源出口国	进口国	2016 与 2017 变化对比（%）	2017 净值（十亿美元）
欧盟	欧盟	23%	191
俄罗斯联邦	欧盟	29%	110
澳大利亚	日本	32%	32
加拿大	美国	33%	79
挪威	欧盟	33%	46
澳大利亚	中国	38%	70
美国	墨西哥	40%	31
巴西	中国	41%	28
沙特阿拉伯	日本	42%	27
俄罗斯联邦	中国	44%	29

续表

制造业出口国	进口国	2016 与 2017 变化对比（%）	2017 净值（十亿美元）
加拿大	美国	−2%	177
美国	欧盟	3%	278
欧盟	美国	4%	377
中国	中国香港特别行政区	4%	250
美国	加拿大	4%	173
墨西哥	美国	6%	269
中国	欧盟	7%	441
中国	美国	9%	510
欧盟	欧盟	10%	2650
欧盟	中国	17%	222

资料来源：联合国贸易发展委员会。

随着人口的快速增长，增加南南贸易和南北贸易的潜力对保持经济增长和促进可持续和包容的全球化模式至关重要。由于 80% 以上的世界人口生活在发展中国家，南南贸易在今后几年中会有所增加，并成为一个在过去几十年中没有充分发挥潜力的世界主要区域的经济增长和繁荣的载体。

根据美国能源情报署（US Energy Information Administration）的数据，在全球探明石油储量最高的 10 个国家中，有 7 个位于北半球（委内瑞拉、沙特阿拉伯、伊朗、伊拉克、科威特、阿联酋和利比亚）。世界上的钻石生产国，每 7 个国家中就有 4 个位于撒哈拉以南非洲地区（博茨瓦纳、安哥拉、刚果民主共和国和纳米比亚）。南方不仅占世界人口的 80% 以上，而且拥有丰富的自然资源。要充分发挥南南贸易合作的潜力，特别是在阿拉伯区域，有许多障碍。1997 年，14 个阿拉伯国家主动建立了大阿拉伯自由贸易区——一个泛阿拉伯自由贸易和经济联盟——以刺激中东和北非的经济增长。如果阿拉伯国家同意取消并消除阻碍贸易自由化全面生效的关税，这一倡议仍然可以成为一个成功的起点。但即使是在这个最成功的经济贸易集团之一的集团内部，也会出现挫折。此外，阿拉伯地区军事冲突的空前增加也阻碍了贸易和经济增长。意识形态和政治分歧仍然将阿拉伯国家划分为不同的子阵营。这些障碍在全球南部的其他许多地区也很普遍。

全球许多国家都是原料生产国，其经济支柱主要建立在原料和商品的出口上。大宗商品和原材料价格波动引发社会不稳定。全球这些国家需要采取进一步措施,从单一经济或以石油为基础的经济向具有不断增长的服务部门的工业化经济过渡。特别是阿联酋、阿曼、沙特阿拉伯和科威特,正通过减少对石油和天然气等原材料出口的过度依赖,建立健全的经济体系。

为了释放南南贸易合作的潜力并确保其社区的发展权,全球南方国家需要重申其承诺,以建立一项能够带来有意义的南南贸易伙伴关系的全球贸易协定。虽然努力促进《发展中国家间全球贸易优惠制度协定》,作为加强南南合作的蓝图,但由于在消除贸易关税方面存在分歧,《全球贸易优惠制度协定》尚未实现。在圣保罗(巴西)举行的最近一轮发展中国家全球贸易优惠制度 GSTP 谈判中,尽管当时的 GSTP 包括 43 个国家,包括阿尔及利亚、埃及、伊拉克、利比亚、摩洛哥、苏丹和突尼斯,但只有少数国家签署了圣保罗回合议定书。尽管圣保罗回合已于 2010 年结束,但由于签署和批准该议定书的国家数目不多,尚未生效。

为了使南南经济贸易协定成为现实,全球南方国家需要确保贸易政策符合 1986 年《发展权利宣言》的规定。对人权的保护必须纳入与全球南方有关的所有贸易协定。此外,发达国家必须为促进发展中国家的贸易和发展提供有利的环境。不公平的贸易关税、补贴和经济制裁妨碍了全球南北之间实现自由贸易,必须予以消除,以便促进一种有利于世界社会利益的包容和可持续的全球化模式。

第四节　英国与欧盟贸易关系

英国是欧盟最大的经济体之一,一旦英国脱离欧盟,英国未来的贸易流动受出口影响最大的行业是汽车和零部件、电子设备以及加工食品。在英国和欧盟之间的贸易中,汽车是占比最高的商品,因为英国既是汽车和零部件的重要生产国,也是汽车的重要销售市场(在欧洲排名第二,仅次于德国)。欧盟是英国的主要出口市场,占英国汽车出口的 57.5%。对于英国来说,服务业是脱欧后受影响最大的行业。根据英国财政部最近的一项分析,服务业占英国经济总量的近 80%。伦敦是全球金融中心,也是欧洲最大的金融中心。英国出口的保险和金融服务约有 1/3 输往欧盟,英国对欧盟的贸易顺差达 198 亿英镑。

贸易成本将取决于英国脱欧后英国与欧盟的关系。无论是基于全面的自由贸易协定(FTA),还是基于 WTO 规则——英国与欧盟之间的贸易成本都会上升。这些成本包括市场准入措施(关税和配额)、行政负担(包括海关手续和增值税)、非关税壁垒(NTBs)贸易范围的境内规则。非关税壁垒包括卫生、安全和环境标准以及原产地规则要求。这些增加的成本将由企业和个人承担,在世贸组织框架下,关税将增加到世贸组织的最惠国水平。脱欧后,欧盟和英国之间的贸易受制于临时机制(例如,根据 EEA 规则)。在尚未达成全面新协议的情况下,贸易退回至 WTO 规则。过去的经验表明,多边自由贸易协定需要 5 至 10 年的谈判时间,需要得到各国乃至地区议会的批准。因此,英国退出欧盟当天全面的新协议将不太可能出台。最终协议最早在 2024 年、甚至到 2029 年达成,双方才能在国家层面就一项新协议达成一致并予以批准。

一、英国脱欧后的双边和区域贸易影响

英国在国际供应链中的重要性集中在英国金融服务及专业服务行业、采矿和化工产品、运输、电信以及批发和零售行业。其出口产品的附加值 41% 来自欧盟,12% 来自美国。英国脱欧后,欧盟当前全球市场的供应链需要重新平衡。贸易政策的不确定性以及它们与英国之间贸易影响欧盟对供应链的投资。如果贸易成本太高,公司会重新考虑它们目前或计划在英国的定位。

英国脱欧还将影响英国与欧盟的第三国贸易。在过去的二十年里,欧盟已经与 58 个非欧盟国家达成了 36 项自由贸易协定。英国会与所有这些国家重新谈判贸易协定,这将是一个非常耗时的过程。根据荷兰经济政策分析研究所(CPB),英国脱欧会减少英国与中国的双边贸易。这将转化为英国国内生产总值和人均实际收入的减少和欧盟与英国之间更高的贸易成本,以及更低效率的产业资源分配。在这种情况下欧盟和英国将回归 WTO 规则。剩下的 27 个欧盟国家将在 2030 年面临预计国内生产总值减少 0.8% 的状况。自由贸易协定下的脱欧损失的情况不那么严重,但也取决于具体的细节协议落实情况。

根据荷兰经济政策分析研究所 CPB 分析,英国将面临 3.4% 的 GDP 下降,而欧盟 27 国在 2030 年预计将下降 0.6%。遭受损失最大的国家爱尔兰、荷兰和比利时的国内生产总值(GDP)占 GDP 的比重分别为 4%、9% 和 9%。如上所述,和英国之间的贸易数量相对较大。这些国家特别容易受到英国脱欧的影响。爱尔兰的经济是出口导向型,其 14% 的出口和 34% 的进口都依赖于英国。除了贸易中断外,重新引入关税还会给跨境交易带来新的成本和时间损失。另一方面,随着外国公司寻求进入欧盟单一市场的其他途径,爱尔兰会受益于更大规模的投资流入和替代地点。无论是出口量

还是进口量,荷兰都是英国在欧盟的第二大贸易伙伴。荷兰与英国也有着密切的投资联系:英国是荷兰投资者最喜欢的投资目的地,而荷兰是英国投资者第二大最喜欢的投资目的地。欧元兑英镑汇率的上升是影响英荷贸易的一个重要因素。荷兰花卉出口商报告称,在英国脱欧公投后的几周内,英国对相对昂贵的花卉和植物的需求已经下降。德国是欧盟最大的贸易国。英国脱欧将使德国工业失去单一市场的许多好处,尤其是在汽车行业。德国的出口会比进口遭受更大的损失。但由于德国是欧盟最大的经济体,它对于英国贸易的依赖相对较低。

二、英国与欧盟贸易结构分析

2018 年英国向欧盟其他成员国出口货物和服务 29100 万英镑,相当于英国出口总量的 45%。如图 1-2 所示,英国进口的货物和服务价值 35700 万英镑,相当于英国全部进口的 53%。英国与欧盟之间的贸易,对英国产生了 660 万英镑的贸易逆差,与非欧盟国家产生了 290 万英镑的贸易顺差。英国在货物贸易方面与欧盟和非欧盟国家保持逆差,在服务贸易方面与欧盟和非欧盟国家保持顺差,如表 1-10。欧盟 50% 的货物进口和 40% 的服务进口来自英国,英国 54% 的货物进口和 48% 的服务进口来自欧盟。

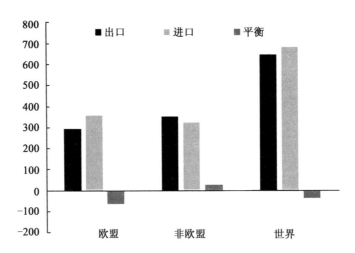

图 1-2　2018 年英国与欧盟和非欧盟国家的商品和服务贸易

资料来源:英国国家统计局。

表 1-10　英国与欧盟及非欧盟国家的货物和服务贸易（百万英镑）

	出口	百分比	进口	百分比	差额
欧盟	291.0	45.3%	357.4	52.6%	−66.4
非欧盟	351.2	54.7%	322.6	47.4%	28.7
总计	642.2	100.0%	680.0	100.0%	−37.7

与欧盟成员国的贸易，图 1-3 显示了英国与其他 27 个欧盟成员国的贸易情况。英国与欧盟 15 个国家（图 1-3）存在贸易逆差，与 5 个国家存在贸易顺差，与 7 个国家实现贸易平衡。英国的最大贸易顺差来自欧盟成员国爱尔兰（1400 万英镑），最大的贸易逆差来自德国（2300 万英镑）。

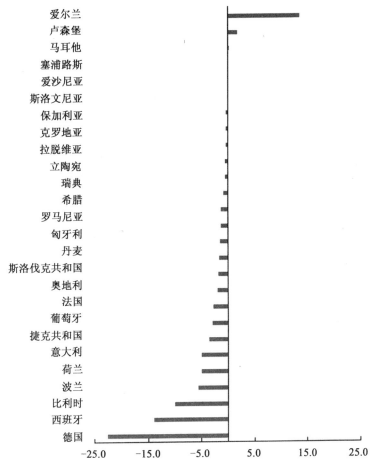

图 1-3　2018 年英国与欧盟国家的商品和服务贸易顺差/逆差

资料来源：英国国家统计局。

　　货物贸易方面,英国与 6 个欧盟国家的货物贸易出现顺差,与 16 个欧盟国家的货物贸易出现逆差,与其余 5 个国家的货物贸易大体保持平衡。最大的货物贸易顺差来自爱尔兰(70 亿英镑),最大的贸易逆差来自德国(320 亿英镑)。服务贸易方面,英国与 13 个欧盟国家的服务贸易出现顺差,与 3 个欧盟国家的服务贸易出现逆差,与其余 11 个欧盟国家的服务贸易大体保持平衡。最大的服务贸易顺差来自荷兰(100 亿英镑),最大的服务贸易逆差来自西班牙(80 亿英镑)。石油和石油产品是英国对欧盟出口最多的,价值 150 亿英镑,占英国对欧盟所有商品出口的 9.2%,占英国所有石油和石油产品出口的 64%。英国向欧盟出口的其他商品包括车辆,价值为 183 亿英镑(占向欧盟出口货物的 11.2%)和价值 128 亿英镑的医药产品(占向欧盟出口货物的 7.8%)(表 1-11)。

表 1-11　2018 年英国对欧盟出口商品前 10 名

	贸易额(十亿英镑)	百分比
公路车辆	18.3	11.2%
石油、石油产品	15.0	9.2%
医药、医药产品	12.8	7.8%
其他运输设备	8.8	5.4%
机电、电器	6.4	3.9%
一般工业机械	6.4	3.9%
发电设备	6.2	3.8%
服装用品及服装辅料	5.3	3.2%
有机化学物质	4.6	2.8%

资料来源:HMRC,英国贸易信息。

　　如表 1-12,车辆是英国从欧盟进口的最大商品,价值约 470 亿英镑,约占英国从欧盟进口商品的 17%,占英国道路车辆进口总量的 43%。英国从欧盟进口的其他商品包括价值约 180 亿英镑的医药产品(约占欧盟进口商品的 7%)和价值约 114 亿英镑的机电和电器(占欧盟出口商品的 4%)。自 1999 年以来,英国与欧盟的商品贸易每年都出现逆差。

表 1-12　2018 年英国从欧盟进口的十大商品

货物贸易类型	贸易额（十亿英镑）	百分比
公路车辆	46.5	17.4%
医药、医药产品	17.7	6.7%
机电、电器	11.4	4.3%
一般工业机械设备	10.1	3.8%
电信、录音设备	9.9	3.7%
办公设备	8.2	3.1%
石油、石油产品	8.0	3.0%
发机电械设备	7.8	2.9%
金属制造	7.6	2.8%

资料来源：HMRC，英国贸易信息。

服务贸易方面如表 1-13，英国对欧盟最大的服务出口是"其他商业服务"，价值约 350 亿英镑，约占英国对欧盟所有服务出口的 29%，包括法律、会计、广告、研发、建筑、工程和其他专业技术服务。2018 年，爱尔兰是英国在欧盟最大的其他商业服务出口市场，占总出口的 23%，德国紧随其后，占 16%。欧盟作为一个整体，占英国其他商业服务出口的 36%，使其成为英国最大的其他商业服务出口市场。从单个国家来看，美国是英国最大的其他商业服务出口市场，占总出口的 28%，其次是爱尔兰，占 8%。英国对欧盟的其他服务出口包括价值 260 亿英镑的金融服务（占对欧盟服务出口的 22%）。金融以及其他商业服务，这两类占英国对欧盟所有服务出口的一半多一点。

表 1-13　2018 年英国对欧盟的服务出口

服务贸易类型	贸易额（十亿英镑）	百分比
其他商业服务	34.8	28.9%
金融	26.1	21.7%
旅行	17.0	14.1%
运输	13.7	11.4%
电信、计算机	10.2	8.5%
保险和养老金	6.5	5.4%
知识产权	5.7	4.8%
个人、文化和娱乐	1.8	1.5%

服务贸易类型	贸易额（十亿英镑）	百分比
保养和维修	1.5	1.3%
制造业	1.5	1.3%
建设	0.9	0.7%
政府	0.6	0.5%

资料来源：HMRC，英国贸易信息。

  如表 1-14，2018 年英国从欧盟进口最大的服务贸易项目是旅游服务，约占英国从欧盟进口服务的 35%，包括酒店和餐馆、旅行社和旅行社提供的服务，还包括一国居民在另一国消费的服务——英国游客在欧盟成员国的酒店住宿将被视为英国服务出口，来自欧盟的游客如果住在英国的酒店，就会被视为英国的服务进口。西班牙是英国最大的旅游服务进口来源国，占英国从欧盟进口的近 1/3，其次是法国，占 16%。欧盟作为一个整体，占英国旅游服务进口的 61%，是英国最大的进口旅游服务来源。从个别国家来看，西班牙是英国的进口旅游服务的来源，占英国的 1/5，其次是美国，占 10%。英国从欧盟进口的服务中，旅游服务和其他商务服务的总和约为 60%。自 2005 年以来，英国对欧盟的服务贸易每年都出现顺差。

表 1-14 英国对欧盟的服务贸易进口

服务贸易类型	贸易额（十亿英镑）	百分比
旅行	31.9	34.5%
其他商业服务	23.8	25.7%
运输	15.3	16.6%
电信、计算机	6.7	7.2%
金融	6.1	6.5%
知识产权	3.5	3.8%
政府	1.4	1.5%
建设	1.4	1.5%
保险和养老金	1.0	1.1%
个人、文化和娱乐	0.6	0.6%
保养和维修	0.5	0.6%
制造业	0.4	0.4%

资料来源：HMRC，英国贸易信息。

近年来,英国出口到欧盟的份额逐渐下降:英国对欧盟出口份额的整体下降,货物贸易比服务贸易下降浮动更大。如图1-4,1999年,英国53%的商品出口到欧盟,2015年,这一比例降至47%,2017年升至50%。相比之下,欧盟在英国服务出口中所占的份额始终如———自1999年以来,这一比例一直保持在40%左右。

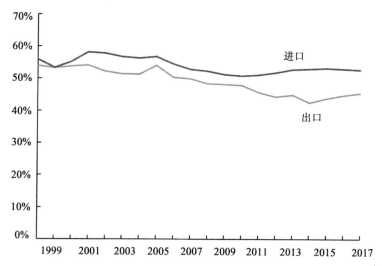

图1-4　1999—2017年英国与欧盟商品和服务贸易份额变化

资料来源:HMRC,英国贸易信息。

欧盟与苏格兰、威尔士、北爱尔兰与英格兰地区之间的贸易方面。英国税务海关总署公布了苏格兰、威尔士、北爱尔兰和英格兰地区与欧盟的贸易数据,如表1-15所示。出口方面,威尔士和北爱尔兰61%的产品出口到欧盟。这是英国所有国家或地区中比例最高的,其次是东北地区、约克郡和亨伯河,比例为60%。苏格兰和英格兰东部对欧盟的出口份额也相对较高。

表1-15　2018年按国家和地区划分的英国商品出口(十亿)

国家和地区	欧盟	总额	欧盟占比
东北部	7.9	13.2	60%
西北部	14.3	27.9	51%
约克郡和亨伯河	10.9	18.2	60%
东米德兰兹	11.4	22.2	51%
西米德兰兹郡	15.0	33.4	45%

续表

国家和地区	欧盟	总额	欧盟占比
东部	14.8	28.3	53%
伦敦	16.1	37.5	43%
东南部	22.7	47.0	48%
西南部	9.7	21.5	45%
英格兰	122.9	249.0	49%
威尔士	10.5	17.2	61%
苏格兰	17.2	31.8	54%
北爱尔兰	5.4	8.9	61%
英国	169.9	339.0	50%

资料来源：HMRC，英国贸易信息。

进口方面，英格兰东部66%的商品进口来自欧盟，北爱尔兰65%的商品进口也来自欧盟。英国东南部、西米德兰兹郡和东北部从欧盟的进口水平也相对较高（表1-16）。

表1-16　2018年按国家和地区划分的英国商品进口（十亿）

国家和地区	欧盟	总额	占欧盟比
东北部	8.1	14.0	58%
西北部	21.6	38.8	56%
约克郡和亨伯河	16.9	33.7	50%
东米德兰兹	15.7	27.8	57%
西米德兰兹郡	23.6	37.8	63%
东部	30.8	47.0	66%
伦敦	31.9	65.7	49%
东南部	59.6	95.4	62%
西南部	10.8	24.2	45%
英格兰	219.1	384.4	57%
威尔士	7.2	18.3	39%
苏格兰	10.2	25.4	40%
北爱尔兰	5.1	7.8	65%
英国	263.0	481.8	55%

资料来源：世界贸易组织《2019年世界关税概况》。

关税方面,虽然英国是欧盟成员国,但与欧盟其他成员国之间的贸易不征收关税。除非有自由贸易协定或优惠贸易协定,从非欧盟国家进口到欧盟的货物支付欧盟的共同对外关税。虽然欧盟的平均关税很低,但某些产品的关税很高,如农产品。2018 年,欧盟非农业产品贸易加权平均关税为 2.7%,农产品贸易加权平均关税为 8.1%,表 1-17 按产品类型列出了分类。

表 1-17　欧盟平均关税(按产品类别划分)(%)

动物产品	17.9
乳制品	43.7
水果、蔬菜和植物	10.7
咖啡、茶	5.9
谷物	14.9
油籽、脂肪和油	5.5
糖和糖果	27.5
饮料和烟草	19.8
棉花	0.0
其他农业产品	3.3
鱼类及鱼类产品	11.6
矿产和金属	2.0
石油	2.5
化学物质	4.6
木材、纸张等	0.9
纺织品	6.5
服装	11.5
皮革、鞋类等	4.1
非电子机械	1.8
机电	2.4
运输设备	4.7
其他生产	2.2

资料来源:世界贸易组织《2019 年世界关税概况》。

第五节　东亚和东南亚的贸易和结构变化

东亚和东南亚经济体一直是全球贸易,特别是制造业贸易中最具活力的参与者之一,20世纪下半叶,在关税及贸易总协定(关贸总协定)及其继承者世界贸易组织(世贸组织)的主持下,首次为开放贸易提供了一个世界性的体制框架。在关贸总协定/世界贸易组织连续几轮谈判削减全球关税的同时,越来越多的国家参与双边和区域优惠贸易协定,特别是在1995年乌拉圭回合结束之后。本节回顾了东亚和东南亚地区的贸易和结构变化,利用最近的历史数据研究了制造业贸易的区域一体化状况以及中国在促进结构变化中所起的作用。

除了HS27(矿物燃料)外,东亚和东南亚在最近十年中已将其出口集中在全球贸易增长最快的部分。东亚和东南亚在世界贸易中的出口份额也在HS50-63中有所增加(纺织品从38%增加到39%,服装从42%增加到43%)。过去10年,东亚和东南亚在全球出口中所占的份额从25%上升到28%(包括日本)。1995—2014年间,中国出口相对于世界贸易的增长尤为显著。

1995—2014年,中国在世界进口市场的份额几乎翻了一番,从3%增长到6%。东亚和东南亚在世界机电(HS85)进口中所占的比例在1995—2014年间急剧上升,从34%上升到39%。该地区在全球精密仪器进口中所占的份额也从26%猛增至34%。该地区非机电设备(HS84)的世界进口份额也从23%小幅增加到24%。相比之下,该地区在世界运输货物进口中所占的份额急剧下降,从12%降至8%(除日本外,从9%降至6%),反映了该地区进口增长相对缓慢年增长率约为2%。在1995—2014年期间,只有中国在区域内经历了运输设备进口的高速增长。尽管如此,在这一时期,该地区已成为运输设备区域以外市场的供应者。

这些关于东亚和东南亚进出口市场份额的数据表明,该地区在国际收支中有巨大的贸易顺差,这些顺差是在1997—1998年亚洲金融危机后恢复后积累起来的。与1995年相比,2014年东盟5国的世界进口份额下降反映在其世界出口份额的增长上为从逆差转为顺差。中国也表现出类似的模式,即从贸易逆差转向贸易顺差。这些盈余有助于解释东亚和东南亚国家外汇储备大幅增加的原因。

中国已成为全球贸易劳动密集型生产如 HS50-60（纺织）、HS61-63（服装）、HS64-67（鞋类、帽子和雨伞）的主导力量，但也已成为 HS84（非机电设备）、HS85（机电）（尤其办公和计算设备）的和 HS90-91（精密仪器）重要出口国。日本仍然是 HS86-89（运输设备）的主要出口国。

中国在整个机械行业有两位数的增长，进口与出口同步增长，表明零部件贸易正在迅速扩张。NIEs 和东盟 5 国的一些机械出口增长率也达到了两位数，这表明这些行业与中国的出口有着互补性的增长。东亚和东南亚在这些类别的出口增长因此超过了世界贸易的增长。在这个充满活力的亚洲贸易中，确定中间和部件贸易相对于最终需求增长的相对重要性和作用是很重要的。东亚和东南亚（不包括日本）劳动密集型制造业的出口增长率也超过了这些部门的世界贸易增长率，这表明东亚和东南亚在这些部门继续获得市场份额。在大多数东亚和东南亚国家，电气和非电气机械的进出口份额正在上升。与日本一样，韩国的运输设备出口份额也出现了大幅增长。国际贸易正在促进该区域的工业化和结构变革。鉴于全球机械行业的快速增长，以及最近纺织品和服装贸易的开放，亚洲处于有利的竞争地位。东亚和东南亚的机电（HS85）和非机电（HS84）的进出口同时增加，突出了区域内中间零部件贸易的重要性。菲律宾、马来西亚、新加坡、中国香港、中国台北的进口和出口份额都非常高，分别为 HS84 和 HS85，而菲律宾仅在这两个行业的出口总额中就占了 3/4 以上。相比之下，越南在 HS84 和 HS85 的出口份额虽低但增长迅速（1995 年为 1%，2014 年接近 7%），但在 HS84 和 HS85 的进口份额更高。与越南一样，印度尼西亚在其出口中所占的电气和非电气机械份额相当低，但这些份额增长迅速，1995—2014 年期间，这两个行业在总出口中所占的份额从 7% 上升到 16%。

越南在 HS61-63（服装）和 HS64-67（鞋帽和雨伞）方面的出口份额很高，而且还在不断增加，这反映了在越南出口中劳动密集型制造业的重要性。越南在其进口中所占的 HS50-60（纺织品）比例也相对较高（这两年占 9%），这反映了越南依赖进口纱线和织物来支持其服装出口。越南在其出口产品中所占比例也位居该地区前列（HS27）（1995 年约为 20%，2014 年约为 21%）。与越南相比，印度尼西亚的矿物燃料出口份额从 1995 年的 25% 以上下降到 2014 年的 18% 以下。越南在其出口中的初级农产品出口份额也最大，但这些份额（1995 年 HS01-10 超过 31%）在 2014 年急剧下降，反映了该国制造业的迅速增长。

一、区域内贸易的作用

在 1995—2014 年间,东亚和东南亚(不包括日本)的贸易增长(包括进口和出口)比世界经济增长更快。1995—2014 年期间,亚洲内部贸易的增长速度与世界贸易的增长速度相当,这意味着亚洲内部贸易也具有高度的活力。中国的出现已证明是 1995—2014 年区域内贸易增长中最具活力的因素。

1995—2014 年间,中国与日本、NIEs 和东盟 5 国的贸易以每年 14% 的速度增长,这意味着中国与该地区其他国家之间的贸易价值增长了两倍多。此外,中国在该地区的进口大于出口,这意味着中国的全球贸易盈余。这种模式的区域内贸易的迅速扩张基于中国作为最终产品的组装点运往欧洲和美洲的市场(和其他地方以外的地区)表明。

1995—2014 年期间,区域内贸易额增加了一倍,从 6510 亿美元增至 12960 亿美元,尽管亚洲区域一体化的制度基础相对有限。因此,亚洲内部贸易的增长及其与世界的贸易增长在很大程度上是由市场力量而不是歧视性贸易协定推动的。如果区域内贸易增长非常迅速,这是否为以下观点提供了依据,即更大的区域一体化努力将使亚洲能够打破对工业国最终需求的依赖。

二、制造业的产业内贸易

东亚和东南亚制造业的产业内贸易按 1995—2014 年的因素强度进行评估使用 SITC 三位数产品类别。制造业有四种类型:非技术劳动密集型、自然资源密集型、人力资本密集型、技术密集型。

自加入世贸组织以来,中国纺织品生产能力迅速增加,中间纺织品进口下降,前者是处于相同加工水平的国家进口和出口产品,后者是处于不同加工水平的国家进口和出口产品。后者被认为发生在生产分散的地方,因此价值链中的每一个制造操作都发生在成本最低或最有利的位置。

三、零部件贸易

中间产品贸易已成为东亚和东南亚地区机电、运输设备和非机电贸易的重要组成部分。这种现象可以通过这些部门中更详细的 SITC 四位数字产品来观察。例如,在机电行业,分别从日本、中国和东盟 5 国的进出口中单独或整体来看。2014 年,中间体贸易占世界机电贸易的一半,而在东亚和东南亚(包括日本),中间体贸易占进口的 56％,占出口的 60％。1995—2014 年,东亚和东南亚的贸易年增长率超过了 14％,而全球的增长率为 12％。出口增长更加强劲——如果不包括日本,东亚和东南亚的出口增长率接近 18％。因此,在东亚和东南亚,零部件贸易份额从机电进口的 50％和机电出口的 45％分别上升到 57％和 61％。在全球贸易中,这一比例在同一时期从 38％上升到 50％,这表明东亚和东南亚在这些中间产品上的贸易甚至比世界其他地区更为密集。

在运输设备方面,中国汽车和车辆零部件(SITC7849)的区域内贸易增长也最为迅速。亚洲内部的汽车零部件贸易在 1995 年至 2014 年间翻了一番。东亚和东南亚区域内贸易占东亚和东南亚全球贸易的份额从 1995 年的 59％上升到 2014 年的 65％。1995—2014 年,该地区各国乘用车贸易额每年增长 9％,如果不包括日本,则增长 18％。贸易额增加了一倍多。中国的需求一直是区域内汽车贸易扩张的动力。2014 年达到 20 亿美元,比 1995 年增长了 10 倍。1995—2014 年,日本向中国的汽车出口取得了巨大的收益。

四、中国对东南亚工业化的关系

由组装机械产品和劳动密集型消费品出口带动的中国制造业的迅速崛起,"东盟 5 国"能够在大致相同的时期内提高其在世界市场上的出口份额。世界银行最近发布的一项研究也支持以下观点:中国对东盟国家出口和制造业竞争力产生各种互补和竞争影响。经验数据也倾向于支持中国在东盟贸易和制造业方面发挥互补作用的观点。特别是低收入的东盟成员国,如柬埔寨、印度尼西亚和老挝,在扩大其在美国服装市场的份额方面做得很好。这表明,中国并没有切断低收入国家按照传统的"雁行"模式进入制造业的机会。对这一进程至关重要的是对贸易和外国直接投资的开放、对市场友好的政策以及海关和税务部门(以及其他部门)的体制改革,以便使出口导向型贸易增长能够扎根并开花结果。

五、结论

从根本上说,区域一体化和区域合作的进程将更加紧密,因为贸易和跨国投资是相辅相成的。来自该地区以外的最终需求,对东亚和东南亚制成品出口的扩大仍然至关重要。这在传统劳动密集型产品和更复杂的产品,如机电和汽车贸易中得到了证明。因此,东亚和东南亚的经济与工业经济的大市场的联系越来越紧密。

亚洲发展中国家在世界贸易中所占的比例不断上升,突出表明了贸易增长的现实确实受到了国家出口产品构成的影响。亚洲发展中国家的贸易格局和结构变化一直遵循"雁行"模式,中国和印度尼西亚、越南等新兴经济体的情况仍然如此。产业内贸易的兴起促进了工业化的进程。虽然这种贸易在传统的劳动密集型制造业(纺织品、服装和鞋类)中停滞不前或下降,但在更有活力的工业部门,包括在技术密集型和人力资本密集型行业,这种贸易一直在制造业以及自然资源密集型产业持续增长。本区域大多数经济体最初通过设立经济特区、出口加工区和工业保税区来刺激开放,鼓励外国直接投资,并向出口导向型企业提供免税的进口投入。

在东亚和东南亚,特别是以中国为中心的作为最终产品组装点的机电零部件和运输设备中间产品的贸易出现了爆炸性增长。亚洲内部贸易蓬勃发展的事实表明,该区域的跨国企业倾向于从事纵向生产分享,其出口销售比率比世界其他地区高得多。中国对该地区其他国家的工业化进程有着微妙的影响。东南亚在劳动密集型制造业方面与中国在世界市场上竞争,但中国在自然资源产品、人力资本和技术密集型制造业方面与东亚和东南亚其他国家在很大程度上形成了互补。

进入第三国市场,尤其是北美和欧洲的市场,对东亚和东南亚的进一步出口扩张至关重要,这意味着多方汇合符合该地区的利益。全球化、技术变革和竞争要求东亚和东南亚经济体灵活使用资源,并易于进入和退出。各国可以通过采取或模拟开放经济政策,向企业和投资者传授市场规律,从而启动结构性改革进程。单边基础上的贸易和投资自由化仍然是从该地区贸易中获益的最重要途径。企业层面生产率的提高有助于确保竞争力,并将是通过贸易进一步发展全球和区域一体化的关键。针对缺失、不完整或低效的发展中市场和机构的第二代改革,对于推广中国和东南亚经济体的开放经济政策是必要的。

第六节　北非经贸发展概况与困境

中国和北非的外交关系历史可以追溯到 20 世纪 50 年代。1956 年埃及作为第一个阿拉伯和非洲国家与中国建立外交关系。到 2014 年中国和北非之间的贸易约为 44 亿美元,并以每年 20% 的速度增长,平均达到 287 亿美元。北非庞大的人口数量为中国商品和专业技术提供了消费基础,中国对北非的出口总额已经远远超过了从该地区进口总额。一些北非国家已经成为中国对外直接投资（FDI）重要的目的地。2014年北非收到的外国直接投资总额的会计账目超过8.4亿英镑，占中国对阿拉伯国家直接投资总额的30%。在过去的十年中，中国和埃及贸易以22%的年均速度增长，随着苏伊士运河的运力扩张，这一增长速度还会上升。

一、中国与北非国家的贸易关系

中国埃及双边贸易（主要是非石油国家）从2012年的16亿美元增至2014年的115亿美元，增长率为23.3%。埃及对中国的出口（包括大理石、花岗岩、棉花、地毯、玻璃、水果浓缩果汁等），同期为1.87亿美元至12亿美元。与此同时，中国出口纺织品、金属制品、电器、玩具和办公设备等商品到埃及。2012年从中国进口的14亿美元增至2014年的104亿美元。而中国对埃及的直接投资占埃及外国直接投资总量的1%，中国2014—2016年在埃及的积累投资超过5亿美元，年均增长12.2%及以上。埃及2015年接受中国对外直接投资总额1.61亿美元，相当于中国对阿拉伯国家直接投资总额的7%（世界投资总额23亿美元）。中国的经济和消费可为埃及8500万人口提供就业机会。埃及已经签署并加入市场自由贸易协定，包括南方共同市场、欧洲自由贸易协会。高层互访频繁表明中国重视与埃及新的战略合作伙伴关系。塞西总统第二次访问中国是在2015年9月参加第二次世界大战胜利70周年纪念活动。习近平主席在2016年中东之旅访问了埃及。此访期间，埃及政府与中国公司签署了包括能源、交通和卫生在内价值150亿美元的协议，旨在促进中国对埃及的直接投资。

2015年9月，中国和苏丹成为战略合作伙伴。17家中国金矿公司总部设在苏丹，投资总计超过1亿美元。苏丹已探明天然气储量三万亿立方英尺，由于缺少管道和港口码头，正在寻求中国的帮助，以生产和出口天然气。2015年4月，中国与突尼斯签署了战略框架协议，并在突尼斯建立自由贸易区。

"一带一路"跨越三大洲，覆盖世界人口的60%。迄今为止，约有65个国家（包括大约20个非洲国家）签署了该计划，这些国家的GDP占世界的30%，能源储量占世界的75%。大约50家中国国有企业正在世界各地实施价值约9000亿美元的1700个基础设施项目。"一带一路"的最终目标是建立一个为人类共同命运的"社区"（人类命运共同体），在宏观层面上，它寻求以有利于中国追求大国地位的方式重塑世界经济秩序。"一带一路"有两个组成部分，即丝绸之路经济带和海上丝绸之路。丝绸之路经济带建立了连接中国内陆与中亚和欧洲的六条陆地走廊。它包括通往欧洲的铁路、从里海到中国的石油和天然气管道以及连接东南亚和中国东部沿海的高速铁路网络。海上丝绸之路建立了三条"蓝色经济通道",将一系列从南海到非洲的港口连接在一起,这些港口也直接与中国进行贸易往来。"一带一路"还加强了中国对全球关键供应链的控制以及改变国际贸易流向的能力。这些努力的核心是开辟新的海上交通线路,扩大中国在世界各地的战略港口通道。2017年,中国国有企业宣布计划购买9个海外港口的股权,这些港口都位于中国计划开发的新航道的地区。此外,中国国有企业在非洲、亚洲和欧洲的40个港口共持有价值400亿美元的股份。因此,随着海上丝绸之路(Maritime Silk Road)的扩张,中国获取港口通道和保障供应线的努力会加强。2010年,全球最大的50个深水港口中,只有1/5有中国投资。到2019年,这一比例增至2/3。中国远洋运输公司(China Ocean Shipping Company)目前是全球第四大航运集团,控制着中国海外港口的大部分股份。自2009年以来,中国的商船队已增长3倍,成为世界第二大商船队。"一带一路"的财政资助来自"政策性银行",其中包括中国国家开发银行和中国进出口银行,这两家银行承诺投资超过1万亿美元。丝路基金拥有400亿美元的投资基金由中国央行监管。

除了基础设施项目之外,中国在旅游、房地产和农业等领域的私人投资也会增加。"一带一路"也日益被视为非洲区域经济一体化和竞争力的催化剂。联合国非洲经济委员会(United Nations Economic Commission for Africa)资助的一项研究发现,如果新的"一带一路"项目得到有效利用,东非的出口每年最多可增加1.92亿美元。作为"一带一路"建设的早期重点,东非已经发展成为海上丝绸之路的中心节点,将中国企业和贷款机构投资建设港口、管道、铁路和电厂连接起来。从吉布提开始,海上丝绸之路连接了苏丹、毛里塔尼亚、塞内加尔、加纳、尼日利亚、冈比亚、几内亚、圣多美和普林西比、喀麦隆、安哥拉和纳米比亚等国规划和建成的中国港口集群。另一条线路连接吉布提、瓜达尔、汉班托塔、科伦坡、缅甸和中国香港。这条走廊的最后一条弧线连接了沃尔维斯湾和中国在莫桑比克、坦桑尼亚和肯尼亚的港口群,然后又连接了瓜达尔港。这些复兴的贸易路线帮助中国使其供应链多样化,并创建了中国—印度洋—非洲—地中海蓝色经济通道,将非洲与巴基斯坦、孟加拉国、斯里兰卡和缅甸的新海上走廊连接起来。

非洲也是中国工业品出口主要目的地,特别是用于"一带一路"项目的煤炭、水泥、钢铁、玻璃、太阳能、造船和铝。2016年,在内罗毕—蒙巴萨(Nairo—Mombasa)铁路建设期间,肯尼亚从中国进口的水泥增加了10倍。2018年,中国对尼日利亚的钢铁出口增长了15%,阿尔及利亚的钢铁进口增长了两倍。2019 年,中国的全球铝出口增长了 20%,对埃及、加纳、肯尼亚、尼日利亚和南非的出口达到约 460 亿美元。

二、北非发展现状

北非地区正经历一场激烈而广泛的政治斗争即"阿拉伯之春"引发的转型,以及十多年来推动该地区经济的大宗商品贸易繁荣的结束。该地区多数国家显示出强劲复苏和投资者信心回升的迹象,提高了人们对中期经济前景的乐观预期。北非的平均人类发展指数为 0.667,在非洲排名第一,其次是南非(0.568)、中非(0.503)、东非(0.496)和西非(0.461)。但是,国家之间和国家内部存在着重大差距,贫穷和失业方面的区域差异仍然普遍存在。2013 年(有数据的最近一年),该地区接近 10% 的人口(约 1800 万人)生活在人均每天 2.9 美元的贫困线以下[按 2011 年购买力平价(PPP)计算],近 20% 的劳动力处于失业状态,其中年轻人的失业率尤其高。然而,缓慢的经济转型——尤其是缺乏完善的经济流程和产品,从而在附加值方面取得进步——正在阻碍持续的快速和包容性增长。自 2010 年"阿拉伯之春"以来,北非地区已强劲复苏。2017 年的实际 GDP 增长率为 4.9%,高于 2016 年的 3.3%,高于非洲平均水平 3.6%,仅次于东非。这在很大程度上是由于利比亚的石油生产和出口高于预期,国内生产总值增长了 55.1%,由于区域和国际对该国的联合援助改善了安全局势。

埃及稳定的经济表现(国内生产总值增长约 4%)也提振了非洲的经济,这其中埃及的宏观经济和结构改革也产生了积极影响。由于所有国家都进行了改革,该地区的增长前景仍然比其他地区(东非除外)更受欢迎。埃及拥有庞大的经济规模和相对强劲的增长,在 2016 年和 2017 年对该地区 GDP 增长的贡献最大。预计埃及还将在未来几年推动该地区的绩效。埃及、非洲开发银行、国际货币基金组织(IMF)和世界银行于 2016 年 11 月批准了一项为期三年的联合改革方案,这是政府致力于调整财政状况、改善商业环境和稳定经济的一个强烈信号。利比亚的强劲扩张也将该国对该地区平均增长的贡献推高至 29.7%。利比亚 2017 年的经济扩张和对地区增长的巨大贡献,反映了油价的小幅回升、产量的增加以及政治不稳定的缓解。随着油价有所回升,利比亚(不受欧佩克减产影响)在 2016 年底和 2017 年全年增加了产量。石油产量从 2016 年的每天 40 万桶上涨到 2017 年 9 月的每天 90 万桶。恢复国家和平的努力和不断上涨的油价有望在 2018 年提振利比亚的经济。利比亚的复苏势头预计将在 2018 年以 31.2% 的速度持续下去。阿尔及利亚是第三大贡献国。2017 年,该地区的经济增长率为 13.4％,低于 2016 年的 28％。阿尔及利亚份额的下降主要是由于经济增长放缓,从 2016 年的 3.3％降至 2017 年的 2.5％,原因是政府在收入下降时削减了公共投资。欧佩克在 2016 年设定的产量限制,抵消了油价上涨带来的收益,导致收入减少。阿尔及利亚的经济和财政收入容易受到全球石油市场发展的影响,这就要求改革公共支出和重新平衡外部账户实现增长和收入来源的多样化。尽管如此,在中期,随着石油价格的回升,阿尔及利亚的经济前景依然良好,预计将继续增长。

与大多数非洲国家不同,自 20 世纪 70 年代初以来,北非的几个国家(阿尔及利亚、埃及、摩洛哥和突尼斯)一直在为其经济结构转型创造条件,使其经济从以农业部门为主导转向以工业和服务业为重点。这些国家最初受益于全球大宗商品价格上涨和贸易条件的大幅改善。阿尔及利亚的氢燃料车、摩洛哥和突尼斯的磷酸盐工业的收入迅速增加,加上更容易获得国际信贷,使得投资增加,特别是公共投资,刺激了增长(Chevallier,2012)。20 世纪 90 年代,北非地区经济增长相对疲弱,但随着油价上涨,该地区经济在 21 世纪头十年强劲反弹。在这种有利的环境下,以主要基础设施建设项目为基础,特别是在阿尔及利亚,一个新的转型周期开始了。

三、北非的发展困境

北非的传统发展模式,基于自然资源的开发农业低附加值的产出不能持续解决就业问题。国际劳工组织估计,北非青年的平均失业率为 30.5％,是全球平均失业率的两倍。自 2010 年以来,北非的劳动力市场整体恶化。2016 年的平均失业率为 12.6％,而中等收入国家的平均失业率为 6.2％。高等教育毕业生的平均失业率达到 26.1％。

自 2011 年 1 月以来,社会对最贫困人口获得更多收入公平和就业机会的强烈需求,迫使北非国家增加其经常支出和社会支出,从而大大削弱了宏观预算状况,导致公共债务急剧增加。例如,突尼斯的公共债务在 2010—2016 年期间增长了 76.3％。这一背景推动北非经济进入新一轮结构性转型,以促进包容性应对和融入全球经济。北非可以从亚洲的经验中汲取灵感,实施经济多样化政策和创新的工业政策,以扩大生产系统,提高生产率。北非国家的结构转型还需要实施雄心勃勃的结构改革方案,改革教育和培训体系,改善投资和商业环境,升级企业,改革国家及其在经济中的作用。

北非青年失业既是挑战,也是收获人口红利的机会。北非受到不可持续的青年失业率和青年经济参与度低的影响。大量非正规部门的公司的存在,导致工作质量低。青年人口的教育和技能与公共部门以外的劳动力需求不匹配,劳动参与率的性别差异较大。在过去十年中,北非国家的青年人口(15～24 岁)减少了,主要原因是冲突和饥荒,现在的青年人口占突尼斯总人口的 15.5%,占毛里塔尼亚总人口的 19.4%。另外,抚养比率(0～14 岁和 65 岁及以上人口占工作年龄人口的比例,不包括 15～64 岁人口)也下降了,从 20 世纪 80 年代的平均 77% 下降到过去十年的 55%。这些不断下降的抚养比率带来了人口红利,包括劳动力的增长和储蓄的增加。然而,为了利用这一优势,年轻人需要足够的就业来支持老年人和他们最终的退休生活。虽然北非失业人口中有很大一部分人没有受过教育,但受过教育的人失业率也很高。有几个因素有助于解释北非受过教育的青年失业率高的原因。首先,是因为满足受过良好教育的年轻人的高期望的工作是不存在的。受过高等教育的年轻人获得的技能与雇主需要的技能之间不匹配(Barsoum,2015);其次,是文化障碍,特别是对受过高等教育的妇女来说,因为该区域"可接受"妇女的职业数目有限。北非地区是世界上性别失业率差距第二高的地区,仅次于中东地区。在阿尔及利亚、埃及和突尼斯,女性失业率大约是男性失业率的两倍。摩洛哥是个例外,男性和女性的失业率几乎相同(ILo,2017)。尽管近年来,女性的小学和大学入学率已经超过了男性入学率,但到目前为止,这种高学历并没有转化为劳动力市场参与度的提高,也没有转化为北非女性对工作的依恋。2016 年,北非女性劳动力参与率不到 16%,而非洲其他地区和全球女性的参与率分别为 52% 和 37%。造成这种差异的主要原因是与文化障碍和北非妇女获得社会服务的机会有限有关的结构性限制。非正规性和年轻人工作的低质量是北非的主要问题。年轻人和进入劳动力市场的人更有机会面临非正规性和脆弱性。北非约 40% 的非农业工作在非正规部门。北非自主创业率也很高。在摩洛哥,大约 53% 的工人是个体经营者,埃及是 39%,阿尔及利亚是 28%,突尼斯是 28%。自主创业并不总是年轻人乐于选择的道路,而且其在很大程度上与非正式的、脆弱的工作形式重叠。

四、对策

在不断增长的中等收入经济体中,应对失业最常见的政策建议之一是增加人们在生命周期中的选择,包括教育选择、劳动力市场参与选择和就业部门选择。文化、立法和其他制度因素常常阻碍对现有需求的最佳劳动力供应,导致劳动力市场出现大量的不匹配。对此,还需要制定政策,通过提供必要的基础结构和体制框架来改善商业环境,使新公司能够成立,老公司能够扩大。埃及为劳动力供给的演变及其特点提供了一个例证。近年来,埃及的劳动力市场出现了相当大的波动,但大多数就业机会都是自谋职业,而不是带薪就业。然而,如果与培训和指导、信息技术以及消除创业的实际障碍相结合,自主创业将成为减少贫困和促进社会向上流动的有效手段。

第二章　贸易摩擦来源及趋势

第一节　美国贸易结构分析

由于美国经济的规模和国际联系,它的发展必然会对全球经济产生重大影响。美国是世界最大单一经济体(以市场汇率计算),占全球近22％产出和超过1/3的股票市值。其贸易流量约占全球贸易流量的1/10。与此同时,全球经济对美国也很重要。美国跨国公司和在美国的外国附属公司在海外经营的产出、就业、跨境贸易和金融中占有相当大的份额流。美国消费者购买的消费品中有1/6是进口商品,在汽车和消费电子产品方面的份额甚至更高。

2018年,美国商品出口额为16641亿美元,比2017年增长7.6％。同期,美国商品进口总额为25413亿美元,比2017年增长8.6％。美国进口增长超过出口,产生了8772亿美元的商品贸易赤字。

出口方面,2018年,运输设备仍然是美国最大的出口行业,占美国全部出口的20.3％。其次是电子产品(占出口的16.6％)和化学品及相关产品(占出口的14.6％)(表2-1)。出口最多的产品是民用飞机、发动机、零部件、精炼石油产品、原油、非货币黄金和非工业钻石。

2018年,所有商品领域的出口都有所增长(表2-1)。增加最多的是与能源有关的产品(增加516亿美元至1959亿美元)。包括原油出口(从246亿增加到472亿美元),成品油(从68亿139美元)、液化丙烷产品(从25亿美元至149亿美元)和烟煤(从22亿到117亿美元)。民用飞机、发动机和零部件的出口增加了94亿美元,至1304亿美元。降幅最大的是大豆,出口量减少了44亿美元(20.3％),至171亿美元。

表 2-1　2017—2018 年美国商品出口总额（以 USITC 摘要分类）（百万美元）

分类	2017 年	2018 年	2017—2018 年变化	2017—2018 年变化百分比/%
农产品	152965	154944	1979	1.3
森林产品	39592	40862	1270	3.2
化学品及相关产品	227526	243436	15910	7.0
能源相关产品	144319	195897	51578	35.7
纺织品和服装	22146	22712	565	2.6
鞋子	1432	1559	127	8.8
矿产和金属	136447	146274	9827	7.2
机械	136204	143279	7075	5.2
运输设备	325578	337942	12364	3.8
电子产品	268546	276896	8350	3.1
制造类	49081	52096	3015	6.1
特殊产品	42437	48160	5723	13.5
总计	1546273	1664056	117783	7.6

资料来源：USITC Data Web/USDOC。

进口方面，2018 年，电子产品和交通运输设备继续位居进口前两位（表 2-2），分别占美国 2018 年进口总额的 19.9% 和 18.1%。乘用车是美国最大的进口产品，在 2018 年价值 1955 亿美元，其次是原油（1570 亿美元）、药物（560 亿美元）、手机（528 亿美元）和电信设备（473 亿美元）。

美国在所有 11 个行业的进口额都有所增长。增加最多的是化学品和有关产品，增加 431 亿美元。能源相关产品进口 382 亿美元，增长 19.4%，从 2017 年的 1968 亿美元增长到 2018 年的 2350 亿美元，仅美国原油进口在 2018 年就增长了 241 亿美元，至 1570 亿美元。运输设备行业（2018 年增长 249 亿美元，至 4597 亿美元）和电子产品行业（增长 219 亿美元，至 5061 亿美元）的进口也有大幅增长。除原油外，产品层面进口增长最多的是石油（增加 83 亿元，至 351 亿元），电脑（增加 83 亿元，至 317 亿元）、药物（增加 58 亿，至 560 亿美元）以及电脑配件（增加 51 亿美元，至 271 亿元）。

表2-2　2017—2018年美国从世界各国进口的一般商品（百万美元）

分类	2017年	2018年	2017—2018年变化	2017—2018年变化百分比/%
农产品	147329	156588	9259	6.3
森林产品	44821	48696	3875	8.6
化学品及相关产品	268131	311210	43079	16.1
能源相关产品	196833	234983	38150	19.4
纺织品和服装	121372	127662	6291	5.2
鞋子	25640	26567	927	3.6
矿产和金属	200577	215281	14704	7.3
机械	196319	214652	18333	9.3
运输设备	434860	459726	24866	5.7
电子产品	484121	506065	21944	4.5
制造类	130338	139019	8681	6.7
特殊产品	90426	100817	10390	11.5
总计	2340768	2541267	200498	8.6

资料来源：USITC Data Web/USDOC。

　　2018年，欧盟仍是美国最大的贸易伙伴。其次是中国、加拿大和墨西哥（表2-3）。按出口排名，欧盟是美国最大的出口市场，出口额为3186亿美元（占总出口额的19.1%）。加拿大紧随其后，为2987亿美元（18.0%）。按美国进口额排名，中国是美国最大的进口来源国，进口额为5395亿美元（21.2%），其次是欧盟，进口额为4878亿美元（19.2%）。

表2-3　2018年美国与主要贸易伙伴及全球商品贸易双边贸易排名（百万美元）

主要贸易伙伴	美国出口总额	美国一般进口贸易	贸易平衡	双向贸易（出口加进口）
欧盟	318619	487753	−169134	806372
中国	120341	539495	−419153	659836
加拿大	298719	318414	−19695	617133

主要贸易伙伴	美国出口总额	美国一般进口贸易	贸易平衡	双向贸易（出口加进口）
墨西哥	265010	346524	−81514	611534
日本	74967	142596	−67629	217562
韩国	56344	74223	−17879	130568
印度	33120	54007	−20887	87127
中国台湾	30243	45761	−15519	76004
其他国家总和	466692	532494	−65802	999186
总计	1664056	2541267	−877211	4205322

资料来源：USITC Data Web/USDOC。

2017—2018年，美国对几乎所有主要贸易伙伴的商品出口都有所增加。如表 2-4 所示，只对中国的出口下降了（下降了 960 万美元，即 7.4%）。对欧盟出口增加 354 亿美元（2018 年为 3186 亿美元，高于 2017 年的 2833 亿美元）。对墨西哥出口增加了 217 亿美元（2018 年为 2650 亿美元，高于 2017 年的 2433 亿美元）。按百分比计算，2017 年至 2018 年期间出口增长最多的是印度（28.9%），其次是中国台湾（17.5%）和韩国（16.6%）。

表 2-4　2017—2018 年美国对主要贸易伙伴世界的商品出口总额（百万美元）

主要贸易伙伴	2017 年	2018 年	2017—2018 年变化	2017—2018 年变化百分比/%
欧盟	283269	318619	35350	12.5
加拿大	282265	298719	16454	5.8
墨西哥	243314	265010	21696	8.9
中国	129894	120341	−9552	−7.4
日本	67605	74967	7362	10.9
韩国	48326	56344	8018	16.6
印度	25689	33120	7431	28.9
中国台湾	25730	30243	4513	17.5
其他国家总和	440180	466692	26512	6.0
总计	1546273	1664056	117783	7.6

资料来源：USITC Data Web/USDOC。

2018年,美国从所有主要贸易伙伴进口的商品都有所增加。进口额增长最多的是来自欧盟的533亿美元(增长12.3%),其次是来自中国的340亿美元(增长6.7%)和来自墨西哥的323亿美元(增长10.3%)。如表2-5所示,从百分比上看,2017—2018年间进口增幅最大的是欧盟(12.3%),其次是印度(11.8%)和墨西哥(10.3%)。

表2-5 2017—2018年美国从主要贸易伙伴和其他国家的一般商品进口情况(百万美元)

主要贸易伙伴	2017年	2018年	2017—2018年变化	2017—2018年变化百分比/%
中国	505462	539495	34033	6.7
欧盟	434459	487753	53294	12.3
墨西哥	314262	346524	32262	10.3
加拿大	299280	318414	19135	6.4
日本	136480	142596	6115	4.5
韩国	71444	74223	2779	3.9
印度	48297	54007	5709	11.8
中国台湾	42462	45761	3300	7.8
其他国家总和	488622	532494	43872	9.0
总计	2340768	2541267	200498	8.6

资料来源:USITC Data Web/USDOC。

服务贸易方面,如表2-6所示,2017—2018年,美国服务出口增长了3.4%,从7793亿美元增至8057亿美元,而美国服务进口增长了4.3%,从5218亿美元增至5443亿美元。2018年,美国跨境服务贸易顺差增长1.5%,至2614亿美元。2018年,美国十大服务出口类别全部实现增长。2018年增长最快的服务出口类别包括维修保养服务(15.2%)、专业和管理咨询服务(10.0%)和航空运输(8.6%)。美国服务进口在前10个服务进口类别中有8个出现增长,保险服务(下降16.0%)和研发服务(下降1.7%)出现下降。美国旅游服务出口价值2147亿美元,占美国跨境服务出口总额的最大份额(26.6%)。其他49项主要的美国服务出口类别包括未包括在其他地区的知识产权使用费(即50项,占出口总额的160%,即1288亿美元)、金融服务51项,占出口总额的1120亿美元,占出口总额的13.9%,以及专业和管理咨询服务费用(占出口总额的868亿美元,占出口总额的

10.8％)。2018 年,美国服务出口增长 3.4％,略低于 2017 年的 5.2％。保养及维修服务其中 52 个国家增长最快,2018 年增长 15.2％,2017 年为6.9％。专业和管理咨询服务也经历了快速增长,2018 年增长 10.0％,而2017 年为 5.9％。然而,2018 年 10 个服务类中有 6 个行业的增长速度较前几年有所放缓。这些主要包括技术、贸易相关和其他商业服务(2018 年同比增长 1.2％)(2017 年增长 13.3％)和研发服务(2018 年增长 0.8％,2017 年增长 10.3％)。旅游服务也占美国跨境服务进口的最大份额(1445亿美元,占美国跨境服务进口总额的 26.5％)。其他份额大的类别包括知识产权使用费(561 亿美元或 103 亿美元)、管理咨询服务(476 亿美元,占8.7％)、保险服务(425 亿美元,占 7.8％)和航空(420 亿美元,占 7.7％)。服务进口增长最快的类别是专业服务和管理咨询服务、技术,与贸易有关的和其他业务服务,航空,金融服务业(分别增长 12.8％、10.6％、8.1％和8.1％)。相比之下,2018 年,美国十大服务类别中有两类的进口下降。继2017 年增长后,2018 年保险服务和研发服务的进口均有所下降,保险服务下降 16.0％,比 2017 年增长 0.9％下降了 55 个百分点,研发服务下降了1.7％,比 2017 年增加了 3.4％。

表 2-6　2018 年美国与主要贸易伙伴及全球服务贸易(百万美元)

主要贸易伙伴	美国出口总额	美国一般进口贸易	贸易平衡	双向贸易(出口加进口)
欧盟	251824	198621	53203	450445
加拿大	63648	35635	28013	99283
中国	56710	18261	38449	74971
日本	44422	30397	14025	74819
墨西哥	33374	25664	7710	59038
印度	24769	29530	−4761	54299
巴西	28061	6051	22010	34112
韩国	21902	9871	12031	31773
新加坡	21597	9255	12342	30852
澳大利亚	21610	7779	13831	29389
其他国家总和	237828	371904	64545	411111
总计	805745	544347	261398	1350092

资料来源:USITC Data Web/USDOC。

2018年,欧盟是美国服务出口的最大市场,也是美国服务进口的最大外来供应者。美国服务出口额占美国服务进口总额的36.6%(1986亿美元)。继欧盟之后,美国服务出口的最大市场是加拿大、中国和日本,而进口的最大来源是加拿大、日本和印度。除印度外美国保持着与每一个主要服务贸易伙伴的服务贸易顺差。

第二节　美国及其主要贸易伙伴贸易概况

欧盟作为一个单一实体,依然是美国最大的商品贸易伙伴,而欧盟成员国在美国的15个最大贸易伙伴中占了6个(包括出口和进口)。美国与欧盟的双向商品贸易增长了12.4%。2018年,美国对欧盟商品贸易总额为8064亿美元,占美国对世界商品贸易总额的19.2%。美国对欧盟出口3186亿美元,欧盟连续第三年成为美国最大的出口市场。美国从欧盟进口商品4878亿美元,仅次于中国。2018年,美国对欧盟出口和进口均有所增长,但美国进口增长更多,美国对欧盟商品贸易逆差扩大至1691亿美元,较上年增长11.8%。美国对欧盟的主要出口包括民用飞机、发动机和零部件、原油、药物、精炼石油产品和非货币黄金。美国进口的主要产品是乘用车、药品、某些免疫产品、轻油以及涡轮喷气发动机和涡轮螺旋桨的零部件。就私营服务而言,欧盟也是美国最大的贸易伙伴,占美国私营服务贸易总额的33.4%。美国服务出口增长超过进口增长,美国对欧盟服务贸易顺差从2017年的503亿美元扩大到2018年的532亿美元。

2018年,中国仍是美国最大的双边商品贸易伙伴,占美国对外商品贸易总额的15.7%。2018年,美国对华双向商品贸易总额达到6598亿美元,比2017年增长3.9%。2018年,美国对华商品贸易逆差为4192亿美元,远高于美国对其他任何贸易伙伴的逆差。2018年,美国对华商品进口增加340亿美元,对华商品出口减少96亿美元,同比增长436亿美元(11.6%)。2018年,美国从中国的商品进口总额为5395亿美元,而美国对中国的商品出口总额1203亿美元。2018年美国对华主要出口民用飞机、发动机和零部件、原油、客运机动车、半导体和大豆。美国从中国进口的主要产品是手机、手提电脑及平板电脑、电信设备以及电脑零件和配件。中国是美国第三大服务贸易伙伴,双边服务贸易总额达750亿美元,占美国2018年跨境服务贸易总额的5.6%。2018年,美国与中国的跨境服务贸易顺差增加了2.4亿美元,达到385亿美元。然而,美国从中国进口服务的增长率超过了美国向中国出口服务的增长率。2017—2018年,美国对华服务出口增长

12 亿美元,增长 2.1%,美国对华服务进口增长 9.15 亿美元,增长 5.8%。

2018 年 5 月,美国贸易代表、美国财政部长和中国国务院副总理、商务部部长及中方其他高级官员就双边贸易问题进行了磋商。作为磋商的一部分,美中两国官员讨论的主要议题包括增加美国对中国的农业和能源出口、保护知识产权以及鼓励双向双边投资。中国还对部分美国产品征收 25% 的从价关税,以回应美国对大约 500 亿美元的中国进口产品征收的从价关税。2018 年 7 月 6 日,美国和中国实施第一批关税,2018 年 8 月 23 日实施第二批关税。美国贸易代表办公室根据"301 条款"采取进一步行动,于 2018 年 9 月 24 日对价值约 2000 亿美元的中国进口商品加征 10% 关税。

加拿大连续第四年成为美国仅次于中国的第二大贸易伙伴。美国与加拿大的双边商品贸易额上升了 6.1%。美国对世界商品贸易总额为 6171 亿美元,占美国对世界商品贸易总额的 14.7%。美国对加拿大商品进出口同比增长,但进口超过出口,导致美国对加拿大商品贸易逆差增加 26 亿美元(15.8%),至 197 亿美元。美国对加拿大的主要出口包括原油,民用航空器、发动机和零部件,载客和载货的机动车及其零部件。美国从加拿大进口的主要产品包括原油、乘用车及其零部件和附件、精炼石油产品、天然气以及针叶林和针叶林产品。加拿大仍是美国第二大服务贸易伙伴,仅次于英国。美加服务贸易总额达到 993 亿美元,美国服务贸易顺差达到 280 亿美元,高于 2017 年的 249 亿美元。世贸组织成立了一个争端诉讼解决小组,处理加拿大就美国对加拿大软木材产品征收反倾销税和反补贴税提出的要求。然而,美国和加拿大在 2018 年并没有就软木材协议进行新的谈判。在其他方面,美国和加拿大官员签署了关于加拿大—美国监管合作委员会的谅解备忘录,重申了加强监管协调的承诺。

墨西哥是美国第三大商品贸易伙伴。美国与墨西哥的双边商品贸易总额达到 6115 亿美元,比 2017 年增长了 9.7%。墨西哥占美国与世界贸易的 14.5%。美国对墨西哥商品出口 2650 亿美元,从墨西哥进口 3465 亿美元美国对墨西哥的商品进口和出口都比前一年有所增加。由于进口增长超过出口,商品贸易逆差增加了 10.6 亿美元。比前一年增加 10 亿美元(14.9%),达到 815 亿美元。美国对墨西哥的主要出口包括轻油,精炼石油产品,电脑零件及配件,柴油发动机,半导体,机动车车体(包括驾驶室)的零部件和附件,民用飞机、发动机和零部件。美国从墨西哥进口的主要产品包括乘用车、货物运输用机动车、电信设备、道路牵引车、彩电接收设备和绝缘点火电线。墨西哥是美国第六大服务贸易伙伴。美国对墨西哥的服务出口增长了 4.0%(13 亿美元),达到 334 亿美元,而美国从墨西哥的服务进口增长了 1.2%(3.1 亿美元),达到 256 亿美元。这导致美国在 2018 年对墨西哥的服务贸易顺差达到 77 亿美元。2018 年美墨签署了 USMCA 协定。双方继续推进边境手续和设施现代化,建立了新的海关和检查程序、行人和车辆检查设施以及车辆加工通道。根据北美自由贸易协定,美国和墨西哥之间的跨境卡车运输试点项目于 2015 年结束。自那以来,美国联邦汽车运输安全管理局一直在接受来自墨西哥的汽车运输公司的申请,这些公司已在美国商业区外开展长途运输业务。

按双边贸易计算,日本仍是美国第四大贸易伙伴,占美国商品贸易总额的 5.2%。美国与日本的双向商品贸易总额较 2017 年增长 6.6%,至 2018 年的 2176 亿美元。美国对日本的商品出口总额为 750 亿美元,尽管 2017—2018 年,进口和出口都有所增长,但美国对日本的出口超过了美国对日本的进口,美国对日本的商品贸易逆差比 2017 年减少了 12 亿美元(1.7%)。美国对日本的主要出口产品是民用飞机、发动机和零部件、液化丙烷、玉米、半导体和药物。美国从日本进口的主要产品是乘用车、飞机或直升机零部件、汽车变速箱和打印机零部件。日本仍是美国第三大服务贸易伙伴,占美国服务贸易的 5.5%。2018 年,美国对日本的跨境服务出口下降了 8.05 亿美元,至 444 亿美元,降幅为 1.8%,而美国从日本的跨境服务进口增加了 14 亿美元,增幅为 4.8%,至 345 亿美元。因此,美国对日服务贸易顺差从上年的 162 亿美元降至 140 亿美元。美国总统特朗普和日本首相安倍晋三同意启动双边贸易谈判,以便达成美国—日本贸易协定。2018 年其他与贸易相关的进展包括降低日本对进口冷冻牛肉的保障关税,向美国羊肉和山羊肉重新开放日本市场,以及对供应日本医药市场的药品生产商的要求进行改革。

韩国继续成为美国第六大商品贸易伙伴,占美国与世界贸易的 3.1%。2018 年,双边商品贸易同比增长 9.0%,达到 1306 亿美元。美国对韩国的商品出口价值 563 亿美元,而美国从韩国的商品进口总额为 742 亿美元。美国对韩国的贸易逆差为 178 亿美元,较 2017 年下降 22.7%,原因是 2017—2018 年,美国对韩国的出口增幅超过同期美国对韩国的进口增幅。美国对韩国的主要出口包括原油,用于制造半导体器件或电子集成电路的机器,民用航空器、发动机和部件,牛肉,客运机动车,液化丙烷,天然气和半导体。进口的产品包括乘用车、手机、电脑零部件和配件、成品油产品和免疫产品。基于双边贸易,韩国仍是美国第九大服务贸易伙伴。2018 年,美国对韩国的服务出口下降 6.7%,至 219 亿美元,而美国对韩国的服务进口增长 7.0%,至 99 亿美元。因此,美国对韩国的服务贸易顺差下降了 15.6%,从 2017 年的 143 亿美元下降到 2018 年的 120 亿美元。2018 年对《美韩自由贸易协定》做出的修改包括:美国将逐步取消对韩国卡车征收的

25％关税,并规定将美国对韩国卡车的年配额提高一倍。进一步消除对美国出口汽车的尾气重复的检测,根据《韩国与美国自由贸易协定》美国药品享受优惠关税待遇等。

根据双边商品贸易,印度是美国第九大贸易伙伴。美国与印度的双向商品贸易增长了 17.8％,达到 871 亿美元,占美国与世界商品贸易的2.1％。2017—2018 年,美国对印度的出口和从印度的进口均有所增长,出口增幅超过进口增幅。美国对印度的商品出口为 331 亿美元,美国从印度的商品进口为 540 亿美元,导致美国对印度的商品贸易逆差为 209 亿美元,比 2017 年下降 7.6％。美国对印度的主要出口是非工业钻石,原油,民用航空器、发动机和部件,非货币黄金和烟煤。2017 年,美国从印度进口的主要是非工业钻石、某些药物、冷冻虾、轻油和黄金首饰。印度是美国第七大服务贸易伙伴国,也是八大服务贸易伙伴国中唯一与美国有服务贸易往来的国家。美国贸易代表办公室(USTR)在 2018 年宣布,出于对项目遵守情况的担忧,它正在审查印度在普遍优惠制下获得关税优惠的资格。在世贸组织,美国就印度对小麦、大米和棉花的价格支持向世贸组织农业委员会提交了通知。

中国台湾是美国第十一大贸易伙伴。美国与中国台湾的双向商品贸易增长 11.5％,达到 760 亿美元,占美国与世界商品贸易总额的 1.8％。美国对中国台湾商品出口额为 302 亿美元,美国对中国台湾商品进口额为 458亿美元,美国对中国台湾商品贸易逆差减少 7.3％,至 155 亿美元。美国对中国台湾的出口增幅大于美国对中国台湾的进口增幅。2018 年美国对中国台湾出口最多的是原油,民用航空器、发动机和部件,半导体或集成电路制造设备,半导体和计算机。美国从中国台湾进口的产品包括电脑零件及配件、微芯片、电讯设备、半导体储存装置及半导体。美国对中国台湾服务出口增长 2.5％,至 96 亿美元,而美国对中国台湾服务进口增长 3.4％,至82 亿美元。结果,美国对中国台湾服务贸易顺差持续下降,从 2017 年的 14亿美元降至 2018 年的 13.7 亿美元,降幅为 1.6％。美国—中国台湾贸易投资框架协议(TIFA)是贸易和投资问题进行双边讨论的主要论坛。在2018 年,虽然没有 TIFA 理事会会议,美国通过其他机制继续发展与中国台湾的贸易关系,其关键问题仍然是贸易、数字盗版、投资和农业的技术壁垒。

美国将中国、加拿大和墨西哥列为 2018 年贸易议程的首位。美国政府正在考虑对其最大的贸易伙伴——中国实施贸易惩罚,原因包括知识产权盗窃和强制技术转让,在美国销售的太阳能电池板定价过低,以及为向美国出口钢铁和铝的成本提供补贴。北美自由贸易协定 1.3 万亿美元的贸易额为美国提供了多达 1400 万个就业机会,并使这两个邻国成为美国第一大和第二大出口市场。加拿大和墨西哥是两个奉行市场原则的友好邻邦,一个是北约(NATO)盟友,另一个是在许多问题上日益密切的合作伙伴。与北美自由贸易协定一样,美国过于关注贸易逆差。美国退出北美自由贸易协定的威胁在美国农业州引起恐慌。预测显示,退出北美自由贸易协定将使美国损失数十万个就业机会和数十亿美元的出口,并引发股市的负面反应。

第三节　中美关税升级对全球贸易的影响

鉴于中美两个经济体的规模,美国和中国实施的关税将对国际贸易产生重大影响。关税对国际贸易格局的影响主要取决于中美贸易将在多大程度上被来自其他国家的产品所取代。由于缺乏外国竞争对手,或者由于一些产品不易被替代,美国、中国供应商愿意承担提高关税而增加的交易成本。这意味着,即使征收高额关税,两国之间仍会有一些贸易往来,而由于价格上涨和进口替代效应,一些双边贸易将不可避免地转向其他国家。

图 2-1 表示受关税影响的产业以及贸易转移效应的估计(进口转向第三国)、剩余贸易(进口仍然来自受关税影响的国家)和贸易损失。中美贸易争端导致关税进一步上调至 25%,并将于 2019 年 3 月生效。一般来说,25%的贸易转移对关税的影响比剩余贸易和贸易损失大几个数量级。这表明,尽管双边关税在保护国内企业方面不是很有效,但它们是限制对方国家贸易的非常有效的工具。

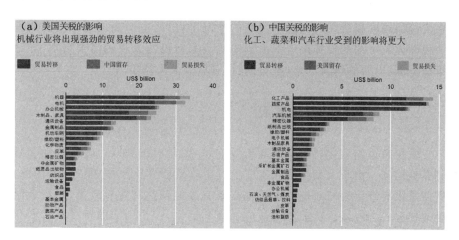

图 2-1　中美关税的影响

资料来源:联合国贸易发展委员会议数据。

一、贸易转移效应

从第三国的角度来看,贸易转移效应是最相关的。中美贸易关系紧张的一个影响是使世界其他地区的供应商相对于美国和中国公司更具竞争力。如图 2-1 所示,特别是在一些行业将因此产生更大的经济效益。所以,中美贸易的很大一部分会被其他国家所占有。

图 2-2 报告了对有第三国出口的贸易转移效应的估计。总体而言,欧盟的出口是增长最多的,约占美国与中国双边贸易的 700 亿美元(中国对美国出口 500 亿美元,美国对中国出口 200 亿美元)。日本、墨西哥和加拿大将获得 200 多亿美元,其他国家较少。尽管这些数字与全球贸易相比并不算大(2017 年约为 17 万亿美元),但对许多国家来说,这部分的增长在出口中占据了相当大的份额。例如,墨西哥将从中美贸易中获得约 270 亿美元贸易额,约占墨西哥出口总额的 6%。不过,尽管美国和中国的关税对一些外国竞争对手有利,但总体影响将更加不确定,对第三国的有利程度取决于各国的经济结构以及关税对价格的影响程度。以中国对美国大豆征收的关税为例。由于这两个市场的重要性(中国进口的大豆占全球的一半以上,美国是世界上最大的大豆生产国),对大豆征收的关税严重扰乱了这种商品的世界贸易。如前所述,这种关税的后果之一是贸易转向有利于几个出口国,因此巴西将会成为中国大豆的主要供应国。然而,尽管更高的溢价受到了巴西生产商的欢迎,但并非所有人都感到高兴。巴西大豆生产商的一个担忧是,中国关税带来的更高价格会妨碍巴西大豆采购商长期采购的竞争力。在关税的幅度和持续时间尚不清楚的情况下,巴西生产商不愿做出因取消关税而无利可图的投资决定。由于中国买家对巴西大豆的需求增加,导致价格上涨,巴西的饲料产业(牲畜饲料)必然会失去竞争力。

二、贸易政策的溢出效应

关税政策的变化所引发的溢出效应是,贸易对抗和双边政策行动蔓延到其他国家。由于大型经济体实施的贸易政策必然会影响国际市场,因此,即使是没有直接参与对抗的国家也需要有效地调整其贸易政策,以最大限度地扩大机会或减少负面溢出效应。换句话说,一个国家的贸易政策变化常常会导致其他国家的政策变化,最终导致一系列扭曲的贸易政策。在目前情况下,贸易保护措施备受关注。一个原因是,突然实施的保护主义措施会诱使企业争相寻找替代买家,从而以低于成本的价格提供产品。因此,由于存在倾销的性质,一些国家可以实施贸易保护政策,以确保产品不会以低于成本的价格进入本国市场。

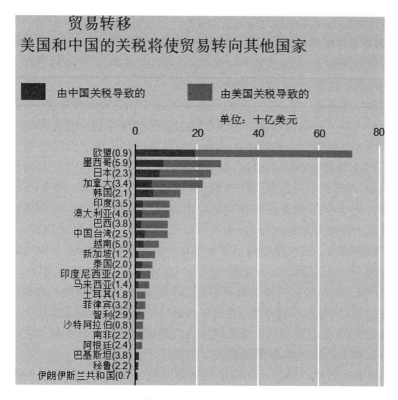

图 2-2 贸易转移

资料来源:联合国贸易发展委员会数据。

以美国于 2018 年 3 月对钢铁和铝产品征收的关税为例。这些关税加剧了全球供应过剩的问题,从而导致价格下降。与此同时,为了限制倾销的性质,包括欧盟、印度、加拿大、土耳其和南非在内的几个经济体都在世贸组织框架内发起了调查,以实施《保障措施协定》规定的临时关税。

总而言之,关税不仅会对贸易保护措施产生溢出效应,还会对其他形式的政府干预产生溢出效应。受到不利影响的国家经常执行额外的政策来支持受影响的部门。虽然这些政策一般是国内性质的,但它们对国际贸易有重要的影响。例如,对农业的补贴和对国有企业的支助对其他许多国家有重要的影响,因此很容易被其他政策行动抵消。

三、价值链的重新分配

今天的贸易模式在很大程度上是由生产网络形成的,装配工作在一个国家完成,而零部件则来自其他地方。在这方面,征收关税的影响将远远超出直接针对的国家和部门。征收关税不仅对产品的装配者不利,而且对价值链上的供应商也不利。此外,由于国际货物贸易与服务日益一体化,货物关税也会对服务部门产生影响。换言之,无论中国或美国经济受到何种损害,都会间接影响到与此相关的任何地方的中间产品和服务的供应商。要考虑的一个重要因素是关税对国际生产网络的影响。虽然美国和中国之间的贸易紧张会促进一些全球价值链的本地化,但它们将在很大程度上将改变本地化的预期。例如,美国对中国征收关税使墨西哥受益,因为这导致一些生产线向中国转移。此外,美国的关税还将对东亚供应商产生负面影响,因为当价值链上的其他产业离开东亚地区时,东亚供应商的竞争力也会随之削减。因此,东亚价值链将进一步大幅收缩。受美国和中国的关税影响,东亚地区的贸易将减少约 1600 亿美元。对于北美地区(即 USMCA 协定中的国家如美国、加拿大和墨西哥)来说,中国关税的负面影响几乎完全可以通过将生产过程从中国重新分配到北美地区得到补偿。造成这种差异的原因之一是受美国关税影响的贸易量更大,而且美国的大量关税针对的是中间产品。东亚和北美的负面影响将有利于其他国家,特别是欧盟。据估计,欧盟将能够吸引约 900 亿美元的价值链相关贸易。其他亚洲国家和南美国家也会吸引一些与价值链相关的贸易。图 2-3 描述了对受影响产品征收 25% 关税对区域价值链的影响。

从全球价值链的角度来看,关税的重要性还在于关税是暂时的还是永久性的。如果关税被认为是暂时的,它们对全球价值链的影响不会那么大。将生产流程转移到世界各地的成本是巨大的。如果关税被认为是永久性的,它们就会影响投资决策,因此关税具有更持久的影响,即使取消关税,这种影响也会持续下去。

四、对交易系统的影响

持续的贸易紧张不仅对全球经济有影响,对交易规则也有影响。贸易谈判和解决是在双边级别而不是在世贸组织范围内进行的,这一事实本身就表明多边贸易制度正在削弱。尽管多边规则需要改革但现有框架的迅速削弱对许多发展中国家产生巨大影响。在各国越来越重视国家和社会经济成果而不是多边合作和发展援助的情况下,重新制定全球贸易规则对小国和低收入国家会产生无法估计的结果。

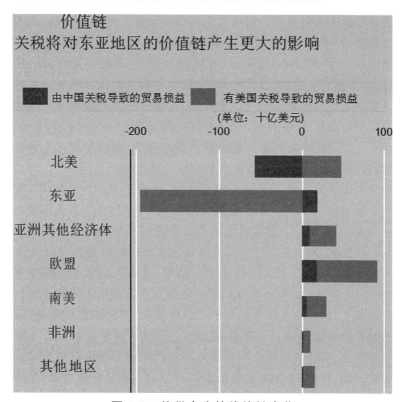

价值链

关税将对东亚地区的价值链产生更大的影响

■ 由中国关税导致的贸易损益　　■ 有美国关税导致的贸易损益

（单位：十亿美元）

图 2-3　关税产生的价值链变化

另外，全球贸易体系的削弱会进一步推动区域和双边贸易一体化倡议。尽管这未必是一个消极的结果，但这类举措会给经济强国带来更大的影响力。此外，区域一体化会加剧各贸易集团之间的监管差异，同时，地区贸易规则的强化也会削弱制定全球贸易规则的动力。对发展中国家的直接影响导致其贸易多样化选择的减少。

当前贸易紧张局势背后的根本问题是知识产权、政府补贴和影响市场准入的许多其他类型的非关税壁垒方面的分歧。相关的贸易规则正在被重新思考和制定。这些规则是否有利于支持全球经济发展仍有待观察。但这些规则对许多发展中国家的发展前景意义非常深远。

第四节　美国与加拿大贸易争端诉讼谈判

加拿大是仅次于中国的美国第二大贸易伙伴。2018 年，美国对加拿大商品贸易逆差增长 15.8％，至 197 亿美元，其中美国进口增长 191 亿美元，美国出口增长 165 亿美元。加拿大是美国商品最大的出口市场,占美国商品出口总额的 18.0%。美国对加拿大的商品出口从 2017 年的 2823 亿美元增加到 2018 年的 2987 亿美元,增幅为 5.8%。美国对加拿大的最大出口是原油,民用航空器、发动机和部件,载客和载货的机动车及其零部件和附件。加拿大是美国第三大进口来源国,仅次于中国和墨西哥。美国从加拿大进口的商品从 2017 年的 2993 亿美元增长到 2018 年的 3184 亿美元,增长了 6.4%。美国从加拿大进口最多的是原油、乘用车及其零部件和附件、精炼石油产品、天然气以及针叶林和针叶林产品。

加拿大仍是美国第二大服务贸易伙伴,仅次于英国。2018 年,双边跨境服务贸易增长 9.4%,从 908 亿美元增长到 993 亿美元,占美国服务贸易总额的 7.4%。2018 年,美国对加拿大的跨境服务出口增长了 58 亿美元,达到 636 亿美元,增长 10.1%,而美国从加拿大的跨境服务进口增长了 27 亿美元,增长 8.2%,达到 356 亿美元。结果,美国对加拿大的服务贸易顺差从 2017 年的 249 亿美元增加到 280 亿美元。美国最大的服务出口主要包括旅游服务、其他商业服务和知识产权使用费。"其他商业服务"是增长最快的服务出口,较 2017 年增长 27.8%。美国从加拿大进口的主要服务包括旅行服务、其他商业服务和运输。知识产权使用费进口额是增长最快的服务进口额,自 2017 年以来增长了 37.5%。在贸易平衡方面,美国在旅游服务和知识产权使用费方面产生了最大的盈余,在维修和维修服务以及电信、计算机和信息服务方面出现了赤字。美加贸易关系受北美自由贸易协定(NAFTA)制约。2018 年 8 月 27 日,美国与墨西哥达成初步原则协议,2018 年 9 月 30 日,加拿大、美国与墨西哥达成初步协议。2018 年 11 月 30 日,20 国集团峰会前夕,加拿大、墨西哥和美国在阿根廷布宜诺斯艾利斯签署《美墨加协定》(USMCA)。

2018 年 5 月 23 日,美国商务部根据《贸易扩展法》第 232 条开展调查,确定汽车、SUV、厢式货车、轻型卡车、汽车零部件等进口产品对国家安全的影响。加拿大与其他国家一起,要求与美国进行世贸组织争端诉讼解决磋商,并在美国出于国家安全原因对钢铁和铝产品征收关税后对从美国进口的产品采取反制措施。此外,美国对从加拿大进口的软木征收反倾销税和反补贴税,双方还签署了一份监管合作谅解备忘录。

美国于 2018 年 3 月 23 日实施对于进口铝产品征收 10% 的从价税。加拿大要求世界组织在征收关税的同一天进行争端诉讼解决磋商。2018 年 7 月 1 日,加拿大还对从美国进口的钢铁、铝等产品征收了 126 亿美元的关税,加拿大认为这相当于 2017 年受美国关税影响的加拿大出口额。美国于 2018 年 7 月 16 日要求世贸组织与加拿大就征收这些额外关税进行争端诉讼解决磋商,并成立了争端诉讼解决机构(DSB)小组。

美国—加拿大软木材协议(SLA)于 2006 年 10 月 12 日签署。加拿大在该决议中同意,当软木材的价格低于某些阈值时,对其出口到美国的软木材征收某些出口费用和数量限制。经过几次延期之后,软木材协议于 2015 年 10 月 12 日正式到期,并进入了为期一年的宽限期,在此期间不允许贸易救济申请,以便重新谈判新的协议。宽限期于 2016 年 11 月 25 日到期后,美国木材行业向美国国际贸易委员会和美国商务部提出申请,要求对从加拿大进口的软木进行贸易救济调查。2017 年 11 月 8 日,美国商务部公布了针对加拿大软木材反倾销和反补贴关税调查的最终肯定裁定,2017 年 12 月 7 日,美国国际贸易委员会发现,从加拿大进口的软木材对美国软木材生产商造成了实质损害。2018 年 1 月 3 日,美国商务部修订了最终肯定裁定,并对从加拿大进口的软木发布了反倾销(AD)和反补贴税(CVD)命令。随后,加拿大于 2017 年 11 月和 12 月,以及 2018 年 1 月 19 日,要求对《美国商务部和委员会的决定》进行专家组审议。在协商未能解决争端诉讼后,加拿大请求 WTO 成立专家组,WTO 争端诉讼解决机构于 2018 年 4 月 9 日成立专家组。随后,美国和加拿大没有就新的软木协议进行谈判。2018 年 6 月 4 日,美国和加拿大官员签署了关于加拿大—美国监管合作委员会(RCC)的谅解备忘录。备忘录重申了合作委员会深化监管合作、减少、消除或防止两国间不必要的监管分歧的原则和承诺。该备忘录进一步指出,它希望通过消除不必要的监管差异来促进经济增长、创新、竞争力和创造就业。在备忘录中,双方就"中心"成员如何继续担任"中心"管理委员会联席主席,以提供合作的策略方向,达成谅解。包括采取行动,例如,确定优先事项和目标,集中精力加强联邦现有监管体系的协调,保护消费者、健康、安全、保障和环境,并确保合作倡议不会不必要地重复现有机构和部门的任务。

第五节 美国与墨西哥贸易争端诉讼谈判

墨西哥是仅次于中国和加拿大的美国第三大商品贸易伙伴。2018 年两国间的商品贸易增长了 9.7%,美国对世界贸易总额为 6115 亿美元,占美国对外贸易总额的 14.5%。虽然 2018 年进口和出口都有所增加,但美国对墨西哥的商品贸易逆差增加了 106 亿美元,达到 815 亿美元,美国从墨西哥进口的增长超过了美国出口。美国对墨西哥的主要出口产品包括轻油、成品油、计算机零部件和配件、内燃机、半导体、汽车车身(包括驾驶室)零部件和配件、民用飞机、发动机和零部件。出口价值的主要来自石油和石油产品出口的增加。墨西哥是仅次于中国的美国第二大进口来源国,占美国进口总额的13.6％。2018年,美国从墨西哥的商品进口增长10.3％,达到3465亿美元,这主要是由于美国进口电脑和原油的价值增加。美国从墨西哥进口的主要产品包括乘用车、计算机、原油、电信设备、道路拖拉机、彩电接收设备和绝缘电线。美国对墨西哥的跨境服务贸易顺差增长14.3％,达到77亿美元,主要是美国服务出口增长的结果。2018年,美国对墨西哥的服务出口增长了4.0％(13亿美元),达到334亿美元,而美国从墨西哥的服务进口增长了1.2％,至257亿美元。墨西哥继续成为仅次于英国、加拿大、中国、日本和德国的美国第六大服务贸易伙伴国。2018年,美国对墨西哥的主要服务出口包括旅游服务、运输和知识产权使用费。美国从墨西哥进口的主要服务包括旅游服务、运输、其他商业服务、电信、计算机和信息服务。

一、贸易的发展

自1994年1月1日起,美墨贸易关系受北美自由贸易协定(NAFTA)制约。2017年8月16日,美国、加拿大和墨西哥关于北美自由贸易协定现代化的谈判在华盛顿特区开始。2018年11月30日,美国、加拿大和墨西哥签署《美墨加协定》(USMCA)。2018年5月23日,美国商务部根据《贸易扩展法》第232条开展调查,确定汽车、SUV、厢式货车、轻型卡车、汽车零部件等进口产品对国家安全的影响。在一场旷日持久的WTO争端诉讼中,墨西哥投诉美国对金枪鱼和金枪鱼产品使用"海豚安全"标签的规定,WTO争端诉讼解决机构DSB于2018年发布了一份关于合规程序的报告,从而结束了这场争端诉讼。上诉机构的报告支持先前专家组对墨西哥提出的法律和事实分析的所有方面,特别是专家组的结论,即"海豚安全"标签措施并不违反美国的WTO义务。

墨西哥政府于2018年6月5日暂停实施北美自由贸易协定对71个关税分类目录下的美国产品的优惠税率,其中50个分类目录对应于各种钢铁产品。墨西哥对包括农产品和食品,以及钢铁和铝在内的产品征收最高达25％的报复性关税。与此同时,墨西哥对美国的措施提出了挑战,根据世贸组织争端诉讼解决条款提出了争议。2018年6月5日,墨西哥要求与美国就美方为调整美国钢铁铝进口而采取的某些措施进行磋商。墨西哥称这些措施违反了WTO规则。2018年7月16日,美国要求世贸组织与墨西哥就征收额外关税进行争端诉讼解决磋商,并成立了专家组。

二、边境管制

2018 年,美国和墨西哥继续在跨境合作方面取得进展。2017 年 4 月,美国海关与边境保护局(U. S. Customs and Border Protection)和墨西哥税务管理局(Mexico's Tax Administration Service)的官员在墨西哥城举行会议,以推动美国和墨西哥两国海关的进一步完善。继续合作,创新货物检验方法,加快货物流通,并提高其海关流程的效率,减少处理时间和交易成本。1994 年 1 月 1 日生效的《北美自由贸易协定》创造了世界上最大的自由贸易区之一。根据《北美自由贸易协定》,在美国、加拿大和墨西哥境内进行货物贸易的关税将逐步取消,并按计划于 2008 年 1 月 1 日取消所有剩余关税和对进口的大多数数量限制。2018 年 8 月 27 日,经过一年多的时间和七轮北美自由贸易协定的重新谈判,墨西哥和美国宣布了一项"初步原则协议"。协议并不是最终的,但它将取代已有 24 年最初贸易协定的历史。加拿大现已正式加入美国和墨西哥的谈判代表行列,又加入并维持一项三边协议,但最终结果仍不确定。美国和墨西哥之间达成的协议为北美自由贸易协定提供了一条前进的道路,但由于谈判是在美国和墨西哥之间进行的,许多商定的要点是针对这两个国家的利益的。虽然最终文本的细节尚未公布,但两国政府都发表了声明。

该协定包括下列主要条款。原产地规则方面:加强化学品、钢铁密集型产品的原产地规则,采购产品、玻璃、光纤和纺织品,新规则要求增加使用美国纤维、纱线、面料,限制使用非北美自由贸易协定的输入。建立简化原产地规则认证和核查的程序,维持原产货物的免税待遇,禁止出口关税和其他费用以及免除海关加工费。增加进出口许可程序的透明度。通过将墨西哥最低价值水平从 50 美元提高到 100 美元来加强电子商务零售,在最低价值水平或以下的海关进口将免除关税和税收,并受到最低入境手续的约束。知识产权方面:在边境加强知识产权保护。加强对版权、商标、制药和农业领域专利的保护。将生物药物的数据保护期限延长至 10 年,并扩大有资格获得此类保护的产品范围。数字贸易方面:禁止关税和其他歧视性措施用于通过电子方式发布的数字产品,如软件、音乐等。通过确保供应商在使用电子认证或电子签名时不受限制。农业方面:农产品关税将保持为零。提高地理指标和卫生/植物检疫措施的标准,包括建立磋商机制来解决两国之间的问题。

从墨西哥的角度来看,无论是北美自由贸易协定还是美墨双边贸易协定的批准程序都必须提交参议院,由"外交关系普通委员会"(Foreign Relations

Ordinary Commission)进行修订,然后投票批准。墨西哥参议院必须有 2/3 的多数投票赞成批准该协议(墨西哥参议院由 128 名参议员组成)。在加拿大,《北美自由贸易协定》或任何其他贸易协定是根据议会小组委员会的报告和辩论进行全面审查后实施的,然后在下议院和参议院进行表决。这一进程将需要几个月的时间,然后通过起草和通过必要的具体立法加以实施(在加拿大,根据宪法,条约或国际协定并不直接适用。在北美自由贸易协定或库斯特自由贸易协定下,这其中的大部分已经存在了)。虽然如上所述,初步协定中宣布的改变并不立即适用,但在实施之前需要满足某些立法要求。在协议中,在该地区运营的公司应做好准备,应对协议中的变化对其业务的影响。对于汽车、纺织和其他行业的企业来说,对现有原产地规则的修改将使它们更难以获得协议规定的受益资格。根据初步协议的新条款,药品制造商等知识产权所有者会受益。

为了在贸易条件上赶上美国,墨西哥政府不得不大量提高对美国商品的关税。美国单方面对墨西哥产品征税使墨西哥出口量总额下降了 18%。墨西哥对美国进行报复性的征税产品对墨西哥进口有直接的限制性影响,导致墨西哥货币实际升值,在这种情况下,墨西哥的出口将进一步减少。此类影响对美国影响较小。以美国为例,美国关税和实际美元升值导致美国出口下降约 3%,墨西哥报复会将这个损失增加到 4.5%。单边情况下,美国从墨西哥的进口减少了 57.0%,而从其他国家的进口却有所增加,使美国进口总额仅减少 2.8%。因为墨西哥经济依赖于美国(美国和墨西哥之间的价值链),减少美国的进口对墨西哥的出口将产生直接影响。

三、结论

这项研究得出了两个重要的政策结论。首先,以历史贸易关系为例,为了避免给本国公民造成损失,小国没有能力对大国保护主义实施报复,并使它们的合作伙伴遭受巨额贸易损失。贸易报复的设计必须理性、客观使国内福利最大化,根据其他原则实施报复(征收的关税、贸易条件、同等规模的关税附加税)尤其有害;其次,这场贸易战有潜在的搭便车者。美国实施保护主义的一个主要目的是促进国内生产和贸易就业,对墨西哥的部门增值有潜在的负面影响。在墨西哥,附加值受到严重损害的重要行业是车辆和零件、运输设备、电子设备、机器和设备。这对墨西哥的贫困劳动力造成了巨大的冲击,也将增加墨西哥非法移民的动机,从而导致美国边境安全问题。

第六节　美国和欧盟贸易摩擦来源及其发展趋势

多年来,美国和欧盟(EU)寻求进一步开放贸易和投资关系,加强监管合作,并通过世界贸易组织(WTO)等国际机构就共同关心的国际经济问题开展合作。美国由于特朗普政府某些贸易政策的转变,欧盟贸易和经济关系目前面临加剧的紧张局势。

一、贸易平衡和贸易惯例

2018 年,美国商品和服务整体贸易逆差 1150 亿美元。贸易赤字的原因和后果是有争议的。美国政府把减少美国双边贸易逆差作为首要任务,指责欧盟的贸易政策,尤其是德国的贸易政策,导致了美国对欧盟的商品贸易逆差。欧盟在汽车贸易上的不平衡,显示出不同的关税水平(汽车方面,欧盟关税为 10％,美国关税为 2.5％;对于卡车,欧盟关税为 22％,美国关税为 25％)。欧盟领导人认为,这种贸易关系是公平和互利的,例如,他们注意到一些欧盟汽车公司在美国的生产对美国的就业和出口提供了帮助。大多数经济学家认为,美国商品贸易逆差是由宏观经济变量而不是贸易惯例造成的。

二、贸易摩擦

根据以国家安全为基础的"第 232 条"贸易法,美国开始对进口钢铁和铝征收 25％和 10％的关税。奥巴马政府允许一些国家免征关税,但不允许欧盟免征关税。尽管美国以国家安全为理由,但欧盟认为美国的关税与世贸组织有关保障措施的规定不一致。欧盟占 1/5。美国进口的钢铁总和不到美国进口铝的 1/10,对价值约 30 亿美元的美国产品(如钢铁、威士忌、美容产品、游艇和摩托车)征收 10％~25％的报复性关税,并在 2021 年实施第二轮关税上调。目前,双方正就各自的措施向世贸组织提起诉讼。另一个摩擦来源是汽车和汽车零部件的"第 232 条"关税。美国商务部的一项调查发现,汽车进口威胁到美国的国家安全。美国政府要求美国贸易代表(USTR)与欧盟、日本和其他相关贸易伙伴进行谈判,以应对这一威胁。

经济和政策影响对商品贸易关税引发针锋相对的升级、不利的整体经济影响以及对欧盟和美国的影响的担忧加剧。在全球经济问题上的合作（如钢铁、铝产能过剩），例如，哈雷戴维森是第一家宣布将部分生产转移到海外以避免欧盟征收报复性关税的美国公司。欧盟是哈雷最大的海外摩托车市场。如果对美国从欧盟进口的主要汽车产品加征关税，对经济的影响会更大。长达14年之久的美国和欧盟之间的摩擦也不断升级，例如，"波音—空客"WTO的案例。美国和欧盟公布了各自贸易货物的初步清单，分别提议征收110亿美元和120亿美元的反措施关税，这两项关税是对各自国内民用飞机工业补贴造成的损害的估计。WTO预计将在2019年夏季就反制措施金额进行最终评估。美国继续监测其他欧盟国家具体政策的发展，如数据保护、数字贸易以及对企业避税的惩罚，其中一些被美国视为贸易壁垒。2019年7月10日，美国贸易代表办公室（USTR）对法国最近推出的数字服务税发起了"301条款"调查，原因是担心该服务税会歧视美国的科技公司。

三、世贸组织和多边主义

第二次世界大战后，美国和欧盟率先发展和开放了以规则为基础的国际贸易体系，促进了该体系的稳定。美国和欧盟以及许多其他世贸组织成员正在积极讨论的世贸组织改革，包括争端诉讼解决机制的改革。此外，美国继续通过经济合作与发展组织（OECD）就解决数字经济带来的税收问题达成多边协议。然而，许多欧盟国家对美国更广泛地放弃国际合作表示担忧，举例来说，美国退出了2015年与伊朗的核协议。特朗普政府对欧盟多边性质的怀疑加剧了摩擦，这种怀疑排除了美国与欧盟个别成员国签订双边贸易协定的可能性。

四、美国欧盟贸易谈判

美国和欧盟在世贸组织的最惠国（MFN）条款下进行贸易，因为没有美国—欧盟自由贸易协定（FTA）给予更多优惠条件。美国和欧盟的关税普遍较低（美国的平均关税为3.5%，欧盟为5.2%），但一些敏感产品的关税较高。一些监管和其他非关税壁垒也增加贸易成本。

奥巴马政府寻求一个"更公平、更平衡"的美国——欧盟的关系。特朗普总统和欧盟委员会主席让-克洛德·容克（Jean-Claude Juncker）于2018年7月发表了旨在缓解贸易紧张局势的联合声明。美国、欧盟在政府采购、数字贸易、监管合作和地理标志等方面也存在分歧。特朗普总统多次以关税威胁欧盟，包括对其农业的排斥。与此同时，美国、欧盟正在开展针对特定行业的监管合作,例如,在药品方面的合作。2019 年 8 月,双方就扩大美国牛肉出口到欧盟的市场准入达成了一项新协议。

美国与欧盟签署了 40 多个贸易协定,与加拿大、日本和越南等贸易伙伴相比,美国企业在欧盟市场处于不利地位。欧盟最近与这些国家签署了自由贸易协定。自由贸易协定还可以在战略上发挥重要作用,共同制定全球新问题的解决方案。英国即将退出欧盟给美国带来了一些不确定性欧盟经济关系。没有英国的欧盟仍将是美国最大的贸易伙伴,但欧盟和英国就未来贸易和经济关系的谈判结果会影响美国的商业。许多美国公司通过英国作为进入欧盟市场的一个平台。英国脱欧还在关税、海关手续或监管要求方面对美国的商业利益产生影响。美国和英国有兴趣就双边自由贸易协定进行谈判。作为欧盟成员国,英国不能与其他国家进行贸易协定谈判,因为欧盟在其贸易政策上保留着独有的权限。

美国和欧洲联盟(欧盟)自第二次世界大战以来发展了广泛和具有全球意义的贸易和投资关系。随着全球供应链、服务贸易和跨境投资的增长,这些关系进一步加深。2018 年,美国和欧盟 28 国占世界国内生产总值(GDP)(当前美元)的近一半,占世界人口的 11%,

五、美国欧盟贸易

尽管中国和其他新兴经济体正在崛起,美国和欧盟仍将互为最大贸易伙伴。2018 年,欧盟 28 国占美国贸易总额的 22.4%(合 1.3 万亿美元),是 2003 年美国贸易总额的两倍。

2018 年,在商品方面,欧盟 28 国是美国最大的出口市场(3202 亿美元),第二大进口来源(4898 亿美元)。除英国外,欧盟在美国第三大商品出口市场(2530 亿美元)的地位有所下降,仅次于加拿大(3005 亿美元)和墨西哥(2660 亿美元),但它仍是美国第二大进口来源(4284 亿美元),仅次于中国。此外,美国和欧盟之间贸易的商品构成和等级在一定程度上发生了变化,英国除外(见表 2-7)。

作为高度发达的经济体,美国和欧盟在同一行业内进行类似商品的贸易(称为产业内贸易),包括用于生产汽车和机械等复杂产品的零部件或中间产品的贸易,从而使企业得以专业化,并通过专注于供应链的不同部分而受益于规模经济。中间产品在跨国企业(MNEs)及其附属公司之间进行交易(例如,德国的宝马与南卡罗来纳的宝马进行交易)。美国和欧盟是世界上最大的两个高度一体化的服务经济体。商务服务、旅行(商务和个人)、知识产权使用费、交通服务和金融服务是其中最热门的交易服务。

表 2-7　美国 2018 年与欧洲货物贸易（10 亿美元）

	产品（NAICS4-digit）	EU28	EU27
美国出口前五项	航空航天产品和零部件	47.0	35.0
	药品	32.9	28.8
	石油	14.5	10.3
	导航/测量/控制医疗仪器	13.4	11.7
	基本的化学物质	13.4	12.1
	医疗设备和用品	13.2	12.2
美国进口前五项	药品	86.5	79.5
	机动车辆	43.6	34.1
	航空航天产品和零部件	27.7	23.4
	其他通用机械	19.9	17.8
	导航/测量/控制医疗仪器	18.4	16.2

资料来源：美国国际贸易委员会。

第七节　拉美国家对华反倾销的现状及对策

21 世纪以来，中国与拉美国家贸易迎来了全方位发展的新时期。与此同时，拉美国家频繁对我国发起反倾销调查，也逐渐成为中拉贸易不可回避的常态性问题。与美欧等国相比，拉美国家对我国发起反倾销调查的原因简单，但产品范围较广，在一定程度上影响双边经贸合作的进一步发展。为此，本节通过分析拉美国家对我国实施反倾销的现状，总结成因，并提出相关的应对之策。

近年来，随着中国与拉美国家贸易合作的逐步深入，双边贸易摩擦逐渐成为不可避免的关键问题，拉美国家对我国实施贸易反倾销活动日渐频繁。例如，2018 年 10 月 8 日，阿根廷劳动和生产部，宣布对我国两轮或三轮机动车减震器，实施反倾销，临时决定征收为期 5 年的 34.18% 反倾销税。2018 年 10 月 4 日，墨西哥经济部发布公告，对我国细焊丝产品，发起一次反倾销终裁，并决定征收 0.57 美元/千克的反倾销税。那么，拉美国家对我国频繁发起反倾销，究竟有哪些原因？针对这些原因，我国应该采取哪些应对之策，才能保障中拉贸易的顺利开展？这是本节要探讨的要点问题。

一、拉美国家对中国实施贸易反倾销现状

（一）反倾销数量较多

在中拉贸易中，贸易摩擦总体形势严重，反倾销案件较多。根据中国贸易救济网统计数据显示，2017 年，拉美国家对我国发起的反倾销调查数量已经超过了 60 次。其中，阿根廷对我国发起的反倾销调查次数最多，约为 30 次左右。其次为巴西，反倾销次数也高达 11 次，哥伦比亚为 9 次，秘鲁为 8 次，墨西哥为 5 次，智利为 2 次。拉美国家对我国频繁发起反倾销调查，一定程度上阻碍了我国产品对拉美国家的出口，不利于双边贸易的顺利开展。并且，截至 2018 年 10 月，拉美国家对我国发起反倾销调查次数也已经超过了 50 次。其中，阿根廷对我国发起的反倾销调查次数最多，约为 22 次。其次为巴西，反倾销调查次数为 12 次，墨西哥为 10 次。哥伦比亚为 8 次，智利为 2 次，中国与拉美进行贸易合作中，整体存在反倾销数量较多问题，加剧了双边贸易摩擦。

（二）反倾销税率较美欧等国较低

一直以来，美欧国家对中国的商品均征收较高的反倾销税率，甚至采取惩罚性税率。根据相关新闻报道显示，美国对华反倾销产品的惩罚性税率基本都超过了 100%，且不乏超过 200% 的案件。而欧盟对华反倾销税率一般维持在 50%～100% 之间。例如，2018 年 11 月 7 日，美国商务部表示，将对原产自中国的铝合金板，征收 96.3%～176.2% 的反倾销和反补贴税率。2018 年 4 月 20 日，欧盟宣布，从 1999 年起征收中国钢索和钢缆反倾销税，将继续延长 5 年，其税率高达 60.4%。而拉美国家对我国征收反倾销税率一般最高为 50% 左右，其他反倾销税率一般均在 50% 以下。2018 年 5 月 4 日，阿根廷商务部门决定对中国出口的钢管征收 26% 的反倾销税。对中国出口的汽车轮胎征收 36.9% 的反倾销税。另外，智利财务部于 2017 年 11 月 22 日，对我国钢条发起反倾销仲裁，对涉案产品征收 8.2%～22.9% 的反倾销税。其余拉美国家对我国征收的反倾销税均较低。

（三）反倾销调查所涉及的产品范围较广

目前，在美欧等对中国产品发起的反倾销案件中，涉案最多的是贱金属及其制品、化工产品和橡胶产品。在欧盟反倾销案例中，这三种产品的反倾销比例高达 78%。而随着中国与拉美等国的贸易结构的改变，拉美等国对

我国发起的反倾销产品范围不断扩大。小到产品原材料,大到制造类产品。就原材料产品而言,2018 年 8 月 28 日,墨西哥对我国铝箔产品发起反倾销调查,2018 年 3 月 26 日,巴西对我国的轧辊类原材料产品发起反倾销调查,此外还对我国球墨铸铁管原材料发起了反倾销调查,同时,哥伦比亚对中国牛仔布材料发起反倾销调查仲裁。这就进一步增加了贸易反倾销中原材料产品的种类。就制造类产品而言,2018 年 4 月 26 日,阿根廷对我国家用洗碗机发起为期 5 年的反倾销调查。同时,阿根廷还对我国的太阳镜、聚甲基丙烯酸甲酯板材、陶瓷洁具与弹簧减震器等产品发起了反倾销调查,促使反倾销产品范围不断扩大。除此,拉美国家还对我国食品类产品发起反倾销调查,进一步扩大反倾销产品范围。

(四)钢铁及相关产品成为反倾销的重点领域

钢铁一直是拉美国家对我国实施反倾销的重点领域。根据中国贸易救济信息网数据显示,截至 2018 年 10 月 19 日,拉美国家对我国发起的反倾销调查案件中,涉及钢材及其制品的占比已经超过了 50%。例如,哥伦比亚在 2018 年 5 月 3 日,对我国碳钢焊接管发起了反倾销调查。2018 年 9 月 4 日,哥伦比亚贸工旅游部,再次对中国进口 L 型和 U 型钢材作出反倾销调查最终裁决。并且,该国还对中国钢绞股绳、不锈钢等钢铁材料均发起了反倾销调查。再以阿根廷为例,2018 年 1 月 5 日,阿根廷生产部商议决定,对我国铝合金汽车轮毂发起为期 5 年的反倾销调查。2018 年 5 月 3 日,阿根廷发布对我国钢管进行仲裁公告。同时,巴西也对我国钢铁领域发起了反倾销调查。例如,2018 年 2 月 14 日,巴西工贸服务部,宣布在 2019 年,对我国的热轧钢板实施为期 5 年的反倾销调查,涉案企业超过 20 家,包括马鞍山钢铁股份有限公司、宝山钢铁股份有限公司与上海梅山钢铁股份有限公司等。

二、拉美国家对中国实施贸易反倾销的原因

(一)中国对拉美贸易顺差激增

近年来,尽管中国与美欧等国双边贸易量持续增长,但中国仍旧是美欧反倾销诉讼的"重灾区"。美欧等国受贸易保护主义的影响,对华反倾销具有一定针对性。而在中拉贸易中,当前中国对拉美国家的贸易顺差逐渐加大,这严重威胁了拉美国家的产品出口量,由此加剧了拉美国家对我国的反倾销调查。

根据阿根廷统计局统计,2018 年 1—6 月,中阿两国双边贸易进出口总额为 80.9 亿美元,同比增长 29.3％。其中,阿根廷对中国出口 17.1 亿美元,同比下降 23.3％,阿根廷自中国进口 63.8 亿美元,同比增长 58.4％,中国对阿根廷贸易顺差 46.7 亿美元。2018 年 1—3 月,墨西哥与中国双边贸易进出口总额为 198.7 亿美元,同比增长 12.7％。其中,中国对墨西哥出口 182.7 亿美元,同比增长 14.3％,中国对墨西哥进口 16.0 亿美元,下降 3.5％。中国对墨西哥的贸易顺差 166.7 亿美元。在此背景下,拉美国家的主要农副产品、铁矿石、大宗商品及原材料,正在遭遇出口数量暴跌的问题。并且,随着国际新兴市场的开拓步伐加快,拉美国家对中国出口的能源、矿产以及其他商品的出口数量也开始大幅下跌,使得墨西哥、阿根廷等国遭遇贸易顺差威胁。据美洲开发银行公布数据显示,拉美国家的产品出口额将在未来四年持续走低。中国与拉美国家存在较为严重的贸易顺差,严重威胁了拉美国家的产品出口,拉美对中国反倾销行为必然加剧。

(二)双边贸易商品结构不平衡

欧美等对华频繁发起反倾销调查,绝大部分掺杂政治因素。而拉美等国对华发起反倾销调查,根本原因是双边贸易结构不平衡问题。以我国和巴西的产品贸易为例,根据国别报告信息显示,2018 年 1—9 月,我国对巴西出口产品主要以机电设备和交通运输产品为主,占巴西进口我国产品的比例分别为 39.9％、16.8％。但由于巴西机电与交通运输产品成本较高,相较于我国基本没有任何优势可言。中国大量的机电运输类产品涌入巴西,对巴西国内产品市场造成了严重的冲击。再以我国和阿根廷产品贸易为例,阿根廷对我国产品贸易的优势,主要在于工业类产品。但中国出口阿根廷的产品主要以机电、电气与音像设备等产品为主,2018 年 1—6 月,相关产品出口量占比高达 35.1％。同样,在我国产品涌入墨西哥国内市场后,对该国产品市场也造成严重冲击。不平衡的贸易结构,加之我国产品对拉美国内产品市场造成较为严重的冲击,致使拉美国家对我国频频发起反倾销调查。

(三)拉美国家反倾销程序存在明显歧视性

根据中国橡胶工业协会信息显示,美国对华进行反倾销时,一般选择印度作为替代国,将埃及、印度尼西亚与巴基斯坦等国作为替代备选国。而欧盟在替代国选择上,一般都会将美国作为替代国,土耳其、巴西、日本与印度作为替代备选国。例如,2017 年 2 月 5 日,在欧洲委员会公布的对华卡客车轮胎反倾销案件中,初步裁定将巴西作为中国的替代国。2017年8月11日,在欧盟立案公告中,决定将美国作为中国的替代国。而拉美国家在"替代国"的选择上,将韩国、德国与巴西等国家作为参考标准,这对我国出口商品极其不利,也降低了我国企业的应诉态度,且拉美等国家的反倾销程序,也阻碍了我国企业正常应诉。例如,阿根廷的相关法律规定,我国企业在反倾销立案后,需要在45天内提交相关材料,30天内提交相应的调查问卷。并且材料需要翻译为西班牙语,经由阿根廷驻华大使馆进行认证,为我国企业应诉贸易反倾销带来了较大的不便,甚至造成企业无法应诉情况,进一步降低了我国企业应诉的积极性。根据相关网站信息显示,墨西哥在反倾销程序法中规定,在该国对我国实施反倾销时,我国政府以及产品出口商可以采用价格承诺方式抵消反倾销带来的损害。但我国企业在面对该国反倾销过程中,一直没有采用该方式,对于反倾销产品从来没有进行价格承诺,促使墨西哥对我国的反倾销力度逐步加大。

(四)欧美国家对中国产品发起反倾销调查

中国出口产品低端、企业低价竞争是欧美国家对中国产品发起反倾销的重要原因之一,是由于中国的产品价格较本国同行业产品价格低,挤占了本国产业市场,所以频繁对相关产品发起反倾销调查。而在拉美国家对华发起反倾销调查时,却非常关注产品质量。以我国发展最好的轮胎产业为例,我国轮胎产品由于存在产品低端问题,导致在世界轮胎企业75强中,我国前19家轮胎企业的产品销售额仅有139.541亿美元,远不及美国普利司通一家公司的销售额。可见,产品低端问题一直存在。同时,我国企业在拉美国家还存在低价竞争问题。以墨西哥的首条高铁建造项目为例,中国相关企业与法国阿尔斯通、日本三菱与加拿大庞巴迪企业,共同参与该铁路竞标。当时其他企业联合体对该项目的报价约为270.16亿元人民币,但中国的报价却为178.53亿元人民币,导致中国在宣布拿下该项目合同3天后,墨西哥官方宣布取消这项合同,重新招标。互联星空信息显示,中国南车青岛四方机车车辆股份有限公司,以低价竞标的方式,申请阿根廷萨拉门托线及米德勒线409辆动车组车辆项目合同。但被阿根廷指控,中国企业报价不严肃,导致该公司签约项目暂停。这种不恰当的竞争方式在一定程度上引起了拉美国家相关企业的反感,这也是相关国家对我国发起反倾销的原因之一。

(五)美国介入影响较大

2018年7月6日,美国贸易代表确认了对价值340亿美元的中国产品加征关税,这一决定标志着中美贸易争端正式显现。从表面上看,这是中美两国在贸易进出口上的利益摩擦,但是实质上,拉美也受到了较为严重的影响。拉美国家一方面作为中国重要的贸易合作伙伴,另一方面又是美国的原料供应地与产销地,在中美贸易争端中受到极大的影响。2018年4月13—14日,在秘鲁首都利马举行的美洲峰会上,美国代表强调中拉贸易只是简单的初级产品交换,中国无法为拉美国家带来就业岗位和自主工业。与此同时,美国正在凭借本国的政治实力与经济上的优惠政策,向拉美国家施压。美国在拉美产品贸易中,本来占据主导地位,加之政策施压,逐渐挑起了中拉贸易摩擦,导致拉美国家对我国贸易反倾销日益严重。

三、中国应对拉美国家反倾销的策略

(一)搭建国际商贸协商网站,建立线上定期磋商机制

2018年10月18日,中国与菲律宾关于南海领土问题,建立了双边定期磋商机制,展开双方定期密切对话,这有效缓解了中菲存在的相关问题。由此,可借鉴该经验,搭建国际商贸协商网站,建立定期磋商机制,协商中拉贸易分歧问题。我国相关贸易企业可进行联盟合作,借助互联网技术,搭建企业国际商贸协商网站。在具体贸易合作过程中,相关企业可根据自身贸易投资问题,将可公开的信息上传网站,实现贸易信息实时共享。同时,借助网站互联互通优势,双边负责人可建立线上定期磋商机制。双方就贸易问题,在网站上开展交流与协商活动。并且,相关企业应就贸易反倾销问题,定期进行磋商。根据磋商结果签订相应的协议,为中拉贸易提供文件性保障,用以协商双边贸易分歧解决方法,缓解双方贸易反倾销问题。

(二)采用ISO国际质量管理技术,严格把控产品出口质量

2018年10月25日,我国工信部、商务部、科技部与市场监督总局发布《原材料工业质量提升三面行动方案(2018—2020年)》,提出实施质量技术攻关方式,使产品供给侧改革取得积极成效。由此,应通过采用过程质量控制技术,严格把控产品出口质量。可以将ISO国际质量管理先进技术引入产品生产过程、效能监察与行政考核等方面。加强与国际先进产品进行对比研究,找准产品质量短板,加强产品关键共性技术研发与应用,引领行业向高质量方向发展。与此同时,我国相关企业应强化原始创新、消化吸收再创新与集成创新,基于产品生产流程,研发产生生产新技术与新工艺,提高

企业产品出口质量控制水平。此外,相关企业应鼓励应用工艺质量数据采集、分析与应用先进质量把控技术,完善产品生产质量控制与技术评价体系,进一步提高企业产品质量。

(三)借助新型预测工具,优化产品贸易出口结构

当前,我国正实施大数据战略,借助大数据技术,研发了诸多新型预测工具,实现数据精准、智能与交互式集成。由此,我国贸易企业应充分借助新型预测工具优化产品贸易出口结构。例如,企业可通过建立 API操作系统,连接国外相关企业,获取快速访问外部资源的能力。运用计算机模型预测分析市场前景,预测与评估国外市场情况。比如我国出口机电、化工类产品,会对巴西国内市场造成冲击,此时可应运用 API 操作系统,调研市场情况,适当调整该类产品出口,避免由于我国产品出口冲击国外市场而引起的贸易争端诉讼。就国内市场产品定位而言,我国应结合相关产品数据,借助各类型数据预测模型,预测与评估产品产量与需求量等指标,帮助企业制定清晰的发展战略,并不断优化整个贸易产品出口结构。以农产品为例,国家应该提前分析市场发展趋势,预测本国当年各种作物的需求量与产值量,避免因粮食贸易政策摇摆不定,给各个经济主体带来不确定冲击。

(四)健全反倾销应诉机制,提高企业应诉积极性

我国很多企业在面对拉美等国反倾销时,基于成本与便利性的考量,应诉态度不积极,加剧了拉美等国对我国实施反倾销力度。由此,应健全反倾销应诉机制,设立贸易反倾销应诉基金,用于提高我国企业的应诉积极性。一方面,我国应按照国际组织惯例,针对拉美国家反倾销问题,健全反倾销申诉与应诉机制,为企业反倾销应诉提供指导,提高企业应诉的便利化程度。并且,相关部门应根据拉美国家反倾销特点,规定企业具体应诉时间、要求及相关材料准备,进一步规范企业应诉程序。另一方面,我国行业协会,应发挥领导作用,向进出口企业筹集对应的款项。通过企业缴纳、政府相关部门资助以及民间捐款等方式,筹集反倾销应诉资金。此后,行业协会应确定合适的基金申请流程。当企业面对反倾销调查时,可根据相应的流程,申请贸易反倾销基金的资金支持,减少企业应诉负担,提高企业应诉积极性。

（五）研读 WTO 贸易规则，充分利用成员国权利解决贸易争端诉讼

我国作为 WTO 成员，在产品贸易过程中，会受 WTO 组织相关法律条约保护。因此，我国企业应通过研读 WTO 贸易规则，充分利用成员国权利解决贸易争端诉讼。我国政府与相关企业应全面解析 WTO 贸易规则，对相关规则进行筛选与分类，明确不同规则的使用范围。在他国对我国发起虚假指控时，我国可以利用成员国权利，利用相关规则条约维护我国贸易权益。并且，应通过审视相关立法规则，找出国际贸易相对应的条约。若发现他方违反国际贸易规则，我国可通过向 WTO 组织申请，提起合理的贸易争端诉讼解决，维护我国合法权益。同时，在拉美国家对我国发起贸易反倾销时，也应通过利用 WTO 贸易规则，积极向 WTO 组织提出争端诉讼解决程序，争取我国应对贸易反倾销的主动性，维护本国合法权益。

第八节　欧盟对华反倾销案的历史回顾

自 1979 年欧盟对中国发起第一个反倾销案以来，截至 2000 年底，欧盟已对中国提起了近 90 个反倾销诉讼。到目前为止，中国已成为被欧盟指控倾销最多的国家。大多数反倾销诉讼都导致了对中国产品征收相对较高的关税。本节根据欧盟委员会（European Commission）发布的官方期刊报告，分析了 20 多年来欧洲对华反倾销政策的总体趋势和特点。描述了近二十年来欧盟对华反倾销行动的特点和趋势，并对导致中国易受欧盟反倾销指控的因素进行了综合分析。

1979 年，欧盟对中国发起了第一个涉及糖精及其盐类的反倾销案。当时中国刚刚开始经济改革和对西方的开放政策。1979—2000 年，欧盟对中国发起或审查了近 90 个反倾销案件，使中国成为欧盟反倾销指控最多的国家。2000 年，针对中国的反倾销税最高达到 20％左右。

一、特点和趋势

从 1979 年到 20 世纪 80 年代中期，每年大约有两次针对中国的反倾销诉讼，这个数字逐渐上升。在 20 世纪 90 年代，每年大约有 10 个案件被提交。1999 年，欧盟针对中国的反倾销案达到顶峰，达到 12 起。反倾销调查

的突然增多,部分原因是始于 1997 年 4 月的亚洲金融危机。由于东南亚各国的国内需求大幅下降,以及中国在亚洲金融危机期间没有让人民币贬值,中国被迫将出口转向其他可用市场,尤其是美国和欧盟。20 世纪 80 年代初欧盟对华贸易处于平衡状态,20 世纪 90 年代欧盟从中国的进口大幅增长,导致欧盟对华贸易逆差不断扩大。欧盟针对中国输欧产品的反倾销调查,多数结果对中国不利。在针对中国进口产品的 90 个反倾销案件中,欧盟委员会在没有采取任何措施的情况下终止或撤回了 22 个案件,所有其他案件导致了临时反倾销措施,后来又实施了最终措施。在 55 个案例中,欧盟对出口商征收了最终关税,而在 10 个案例中,中国出口商面临价格承诺。

在 20 世纪 80 年代,中国公司提供的价格承诺通常被接受。但在 1988 年之后,欧盟对中国企业提供的价格承诺就不那么愿意接受了。从那时起,从价税就被频繁应用。欧盟的最终关税由约 10%~130% 不等。在大多数国家被列为被告的案件中,中国通常是被征收最严厉关税的国家。例如,在不锈钢零部件方面,欧盟向中国征收 74.4% 的关税,对韩国只征收 26.7% 的关税,对印度征收 16% 的关税,对中国台湾征收 28% 的关税,对马来西亚征收 7% 的关税,对泰国征收 8% 的关税。

欧盟对华反倾销案总数呈现周期性变化。20 世纪 80 年代初,欧盟反倾销行动从化学、矿物、矿石和机械行业转向 90 年代末的电子和机械产品。化工行业涉及金刚石、高锰酸钾、氯化钡、草酸、碳化硅、未锻造镁等产品。矿石包括菱镁矿、硅铁、萤石、钨矿等。机械产品主要是指自行车及其零部件、活页夹等轻工产品和部分日用消费品。涉及欧洲反倾销案的纺织品包括棉织物、涤纶纱、合成纤维织物、麻袋、丝带和手袋。电子产品包括微波炉、小彩电、阴极射线彩电管等。钢铁制品包括不锈钢零部件、铁管或钢管、钢索。从 1979 年到 2000 年,大约有 400 家欧盟公司卷入了针对中国产品的反倾销案。我们通过列出被调查产品在欧盟总产量中所占的份额,更详细地查看了这些参与投诉的欧盟公司。这些数据似乎表明,针对中国的反倾销投诉通常由高度集中的行业中的少数公司主导。在许多情况下,起诉反倾销的欧盟公司是行业垄断者。针对中国的反倾销政策的另一个特点是,1979—2000 年间参与欧盟反倾销案的数百家中国企业中,超过 50% 是国有企业,其他的是合资(JV)公司和外商独资企业(FFE)。

在欧盟针对中国的多数反倾销案中,被指控的中国出口企业没有合作,或合作非常有限。20 世纪 80 年代,针对中国企业的调查基本上忽视了欧盟委员会对信息的要求。20 世纪 90 年代初,中国企业偶尔会有有限的合作。然而,在中国企业做出回应的情况下,文件往往是不完整和不及时的。20 世纪 90 年代后期,中国企业的回复率有所提高。从 20 世纪 90 年代初到现在,涉及 14 个案件的大约 60 家中国公司响应了该委员会的信息要求。这些受访者主要是合资企业和外资企业。总体而言,中国企业的回应率和合作程度仍然较低。例如,在草甘膦方面,欧盟委员会向所有 35 家中国出口商和生产商发出了调查问卷。只有一家公司做出了回应。唯一的合作出口商也要求个别处理,并提交了一些资料,以支持其索赔。委员会认为这些资料不足,并发出了一份具体到中国公司的个别处理问卷,但没有人答复这份调查表。在中国出口商缺乏合作的情况下,欧盟委员会可以利用一切可用的信息,证明最初征收 24％ 的反倾销税对欧盟的销售价格没有影响。尽管草甘膦转售价格下降的部分原因是全球草甘膦生产成本下降,但中国出口商没有对倾销指控做出回应。欧盟委员会决定对中国草甘膦征收新的关税 48％。

在某些情况下,中国生产商对"同类产品"的定义及欧盟委员会的解释提出了异议。在某些情况下,中国商品在欧盟的价格较低,中国生产商认为这些价格反映了他们的技术水平和附加值较低。例如,在非合金钢热轧平板产品方面,中国生产商认为与欧盟生产的产品相比,中国产品的原材料质量较低,生产过程的资本密集度较低,总体质量低于欧盟产品。在灯具方面,中国生产商称,欧盟社区产业生产的"终身"产品寿命超过 8000 小时,而中国产品的寿命仅 6000 小时。然而,在所有的案例中委员会都没有考虑到这些所谓的质量差异。

在确定正常价值时,欧盟对市场经济(ME)和非市场经济(NME)进行了区分。到 1998 年,中国被列为非市场经济国家。在此之前针对中国的所有反倾销案中,都使用了一个类似的国家来确定正常价值。在大多数情况下,欧盟委员会只是接受欧盟申诉人提出的类似国家。欧盟委员会选取模拟国家构建中国产品正常价值,这些国家包括美国、韩国、日本和挪威。很明显,这些国家的经济或工业发展水平比中国高得多,这使得中国很容易违反欧盟法律中的倾销条款。

然而,1998 年 7 月,欧盟将中国从非市场经济国家名单中删除。但市场经济地位并不是自动授予保护中国企业的。只有中国出口商能够证明他们是在市场经济条件下经营,中国出口商的国内价格和成本才被用来确定正常价值,而不是来自类似国家的信息。到目前为止,涉及 9 个案件的 32 家中国企业已经申请了市场经济地位,但其中只有 5 家获得了欧盟委员会的批准。这 5 家公司都是独资企业或合资企业。没有一家国有企业获得市场经济地位。拒绝中国企业市场经济地位申请的典型原因包括国家干预、会计准则、合作程度等。

建立倾销制度是必要的,但不足以实施反倾销措施。还必须证明倾销进口产品对欧盟工业是有害的。在确定损害时,欧盟委员会会考虑倾销进口产品的数量和价格,以及对欧盟工业的实际或潜在影响,例如,对生产、产能利用、库存、销售、市场份额、价格、利润、投资回报、现金流和就业的影响。市场份额的演变是欧盟委员会最常提及的损害标准,再加上中国产品在欧洲市场的价格低廉导致的欧盟产品价格下跌。

为了确定中国的倾销与欧盟工业因倾销产品而遭受的损害之间的因果关系,欧盟委员会试图控制除倾销进口产品以外的其他解释欧盟工业状况的因素。这些因素包括欧盟市场的需求演变、从第三国的进口、世界市场的情况等。如果以上任何一个因素都不能解释欧盟工业的现状,那么倾销和损害之间就存在因果关系,欧盟委员会就会得出这样的结论:倾销产品造成了欧盟工业所遭受的实质损害。

在某些情况下,中国进口产品与社区产业受到的损害之间的因果关系相当薄弱。一个例子是来自中国、俄罗斯和乌克兰的碳化硅。由于之前的反倾销措施,中国和乌克兰失去了大量的销量,它们的市场份额也随着时间的推移而最小化。然而,来自俄罗斯的进口并没有大幅减少并保持稳定,而从其他第三国如委内瑞拉的进口,在最初的反倾销定案期间大幅度增加了它们的市场份额。然而,在审查案件中,中国出口商没有回应欧盟委员会的信息要求。此案以针对中国和乌克兰以及俄罗斯的新保护主义反倾销措施告终,欧盟委员会对中国征收了最高的最终关税(中国:52.6%;俄罗斯:23.3%;乌克兰:24%)。

在实施保护之前,必须证明实施反倾销措施符合整个社会的利益。从企业、部门或整个行业的收缩或消失所造成的工业和社会成本来看,对消费者来说,低价格的短期利益与倾销进口产品的有害影响是互相权衡的。欧盟委员会最常用于实施保护的论点是,如果不这样做,欧盟工业将会消失或被迫关闭。一个行业消失的原因是什么?是倾销进口产品,还是主要因为代表欧洲工业的效率低下?例如,在微型存储器中,社区生产者和起诉者是该行业的新进入者。在松香胶中,也有类似的情况发生,尽管市场扩大,欧盟工业的财政损失(24%)。为了消除损害,欧盟委员会根据倾销幅度和损害幅度较低的情况征收关税。欧盟所有对华反倾销案的平均倾销幅度为50%,最低税率为11%,最高税率为138.7%。

欧盟反倾销案中涉及的中国商品的特点是价格低廉,往往伴随着价格的突然飙升和市场份额的大幅扩张。以草甘膦为例,欧盟从中国进口的草甘膦从1991年的48吨增加到1995年的1397吨,市场份额从1%增加到11%。降价幅度为12.9%。在公文包和箱包方面,从中国的进口增长了262%,市场份额增长了372%,价格下降了74%。

一方面,廉价的中国进口商品为欧洲消费者提供了物有所值的消费。例如,在甘氨酸等多个案例中,欧盟用户认为,如果不对中国采取有效的反倾销措施,欧盟将继续"受益于欧盟市场上现有的中国低价产品"。实施这些措施将导致它们的采购费用增加,这会影响它们的竞争力。另一方面,廉价的中国产品给欧盟生产商带来了巨大的压力。例如,在自行车行业,在需求增加的时期,申诉行业的利润不令人满意。在棉织品方面,尽管投资旨在提高成本效益,但仍有88家社区企业倒闭,8625人失业,欧盟的盈利能力从100%下降到-25%。

二、原因

中国国有企业大量参与出口活动,无疑是欧盟对华频繁采取反倾销行动的又一原因。众所周知,国有企业比私营企业在更宽松的预算约束下运营,导致低价格,从而导致反倾销保护。在第二节中,我们提出了案例证据,表明国家所有权影响欧盟对中国的反倾销保护的行为。

第一,预计中国将大力鼓励中国企业进行重组,使它们更加以市场为导向。因此,中国出口商有望在欧盟反倾销程序中获得更多的市场经济地位。中国的国有企业将从196个工业部门中撤出146个。146个行业包括纺织服装、消费品和家用电子产品等产能过剩行业。这些商品的价格将更容易受到市场力量的影响,使中国企业更容易在反倾销程序中申请市场经济待遇。第二,中国加入世贸组织后,必须降低进口关税,向欧盟开放市场。在中国加入世贸组织与欧盟的协议中,中国同意降低150多种欧洲主要出口产品的进口关税。关税和非关税贸易壁垒的大幅降低,导致欧盟对华出口激增,中国对欧盟贸易顺差下降。在20世纪80年代,日本对欧盟的贸易顺差使日本经常成为欧盟反倾销投诉的目标。第三,作为世贸组织成员,中国将能够通过世贸组织争端解决机制解决与贸易伙伴之间的反倾销措施争端。中国也可以参与世贸组织规则的制定以及应对对国家不利的变化的程序出口。中国已经建立了自己的反倾销制度,截至2000年底,中国企业已对北美、亚洲和欧洲国家的出口商发起了五项反倾销调查。可以预期,中国今后将积极运用其反倾销法规。在欠发达国家,这种利用反倾销作为潜在报复手段的倾向正在成为一种普遍现象。中国对欧盟发起反倾销行动的行为会再次降低欧盟针对中国的反倾销案。

三、结论

我们的分析发现,欧盟针对中国的反倾销保护措施主要涉及化工产品,其次是机械产品(自行车、活页夹等),多数情况下是以关税而非价格承诺的方式达成的。与其他被告相比,中国一直受到较高的关税待遇,许多被指倾销的中国出口企业都是国有企业,当欧盟委员会要求它们提供更多信息时,它们往往没有跟进。关于倾销决定,中国要求市场经济待遇的请求经常被欧盟委员会拒绝。关于伤害判定,欧盟市场份额的变化和价格的降低是导致伤害结果的两个主要因素。

在仔细审查1979—2000年期间欧盟针对中国的90个反倾销案时,另一个观察结果是,欧盟产业申请保护的性质非常集中。在大多数情况下,一些欧盟投诉公司代表了超过50%的欧盟总产量。这似乎证实了政治经济学的研究,即集中的产业在申请保护时比分散的产业更成功。过去二十年来,中国对欧盟的贸易一直处于顺差状态,这是欧盟依据反倾销法提起大量申诉的原因之一。由于人民币升值,这将降低中国的出口,中国更大的开放和透明度会改善欧盟对中国的出口。因此,欧洲针对中国的反倾销案将会减少。由于中国还将加快市场改革,使更多的出口贸易多享有市场经济待遇,这将有效降低欧盟倾销案件的数量。

第三章　贸易保护措施的影响

第一节　全球贸易保护措施实施对比

自 2008 年以来,关税基本保持稳定。虽然进口限制普遍下降,但发展中国家,特别是南亚和非洲撒哈拉以南各国的进口限制仍然相对较高。东亚和南亚各国的出口商面临最高的关税。转型期经济的进口限制减少,而出口限制增加。

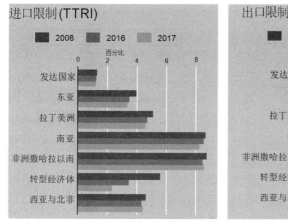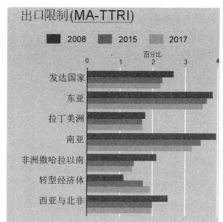

图 3-1　按区域平均进出口限制

资料来源:联合国贸易发展委员会。

图 3-1 描绘了关税贸易限制指数(TTRI),衡量对进口产品施加关税限制的平均水平。对该指标进行加权,以控制不同的进口价值和进口需求弹性。这两个指数根据应用关税(从价和具体关税/关税优惠)进行计算。多边和单边自由化使得过去十年关税限制的减少。然而,尽管有持续下降的趋势,自 2008 年以来,关税自由化进程基本停滞。2017 年,发展中国家的关税限制仍明显高于发达国家。在发展中国家中,南亚和非洲撒哈拉以南

地区的进口限制最高。

在出口限制方面,转型经济体和非洲撒哈拉以南国家面临最自由的市场准入条件,其最大贸易逆差约为 1%。2017 年为 5%。这在很大程度上是由于发达国家给予的单方面优惠和出口构成向自然资源倾斜,而自然资源通常享受低关税。相比之下,东亚和南亚各国的出口面临着更高的平均限制水平,约为 3.5%。对这些区域的许多国家来说,主要贸易伙伴以降低关税为目标的贸易自由化仍然可以产生大量的出口收益。自 2008 年以来,关税在多边和优惠的基础上有所下降。通过最惠国待遇和更广泛的优惠准入,世界农业和自然资源贸易实现了自由化。在制造业方面,自由化主要是通过优惠准入实现的。

图 3-2 显示了 2008 年和 2017 年三个主要行业的平均最惠国和优惠关税。对农业而言,自 2008 年以来关税的下降是最惠国待遇和优惠自由化的结果。自 2008 年以来,最惠国的农产品单一平均关税下降了约 2 个百分点,贸易加权平均降幅超过 3 个百分点。优惠自由化对降低农业关税贡献了 2 个百分点。

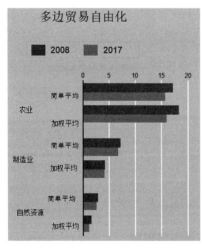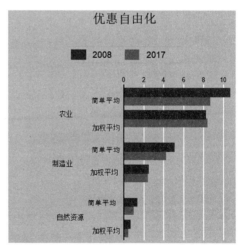

图 3-2 2008 年和 2017 年多边和优惠关税自由化

资料来源:联合国贸易发展委员会议。

在制造业方面,最惠国关税基本保持稳定。优惠计划的增加导致这一部门减幅相对较大,约为 1 个百分点。尽管如此,贸易构成向受高关税影响的产品转移,使制造业的平均特惠关税提高至约 2 倍,即 5%。最惠国和优惠条件的自由化也体现在自然资源贸易中,进一步降低了已经很低的关税水平。尽管程度比 2008 年有所下降,但由于最惠国零关税和免税优惠准入,国际贸易继续在很大程度上免除关税。然而,适用于国际贸易其余部分的关税依然很高。优惠准入继续在农业市场准入中发挥关键作用,但对制造业产品来说也仍然具有重要意义。

由于最惠国的零关税和免税优惠,国际贸易已在很大程度上自由化。虽然与 2008 年相比有所下降,但世界贸易的很大一部分仍然是免关税的(图 3-3),然而,对国际贸易其余部分征收的关税很高。重要的是,农业、制造业和自然资源之间存在差异,农业贸易免关税主要是由于优惠准入(而不是零最惠国关税)。在这方面,优惠准入和相互让步继续在农业市场准入方面发挥关键作用,因为剩余的关税(平均约 20%)相当高。优惠准入对制造业产品也很重要,对制造业产品而言,平均关税接近 10%。另一方面,在自然资源方面,优惠准入的重要性有限,因为在最惠国税率下,这类贸易基本上是零关税。

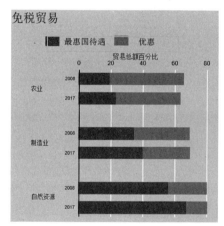

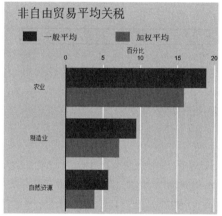

图 3-3　自由贸易和剩余关税

资料来源:联合国贸易发展委员会。

低平均关税掩盖了不同经济类别和产品部门之间的巨大差异。一般来说,国际农业贸易的税率比制造业和自然资源贸易的税率要高得多。纺织品和服装等对发展中国家很重要的制造业产品的关税也相对较高。

图 3-4 显示各类产品的贸易加权平均关税。关税限制在不同的地理区域和经济部门之间仍然有很大的不同。一般来说,国际农业贸易的税率比制造业和自然资源贸易的税率要高得多。即使在农业内部,不同地理区域的关税也有很大差异。南亚和东亚国家以及转型经济体倾向于对农业征收相对较高的关税,而拉丁美洲和发达国家的平均关税要低得多。只有南亚地区(平均近 10%)和非洲撒哈拉以南地区(平均约 7%)的制造业关税仍然

很高。不同产品部门的平均关税差别很大,从蔬菜产品的约8%,到燃料、矿石和办公机械的近零关税。即使考虑到所有的减让和优惠计划,国际贸易也受到高关税的影响,不仅涉及农产品,而且还涉及对发展中国家具有重要意义的生产产品,例如,纺织品(近5%)和服装(近7%)。最后,尽管大多数行业的关税一直在下降,但其他行业的关税却在上升。

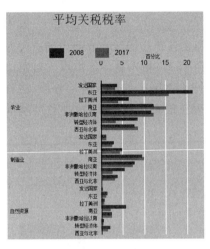
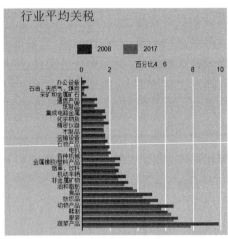
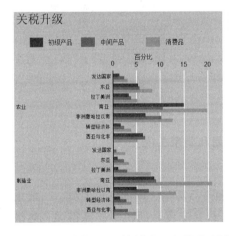
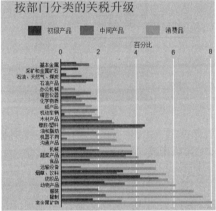

图3-4 按地区、大类和部门划分的贸易加权平均关税

资料来源:联合国贸易发展委员会。

在关税普遍较低的情况下,有相当一部分产品的关税相对较高。关税高峰是许多发展中国家和发达国家关税结构的一部分。关税高峰集中于低收入国家感兴趣的产品,如农业、服装、纺织品和制革。

由于关税普遍较低,即使考虑到单方面和互惠让步仍有相当数量的产品关税相对较高。这些高关税通常针对敏感产品征收(超过 15%)被称为关税高峰。关税高峰以不同形式出现在许多发展中国家的关税结构中。例如,关税高峰是南亚和非洲撒哈拉以南发展中国家农产品关税结构的一大部分,但未出现在转型经济体当中(图 3-5)。关税峰值在制造业、自然资源并不普遍,主要集中于低收入国家感兴趣的产品,例如,农业产品、服装、纺织品和制革。大约 10% 的食品贸易(和 25% 的这类产品)的关税高于15%。大约 10% 的服装贸易要缴纳 15% 甚至更高的关税。关税升级仍然是发达国家和发展中国家关税制度的一个特点。它在制造业产品中比在农业中更为普遍。

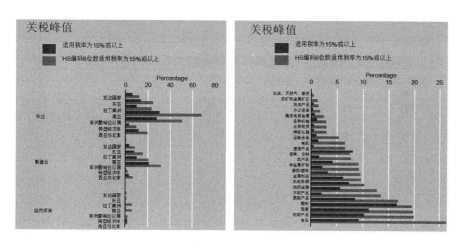

图 3-5 按地区、类别及行业划分的关税高峰(2017 年)

资料来源:联合国贸易发展委员会。

关税升级是对消费品征收的关税比中间产品和原材料更高。这种做法有利于离消费者较近的加工工业,但不利于在原料来源国进行加工活动。大多数发展中国家和发达国家采用逐步升级的关税结构,但程度不同。关税升级在制造业产品中比在农业中更为普遍(图 3-6)。南亚、西亚和北非国家的关税结构在农业部门并没有升级。然而,关税升级在大多数部门都很普遍,包括对发展中国家很重要的部门:服装、动物产品、制革和许多轻工业部门(图 3-6)。

区域贸易流量之间的贸易限制模式差别很大,区域内贸易一般受到比区域间贸易低的贸易逆差的影响。大量南南区域贸易流动仍然承受着相对较高的关税负担。过去五年的关税自由化进程反映在大多数区域内和区域间流动的关税降低。

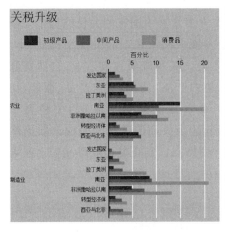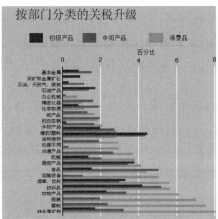

图 3-6　按地区、大类和行业分类的关税升级（2017 年）

资料来源：联合国贸易发展委员会。

　　表 3-1 是 2017 年地区间贸易流平均关税水平的矩阵。表中所列比率的差异是由于市场准入和贸易组成的模式不同造成的。区域贸易协定的影响反映在对区域内贸易的限制程度相对于区域间贸易的限制程度较低。然而，非洲撒哈拉以南和南亚国家的出口情况并非如此，对这些国家来说，市场准入对区域间贸易比对区域内贸易更有利。这部分是由于给予最不发达国家的优惠，但也由于非洲撒哈拉以南国家对彼此之间的贸易设置了关税壁垒。大量的南南贸易流动仍然受到相对高的关税的负担。例如，拉美国家对南亚地区的出口面临近 18％ 的关税。由于区域贸易协定的地理格局日益多样化，许多区域之间的贸易流动在过去五年中已经自由化。然而，一些区域间贸易流动也受到较高关税的影响。后一种现象主要是由贸易流动构成的变化造成的（而不是特定产品线关税的增加）。

表 3-1　2017 年地区关税限制（百分比）

进口地区	发达国家	东亚	拉丁美洲	南亚	非洲撒哈拉以南	转型经济体	亚洲和北非
发达国家	1.6	2.6	1.2	2.1	0.4	1.7	0.6
	−0.5	0.2	0.3	−0.8	−0.1	0.8	0.0
东亚	4.9	2.7	5.4	3.2	1.7	3.8	1.8
	−1.0	−0.7	−0.2	−0.9	−0.2	1.2	−0.3

续表

进口地区	发达国家	东亚	拉丁美洲	南亚	非洲撒哈拉以南	转型经济体	亚洲和北非
拉丁美洲	3.8	8.0	1.1	10.9	1.9	2.0	2.9
	−0.3	−1.0	−0.6	−1.5	−0.7	0.4	−0.5
南亚	10.7	10.4	17.8	6.8	5.7	8.1	9.2
	0.6	−0.3	−2.0	−1.1	−1.1	0.8	−1.7
非洲撒哈拉以南	7.4	11.6	9.0	8.3	3.1	8.6	5.4
	−0.7	−0.2	0.4	0.7	−0.8	2.1	0.0
转型经济体	3.4	1.9	2.0	4.0	0.6	0.4	4.7
	−2.9	−5.7	−8.4	−6.1	−2.2	0.3	−2.6
亚洲和北非	3.2	5.5	6.4	4.0	2.6	8.7	1.9
	−0.9	−0.4	−0.8	0.3	2.6	4.7	−0.1

资料来源:联合国贸易发展委员会。

　　关税优惠制度通过向各国提供不同的市场准入条件而影响国际竞争力。由于贸易协定是区域性的,因此优惠制度有利于区域贸易而不是区域间贸易。然而,不同地区偏好的影响程度存在很大差异。拉美国家在与地区伙伴的贸易中享有最高的优惠幅度,估计约为4倍。

　　表3-2报告了2017年区域范围内的相对优惠幅度(RPMs)及其自2008年以来的变化。相对优惠幅度是贸易伙伴相对于第三国的关税优惠制度来衡量该国的平均优惠幅度。相对优惠幅度可以为正数也可以是负数,这取决于一个国家相对于其他出口国的优势或劣势。当歧视不存在时,相对优惠幅度恰好为零。例如,拉丁美洲国家内部相对优惠幅度4.3%,对东亚国家优惠制只提供了−1.5%的相对优惠幅度,东亚国家对内部地区仅有0.5%的相对优惠幅度。除极少数例外情况外,区域间贸易的相对优惠幅度为负值,这表明关税结构对非区域出口商的竞争力产生了负面影响。对于拉丁美洲贸易而言,南亚和东亚出口商分别面临−4.2%和−1.5%的相对优惠幅度。

表 3-2　2017 年按地区划分的相对优惠幅度矩阵(百分比)

进口地区	出口地区						
	发达国家	东亚	拉丁美洲	南亚	非洲撒哈拉以南	转型经济体	亚洲和北非
发达国家	0.3	−1.1	1.1	0.2	0.3	−0.6	0.2
	0.1	−0.3	0.7	1.1	0.1	−0.5	0.0
东亚	−0.2	0.5	−1.0	−0.2	−0.3	−0.7	−0.4
	0.2	0.1	−1.0	−0.1	−0.2	−0.6	−0.3
拉丁美洲	0.2	−1.5	4.3	−4.2	−0.8	−1.2	−0.7
	−0.7	1.1	−0.1	−1.4	0.0	−0.8	0.3
南亚	−0.3	0.2	0.1	2.0	−0.2	−0.1	−0.1
	−0.1	0.2	0.1	0.5	−0.1	0.0	0.0
非洲撒哈拉以南	0.3	−1.0	−1.4	−1.1	4.4	−0.5	−0.2
	0.7	0.8	−0.4	−0.3	1.8	−0.1	0.1
转型经济体	−0.8	0.8	1.5	−1.4	0.7	2.8	−0.9
	−0.2	1.8	1.9	−0.7	0.7	−0.3	−0.1
亚洲和北非	0.3	−1.3	−0.6	−0.9	−0.4	−1.7	1.8
	0.3	−0.1	0.2	−0.1	−0.3	−0.8	−0.3

资料来源:联合国贸易发展委员会。

一、关税限制措施

　　各国之间,甚至在同一区域内,进口限制的差别也很大。优惠计划使最不发达国家能够免税进入许多发达国家市场。但是,发展中国家如东亚、拉丁美洲和东非的出口,仍然面临相对较高的关税。各国的关税水平差别很大,甚至在同一地区内也是如此。许多拉美国家面临高关税,因为它们的出口产品中有很大一部分是农产品。由于出口构成和优惠税率有限,中国与许多其他发展中国家出口关税相同。国际贸易体系受到越来越多的优惠贸易协定的管制。最近达成的大多数贸易协定不仅涉及商品、服务,还涉及关税让步规则。在贸易协定内的交易比例继续增加。2017 年,全球约 50% 的贸易发生在签署了优先贸易协定的国家之间。

图 3-7 显示了自 2005 年以来每年生效的优先贸易数量。现有的优先贸易数量从 2005 年的不到 150 个增加到 2017 年的 300 多个,几乎翻了一番。这一上升趋势会继续,因为更多的优先贸易协定仍处于谈判阶段,会在未来几年实施。在所有生效的贸易协定中,约有一半涵盖了服务和境内措施关税减让。虽然优先贸易协定的数量急剧增加,但在优先贸易协定下进行的贸易所占的比例并没有增加多少(图 3-8)。2017 年,贸易规则将超越传统关税和现有 WTO 协议,涵盖更深层的边境措施。几乎 10% 的世界贸易是由限制优惠机会的贸易协定所涵盖,大约 7% 是由发达国家向最不发达国家提供的单方面优惠所涵盖。

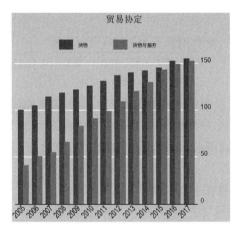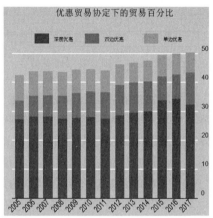

图 3-7　贸易协定

资料来源:联合国贸易发展委员会议。

贸易协定对许多发达国家的重要性很高,但对大多数发展中国家的重要性则不么高,例如,东南亚、非洲南部和拉丁美洲的一些国家。许多发达国家的大部分国际贸易是在某种形式的优惠贸易区下进行的,而且在许多情况下是在贸易规则下进行的,这些规则超越了传统的互惠市场准入让步。对于欧洲联盟国家来说,75% 以上的贸易是在某种形式的优惠贸易区下进行的(图 3-8),50% 以上是在深入协定下进行的(即那些贸易规则超越传统关税和现有 WTO 协议,涵盖更深层的边境措施的国家)(图 3-8)。但是,如东南亚、非洲南部和拉丁美洲的一些发展中国家的贸易仍然发生在优惠贸易区规则之外。

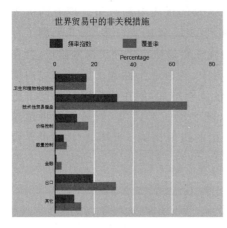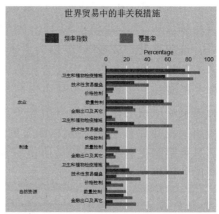

图 3-8 非关税措施的实施情况（按类别和大类划分）（2017 年）

资料来源：联合国贸易发展委员会。

贸易协定在不同国家之间产生了不同程度的政策空间。发达国家和经济转型期国家的政策空间非常有限，因为关税大多受到世贸组织的制约，WTO 成员内部的政策空间一般是针对低收入国家的。如果遵守优先贸易协定，大量贸易就被锁定在优惠关税之下，这反过来意味着，在许多情况下，"真正"关税的数量还不到 WTO 约束性关税的一半。

按 WTO 约束性关税与最惠国关税之差计算的平均关税（贸易加权）。发展中国家，特别是低收入国家，在世贸组织内的政策空间更大。考虑到世贸组织和优惠贸易区承诺所施加的隐性约束，优惠承诺和实际关税较低的贸易国，在不违反 WTO 或优先贸易协定承诺的情况下不提高关税。

二、非关税措施

非关税措施包括一系列服务于不同目的的政策措施。在各种非关税措施中，技术壁垒最为普遍，因为绝大多数国际贸易是受某种形式的技术壁垒的管制。数量和价格控制措施在世界贸易中所占的份额要小得多，但仍然很重要。图 3-9 说明了非关税壁垒（NTMs Non-Tariff Measures）在各种类别中的分布情况。对于每个类别，频率索引（即所涵盖的 HS 6 位数线的百分比）和覆盖率（即报告受影响的贸易百分比），通过实施技术性贸易壁垒，国际贸易受到高度管制，30％以上的产品系列和近 70％的世界贸易受到影响。价格控制措施影响了约 15％的世界贸易。《卫生和植物检疫措施实施协定》（SPS The Agreement on the Application of Sanitary and Phytosanitary

Measures)影响了世界贸易的近20%。按大类划分的非关税壁垒覆盖范围（图3-8）显示，农业受影响最大，世界农业贸易大部分受《卫生和植物检疫措施实施协定》和非关税壁垒形式的影响。

各经济部门所采用的各种非关税措施各不相同，与农业有关的部门受到《卫生和植物检疫措施实施协定》和出口措施的管制。技术性贸易壁垒被用来规范大多数经济部门。数量和价格指标虽然在许多行业使用，但在贸易中所占比例要小得多。《卫生和植物检疫措施实施协定》通常适用于农产品，以及由于污染物具有固有健康危害的其他产品。技术性贸易壁垒被广泛用于国际贸易管制，涉及世界贸易流动的绝大部分（图3-9）。数量和价格控制措施广泛应用于许多部门。农业部门以及石油产品和化学品一般都受到出口措施的影响（图3-9）。

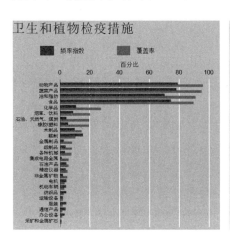

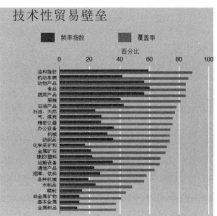

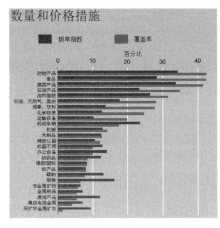

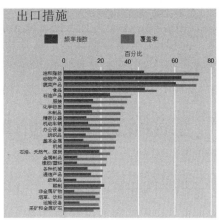

图3-9 2017年按行业划分的非关税措施

资料来源：联合国贸易发展委员会。

与卫生和植物检疫措施和技术性贸易壁垒（SPS 和 TBT）相关的监管框架因国家而异。欧盟、中国、巴西和澳大利亚对技术性贸易壁垒的使用更为普遍，在许多低收入国家则较少。发达国家以及中国和巴西对技术性非关税措施的使用往往多针对具体产品。其他发展中国家倾向于以更一致的方式使用技术性非关税措施。非技术贸易壁垒的使用也因国家而异。为了捕捉各国对非技术措施的不同使用情况，图 3-10 展示了贸易保护强度。这一指数是通过一个国家对每一类产品所采取的非技术性措施的数目与对该产品所采取措施的平均数之间的差额来计算各国的平均水平。图 3-10 展示了各国产品水平差异的标准偏差。这说明了非技术措施是倾向于在产品之间统一应用，以及在产品之间以不同的强度应用。

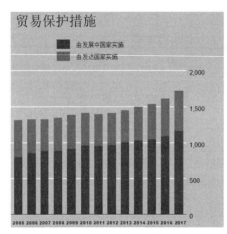
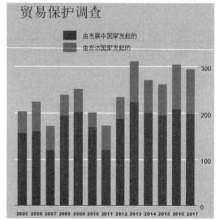

图 3-10　2005—2017 年贸易保护措施

资料来源：联合国贸易发展委员会。

2017 年，贸易保护措施的使用依然强劲，世贸组织启动了约 300 项新调查。2017 年，涉及贸易保护措施的案例累计超过 1500 起。在过去十年中，发展中国家越来越积极地使用贸易保护措施。

三、贸易保护措施的积极作用

以反倾销、反补贴关税和保障措施为形式的贸易保护措施使各国能够在现有的世贸组织机制内积极应对与进口相关的问题。在过去十年中，每年向世贸组织提起的反倾销案在 150～250 个（图 3-9）。然而，2016 年和 2017 年，中国向 WTO 提起的反倾销案数量有所增加，每年新增约 300 个。一般而言，贸易保护措施的有效期为五年，因此，任何一年影响贸易的措施数量都远远高于每年相应的新案件数量。截至 2017 年,有效的贸易保护措施(一般、具体或从价税)约为 1700 项(图 3-10)。发达国家和发展中国家都利用贸易保护措施。然而,发展中国家越来越积极地使用贸易保护措施。

贸易保护措施的使用和影响因国家而异。贸易保护措施主要由发达国家和新兴经济体实施,主要针对来自中国、欧盟和美国的产品。大多数与贸易保护措施有关的案件是由主要经济体向世贸组织提出的。这些措施的主要使用者包括印度、美国、欧盟、中国以及土耳其、巴西和阿根廷(图 3-10)。到目前为止,中国是目标最明确的经济体,截至 2017 年实施了 400 多项措施(图 3-10)。还有大量针对欧盟、美国和印度的贸易保护措施。

第二节　基于反进口补贴的额外关税与反倾销调查

世界贸易组织《关税与贸易总协定》(GATT)第六条允许各国对出口制造商的倾销行为采取行动。然而,反倾销行动只有在详细调查发现"倾销"损害了进口国产业的情况下才能进行。开展公平贸易的一个重要方面是确保国内经济不会因为糟糕的外贸做法而受到损害,而这些做法最终会使出口商受益。倾销是一种掠夺性定价,制造商以低于国内市场价格或低于生产成本的价格向国外出口产品。反倾销税防止了价格歧视和出口商涌入市场,通过收取差价作为进口关税,以消除对本国经济的损害,并使进口产品的价格调整到正常或市场价值。

在美国,当国际贸易委员会调查确定倾销造成的损害时,美国商务部将确定进口产品的不公平价值。美国钢铁工业在 20 世纪 90 年代末遭受了巨大的损失,当时创纪录的廉价钢铁进口导致三家钢铁公司破产,导致数千钢铁工人失去工作,并大大减少了对钢铁工业的投资。中国一家钢铁公司的首席执行官表示,他们的公司将在 2017 年减少对美国的钢铁进口,主要原因是中国大型钢铁公司的合并。

虽然倾销是不公平贸易的一种形式,但反补贴是阻止出口商进行不公平贸易和价格歧视的另一种方式。根据美国商务部和国际贸易管理局(ITA)的评估,当调查结果显示一个国家的出口产品受到出口国政府的不公平补贴时,即征收反补贴税。美国商务部和国际贸易管理局宣布对从巴西、土耳其和韩国进口的热轧钢征收反补贴税。尽管韩国以美国商务部(Department of Commerce)反对征收钢铁进口关税为由提起诉讼,但土耳其随后也提起诉讼,称"(商务部)未能考虑到有证据表明,韩国钢铁制造商受益于政府补贴的电价"。

2018年,欧盟委员会开展了22项新的反补贴税调查,做出了25项初步裁定和21项最终裁定。2018年,美国商务部针对来自8个国家的13种产品发出了18个反补贴关税命令,2018年底生效的所有反补贴关税令和暂停协议清单,如表3-3所示。

美国反补贴税法也在1930年修订的《关税法》第七条中有所规定。它规定对进口到美国的产品征收额外的关税以抵消国外的补贴。一般来说,这类调查的程序与反倾销法规定的程序相似。向美国商务部(管理当局)和委员会提出申诉。此外,委员会必须作出肯定的裁定,认定美国产业受到实质损害或受到实质损害的威胁,或认定美国产业的建立因为存在进口补贴,因此受到实质阻碍。

表3-3　2018年生效的反补贴关税令

贸易伙伴	产品	补贴幅度(百分比)
阿根廷	生物柴油	71.87～72.28
加拿大	软木木材产品	3.34～17.99
中国	硬木胶合板产品	22.98～194.90
中国	铝箔	17.14～80.52
中国	工具箱和机柜	14.03～95.96
中国	不锈钢法兰	174.73
中国	铸铁土质管件	7.37～133.94
中国	葡萄糖酸钠	194.67
中国	锻钢配件	13.41
印度	细旦涤纶短纤维	13.38～27.36
印度	不锈钢法兰	4.92～256.16
意大利	碳合金钢丝棒	4.16～44.18
西班牙	成熟的橄榄	7.52～27.02
土耳其	碳合金钢丝棒	3.81～3.88

资料来源:根据《联邦公报》公告汇编。

对未执行的反倾销和反补贴关税令及暂停协议的审查,1930 年关税法第(a)条要求美国商务部在收到请求时,对未付反倾销税和反补贴税订单进行年度审查,以确定任何净补贴或倾销差额的金额,并确定是否遵守暂停协议。还授权美国商务部和委员会在收到表明情况发生变化的信息或请愿书后,酌情审查某些悬而未决的决定和协议。在向委员会提交情况改变的审查报告时,要求撤销反倾销税令或反补贴税令或终止暂停调查的一方有责任说服委员会,情况已发生足够的变化,应予以撤销。根据美国商务部或欧盟委员会的审查,美国商务部可全部或部分撤销反倾销税或反补贴税令,或终止或恢复暂停调查。

2018 年,世贸组织成员就新争端向世贸组织提出 39 项争端解决磋商申请,是 2017 年 17 项申请的两倍多。在 2018 年提交的 39 项请求中,有 8 项是美国提出的,19 项是针对美国提出的。在针对美国的投诉中,近一半(9 个)涉及美国对钢铁和铝产品征收的国家安全关税,在美国提出的 8 个投诉中,有 6 个涉及其他世贸组织成员针对美国对钢铁和铝产品征收关税而采取的措施。2018 年美国提出的另外两项新要求涉及印度采取的出口补贴措施和中国采取的保护知识产权措施。WTO 成立了 23 个争端解决小组。其中 9 个专门小组负责审议美国对钢铁和铝产品采取的措施,5 个专门小组负责审议其他世贸组织成员针对美国对钢铁和铝征收关税而采取的措施。

第三节　中国参与 WTO 争端解决机制的历程

中国已经成为 WTO 争端解决机制中最为活跃的成员之一,仅次于美国和欧盟。统计数据结果显示,2009 年在 WTO 新提起的案件中,有一半涉及中国。然而此时距中国正式成为 WTO 成员,只有短短八年半时间。中国参与 WTO 争端解决机制,经历了怎样的过程? 现状如何? 效果怎样? 前后有些什么变化?

2003 年 3 月,商务部条法司与其律师事务所合作完成了"美国特定产品保障措施立法及实践法律研究报告"。该报告对一般保障措施与"特保措施"的关系进行了充分的论证,并且对美国第一个"特保"案——座椅升降装置案进行了法律分析。2014 年 4 月,其又与律师事务所合作完成了"纺织品保障措施问题及美国纺织品保障措施立法研究报告"。该报告对"纺织品特保"与一般保障措施、WTO《纺织品与服装协定》的关系进行了分析。2004 年 4 月,商务部条法司又与律师事务所合作完成了"美国 WTO 反倾销案件研究报告"。该报告对美国在 WTO 中被诉的反倾销案件进行了研究,并且依此对当时国人瞩目的美国对华彩电反倾销案做了分析。此外,商务部条法司 WTO 法律处根据参与 WTO 争端解决案件审理的经验,分别于 2000 年和 2003 年完成了商务部研究课题"WTO 争端解决磋商程序研究"和"WTO 争端解决专家组程序研究"两个研究报告,结合 WTO 案例,对这两个程序的细节进行了完整的介绍。WTO 法律处纪文华写作了"WTO 新回合争端解决机制谈判综述",根据其参与该谈判的体会,对各方的立场和原因进行了介绍和评论。WTO 法律处杨国华和李咏箑合作完成了《WTO 争端解决程序详解》一书,于 2004 年 3 月出版。这是一部实用指南,引用了 105 个 WTO 报告,全面研究了既往案例对 WTO 争端解决程序规则的使用情况。著名的 John H. Jackson 教授在阅读了英文稿后专门为此书作序。2004 年 4 月,杨国华所著《美国钢铁保障措施案研究》出版。该书全面介绍了"中国第一案"的过程。当然,学术界对 WTO 法律的研究也成果丰硕。其中,中国社科院法学所赵维田教授的《WTO 法律制度研究》、上海华东政法学院朱榄叶教授的 GATT 和 WTO 案例研究系列及其对 WTO 案例的分类统计提供了全面的案例资料。中国人民大学韩立余教授的 WTO 案例研究系列则更为详尽地介绍和评论了 WTO 的案例。最后,值得提及的是,为了给有关工作提供充分的便利,商务部条法司购买了大量的 WTO 英文资料,包括从事 WTO 争端解决工作所必备的 WTO 出版物 *Basic Instruments and Selected Documents*(BsD),*Analytical Index Guide to GATT Law and Practice*,*Analytical Index*:*Guide to WTO Law and Practice*.

2001 年 11 月,中国刚刚被批准加入 WTO,商务部条法司就成立了 WTO 法律处。该处由"外经贸部 WTO 法律工作领导小组办公室"转变而来。1999 年年底,中美关于中国加入 WTO 的双边协定签订后,人们普遍认为,中国正式成为 WTO 成员指日可待,而修改中国的法律法规,使其与 WTO 的规则一致,成为举世瞩目的迫切任务。中央各主要部委纷纷成立法规清理办公室,而由于外经贸方面的法律法规首当其冲,并且由于外经贸部负责加入 WTO 的谈判工作,因此,该部的办公室是专职的机构,不仅负责外经贸方面法律法规的清理工作,而且经常需要向其他部委提供咨询。清理工作不仅需要了解国内的政策法规,而且需要熟悉 WTO 的规则。这项专业性的要求,使办公室工作人员边干边学,较早地对 WTO 各项协定和部分案例进行了研究。这也为更为专业的 WTO 争端解决工作打下了初步的基础。中国加入 WTO,该临时办公室转为正式的 WTO 法律处,与专门成立的 WTO 司一起,共同承担中国在 WTO 的相关事务。

一、积极参与"美国钢铁保障措施案"

2002 年 3 月 5 日,美国总统宣布,对 10 种进口钢材采取保障措施,在为期 3 年的时间里,加征最高达 309％的关税。包括中国在内的一些 WTO 成员将本案提交 WTO 争端解决机制,是为"美国钢铁保障措施案"。美国钢铁保障措施案是中国在 WTO 的第一案,是中国成为 WTO 成员后,使用 WTO 争端解决机制解决贸易争议、合法保护自己贸易利益的具体体现。这个案件标志着中国未来解决与其他 WTO 成员的争议,多了一条稳定、可预见的途径。对于作为贸易大国的中国来说,和平解决争议,与其他国家建立良好的贸易关系,这是非常重要的。因此,本案对中国不仅仅具有保护具体贸易利益的作用,而且具有很强的象征意义。本案对 WTO 多边贸易体制也有非同寻常的影响。正如欧共体所说,美国对钢铁采取的限制措施,是有史以来 WTO 成员所采取的经济上最具扰乱性的紧急保障措施,对几十亿美元的贸易和很多国家产生了影响。本案中,在 WTO 共同起诉美国的国家多达 8 个(欧共体、日本、韩国、中国、瑞士、挪威、新西兰和巴西),这是 WTO 争端解决中起诉方最多的一个案件。不仅如此,美国此举还迫使其他 WTO 成员也采取限制钢铁产品贸易的措施(欧共体和中国为防止钢铁产品贸易转移,也采取了保障措施),在总体上对世界贸易体制造成了极大的压力。因此,该案的进展举世瞩目。从法律上来看,该案也是涉及法律问题最多的一个案件,包括专家组审查范围、未预见发展、进口产品定义、国内相似产品定义、进口增加、严重损害、因果关系、对等性、措施的限度、关税配额分配、发展中国家待遇 11 个法律点,几乎涉及了对 WTO《保障措施协定》中的每一个实质性条款的理解和适用。在专家组审理阶段,当事双方的书面陈述正文就达 2500 页,附件达 3500 页。专家组报告也长达 969 页。在上诉审议阶段,双方提交的书面陈述达 1000 页。上诉机构报告也达 171 页。起诉方为统一立场和观点,多次开会协调,分工合作。当事方 100 多人参加了专家组和上诉机构召开的听证会。美国称,这是 WTO 有史以来最大、最复杂的案件。美国甚至抱怨,本案对世界贸易体制有着严重的影响,因为 8 个起诉方对 WTO 相关协定的解释使得这些协定根本无法操作,从而损害了成员对 WTO 以规则为基础体制的信心,使其不愿意再承担新的义务。美国钢铁保障措施案,从 2002 年 3 月 5 日美国总统宣布采取措施,到 2003 年 11 月 10 日上诉机构作出最终裁决,认定美国的措施不符合 WTO 规定,历时近 21 个月。在此期间,8 个起诉方与美国进行了依据《保障措施协定》的磋商和《争端解决谅解》(DSU)的磋商,经历了专家组程序和上诉审议程序。本案解决过程中所遇到的一些程序和法律问题是非常独特的。中国作为 WTO 成员,参与了本案的全过程。参与这个第一案增加了对 WTO 运作模式的了解,特别是争端解决机制的特点,为今后充分利用该机制解决争议提供了很好的经验。

二、作为第三方参与其他成员之间的案件

WTO 争端解决程序规则规定,对于其他成员之间发生的争议,WTO 成员可以作为第三方参与该案的审理,即收到争端双方的部分材料,提交自己的意见,出席听证会并发言。虽然 WTO 要求第三方应当有贸易利益,但在实践中,在专家组和上诉机构阶段,一般不用说明自己的贸易利益所在,也没有人专门审查是否存在贸易利益。要求参加的成员,只需在宣布专家组成立的争端解决机构(DSB)会议上举牌示意,即可作为本案的第三方。作为第三方参与这些案件的审理,具有重要意义:中国作为贸易大国,有广泛的贸易利益;作为第三方,可以获得大量的国际贸易信息;作为第三方,可以参与规则的制定;作为第三方,可以锻炼专业化队伍。中国已经作为第三方广泛参与了 WTO 争端解决案件。具体工作由商务部条法司人员负责,并聘请国内律师起草相关法律文件。在参与过程中与中国主要经济部委、进出口商会、行业协会、大型企业密切合作,确定中国参与这些案件的立场,并且可以使有关产业跟踪国际贸易体制的最新发展情况。对于每一个案件,都起草了第三方书面陈述,赴 WTO 参加审理案件的听证会,并且回答专家组的书面问题。由于当事方提交的书面材料内容很多,并且案件审理有严格的时间限制,加上刚刚起步,所以这项工作具有很大的挑战性。

三、走向深入

(一)向 WTO 推荐专家

为便利审理案件的需要,WTO 规定,每个 WTO 成员都可以向 WTO 推荐专家,经 DSB 批准后,列入专家“指示性名单”,供具体案件发生时选用。在 2004 年 2 月 17 日召开的 DSB 例会上,通过了中国提名的 3 位专家。消息传出,引起了社会的广泛关注。这 3 位专家是:商务部条法司前任司长张玉卿,武汉大学法学院院长曾令良教授,上海华东政法学院朱榄叶教授。3 位专家均著作颇丰。中国专家列入 WTO 专家名单,对中国在更宽领域、更深层次上参与 WTO 事务具有重要意义。首先,根据 WTO《争端解决谅解》

(DSU)的规定,WTO 争端解决专家组成员应当由资深的政府和非政府个人组成。此次中国有 3 位专家成功列入 WTO 专家名单,意味着中国的专家在 WTO 专业领域已经得到了 WTO 的认可,这是中国参与 WTO 事务走向更深层次的表现;其次,截至目前,WTO 秘书处设立的专家组成员指示性名单来自 43 个国家。中国加入 WTO 仅两年多,即成功地推荐了专家组成员,这是中国参与 WTO 事务走向深入的又一重要表现;最后,中国3 位专家顺利成为 WTO 专家名单中的成员,对中国顺利推进争端解决工作也有重要意义。如果将来 3 位专家成为某些案件的专家组成员来审理案件,可以积累更多的争端解决经验,更好地为中国参与 WTO 事务服务。

(二)新回合法律问题研究

WTO 仍在进行新议题和新规则的谈判,跟踪研究这些问题,对于前瞻性、创造性地参与 WTO 争端解决机制具有十分重要的意义。为此,由商务部条法司前任司长张玉卿主持,商务部条法司全体人员参与了"新回合法律问题"的专题研究工作,对新回合的各项议题进行了研究和分析。研究成果已经正式出版。

WTO 争端解决动态主要是跟踪 WTO 争端解决的发展,为有关单位工作提供参考。该动态汇集了 WTO 最新案例的介绍,包括中国参与争端解决的情况以及争端解决谈判和案例统计等其他资料。该动态由于资料新、信息量大,获得了有关部门的一致好评。

2004 年 3 月 18 日,美国根据 DSU 的规定,就中国集成电路增值税政策问题,向中国提出磋商请求。美国在其磋商请求中,称中国的集成电路增值税退税政策违反了 WTO 的国民待遇原则和最惠国待遇原则。这个案件成为中国在 WTO 的第一起被诉案件。中美双方经过 4 轮磋商,于 7 月 14日达成谅解,宣布此案通过磋商解决。经过 5 年的筹备,中国迎来了 WTO案件高峰期,在中国起诉的 7 个案件中,6 个是 2007 年以后提起的。随着案件量的增加,经历了更多的"第一次":中国诉美国"禽肉进口措施案"(D392)"出师大捷",案件尚在审理之中,美国就实质性地修改了有关立法。同时,中国也第一次根据"汽车零部件进口措施案"(Ds339),调整了有关做法。对在 WTO 打官司这套程序已经驾轻就熟了,对于很多案件的实体性问题,也已经耳熟能详。与国际上最高水平的律师事务所的广泛合作,与WTO 专家(例如前上诉机构主席 James Bacchus 先生)的广泛交流,不断提高着我国从事相关工作的水平,我国还创造了颇具特色的组织诉讼的方式,形成了政府主办人员、国内律师、国外律师和相关产业部门"四体联动"的高效诉讼机制。

此外,更为重要的是,中国还作为 WTO 正式成员,参与着规则的制定,包括争端解决机改革的谈判和新回合其他议题的谈判。遵守规则,制定规则,中国在国际舞台上正展现出一个成熟的形象。

四、结论

WTO 争端解决机制是解决贸易争端的最终法律手段,经常被称为"国际贸易法院",WTO 成员之间无法通过双边谈判解决的争端,可以提交 WTO 解决,避免采取贸易战等对国际贸易秩序产生很大破坏作用的行为。欧美等贸易大国均频繁使用 WTO 争端解决机制解决争议,巴西、印度等发展中国家也广泛参与有关案件的审理。另外,WTO 争端解决机制虽然是解决争端的最终法律手段,但在双边谈判阶段也可以起到一定的威慑作用。从各国经验来看,参与 WTO 争端解决机制,根据 WTO 专家组和上诉机构对《WTO 协定》条款的解释,可以及时掌握 WTO 规定的发展方向,有利于国内相关政策的调整;通过争端各方提供的材料,可以了解各国的贸易政策及其具体操作办法,为中国制定有关经贸政策提供参考。

因此,充分利用 WTO 的争端解决机制维护中国的利益,同时广泛参与 WTO 争端解决机制的工作,是一项长期、重要的工作。WTO 在推动国际法治方面起着很大的作用。WTO 规则是所有成员协商一致制定的,是"民主决策"的结果,WTO 规则的实施效果也很好,大家都认真履行协定。如果履行中出现问题,就提交给争端解决机构,并且 WTO 作出的裁决大家都能够认真执行,这就是国际法治,WTO 是国际法治很好的范例。中国作为多边贸易体制的重要受益者,应当致力于维护 WTO 所建立的国际法治。

第四节 全球农业贸易格局的演变

几个世纪以来,各国一直依靠农业和粮食商品贸易来促进国内生产。土地资源的分布不均衡和气候带对植物和动物饲养能力影响了大陆之间和大陆内部的贸易。殖民和殖民化的历史有助于贸易基础形式的出现。具有全球生产和分配系统的跨国公司取代了后殖民时代的贸易结构,成为世界农业贸易组织的典范。消费者口味的变化促进了全球市场的出现,并增加了贸易的重要性。如果取消农业贸易,国民收入就会大幅下降,几乎没有哪个国家能幸免于难。

贸易在满足全球粮食需求方面的作用将在今后 30 年内进一步加强。

发达国家将在发展中国家的粮食需求中提供越来越大的份额,作为回报,它们将继续进口更多的其他农产品,尤其是热带饮料、橡胶和纤维。然而,发展中国家并不是一个单一的贸易集团。虽然整个集团将增加其热带产品的净出口,并进口越来越多的温带商品,但集团内仍将有重要的温带商品净出口国。

根据《乌拉圭回合农业协定》要对农业部门进行根本的改革,如果工业国家大幅度减少提高生产的补贴和保护,这就会对预期的贸易模式产生影响。本节讨论全球农业贸易模式的演变,首先讨论了世界贸易中农业贸易相对于工业制成品的份额的变化,并确定了发展中国家农业贸易作用的迅速变化,最后将讨论全球农业贸易中的互补性和竞争,以及政策如何、在哪里以及在多大程度上影响了发展中国家和发达国家之间目前的贸易格局。

一、全球农业贸易格局的长期趋势

在过去的 50 年里,国际贸易有了长足的发展。全球商品贸易量增长了17 倍,比世界经济产出增长速度快了 3 倍多。许多因素促成了这种增长,例如,在关税与贸易总协定(GATT)40 年的贸易谈判中,制成品的平均进口关税从 40% 降至 4%。非政策因素也很重要,包括降低运输成本和新的运输设施,以及更便宜和更有效的通信条件。此外,制造贸易主要是零部件或半成品,它们的增长是由产业内贸易的迅速扩展所推动的,利用了在不同国家或大洲经营的公司的劳动分工。制造业受益于这种良性循环,即贸易收益转化为更高的收入,进而推动贸易增长。

在过去的 50 年里,农业贸易也有所增长,但只是以全球经济产出的速度增长。在造成贸易增长相对缓慢的因素中,值得注意的是未能将农业充分包括在关贸总协定的多边贸易谈判中,而关贸总协定在降低工业关税方面是较为成功的。因此,平均而言,现在的农业关税与 1950 年的工业关税一样高。许多发达国家和一些发展中国家的国内支持政策以及以国际贸易为代价促进进口替代的政策,加剧了高度边界保护的影响。

如图 3-11 所示,发展中国家农业出口的增长也受限于出口市场吸收能力。其农产品出口的主要部分是面向基本饱和的发达国家市场,而对需求没有多少反应。诸如咖啡、可可、茶或橡胶等热带产品受到这些限制的影响最为严重。发展中国家不断增加的产出满足了发达国家缺乏弹性的需求,造成了价格持续下降的压力。较低的价格抵消了出口数量的大部分增长,结果出口收入仅略有增长。

此外,受农业生态条件的影响,食品和农产品的行业内贸易很少。但行业内贸易也受到了传统贸易和投资壁垒的阻碍,这些壁垒加大了国际采购的难度。制造业出口的迅速增长和农业出口增长缓慢的结果是,农业出口的相对重要性急剧下降。发展中国家的农业出口占其总出口的比例从1960年初的近50%下降到2000年的勉强超过5%。甚至在这一组49个最不发达国家中,农业是最大的经济部门,它们的农业出口份额从1960年初的65%以上下降到2000年的不到15%。发展中国家所占比例低,除其他许多因素外,也反映了经合组织国家的保护主义政策,而经合组织的政策对此也有贡献。

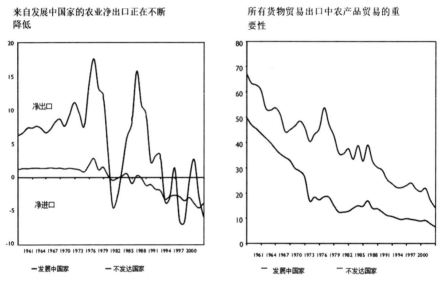

图 3-11　农产品贸易平衡与农产品出口份额
资料来源:世界贸易组织。

二、从农产品净出口国到农产品净进口国

随着农业在国际贸易中所占比重的总体下降,农业贸易结构发生了明显变化。这种变化的一个表现是发达国家和发展中国家之间粮食贸易的平衡。1961—1963年,整个发展中国家的农业贸易总顺差为70亿美元,到20世纪90年代末,其贸易大体平衡,偶尔出现少量盈余和赤字。对2030年的展望表明,发展中国家的农业贸易逆差将显著扩大,达到310亿美元的总体净进口水平。粮食净进口将增加到约500亿美元。

49个最不发达国家走在这一转变的最前列,它们的农业贸易赤字迅速增加,到20世纪90年代末,进口已经是出口的2倍多。对2030年的展望表明,这一趋势不会有任何减弱的迹象。最不发达国家集团的农业贸易逆差预计将进一步扩大,并在今后 30 年里全面增加 4 倍(图 3-12)。整体农业贸易净平衡的演变本身并不一定代表一个发展中国家整体经济状况的恶化。对一些国家来说,不断增长的农业贸易逆差只是反映了整体的快速发展。例如,韩国农业赤字的增加与整体发展的高比率和粮食消费的增加是齐头并进的。同样,中国植物油进口的增长主要反映了通过进口满足国内食品需求能力的提高。

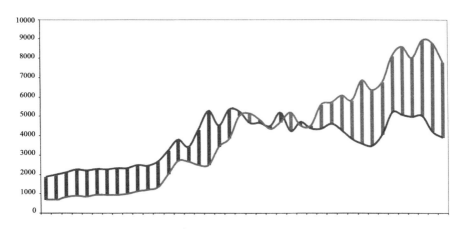

图 3-12　最不发达国家已成为农产品的主要净进口国(单位:百万美元)
资料来源:世界贸易组织。

　　尽管农产品出口对整个发展中国家的重要性下降,但一些发展中国家的外汇收入仍然严重依赖农产品出口。在超过 40 个发展中国家中,诸如咖啡、可可或糖等单一农业商品的出口收入占商品出口总收入的 20％以上,占农业出口总收入的 50％以上(图 3-13)。例如,在布隆迪,仅咖啡出口就占该国外汇收入的 75％。发展中国家中有一半位于非洲撒哈拉以南,3/4是最不发达国家或小岛屿。特别低的咖啡和糖的世界价格降低了它们的整体外汇利用能力,降低了农村工资,增加了贫困,从而突出了非扭曲农业贸易对整体经济发展的重要性。对初级农产品的需求疲软以及它们出口中反复出现的繁荣和萧条的情况给赖以运转的商品经济造成了挑战。众所周知,不稳定的商品价格和出口收入使发展规划更加困难,并对收入、投资和就业产生不利的短期影响。

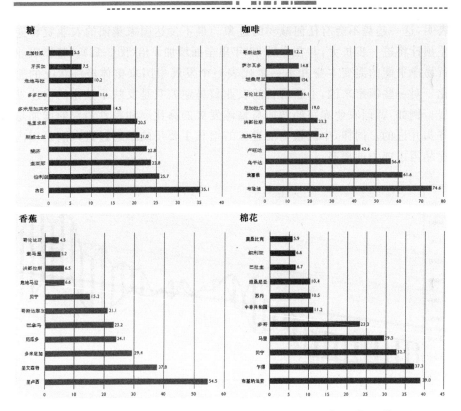

图 3-13　农业出口依赖关系——出口收入占货物出口收入的比例
资料来源:世界贸易组织。

三、发展中国家农业贸易变化

发展中国家将成为重要的净进口国,到 2030 年贸易赤字将接近 350 亿美元(表 3-4)。影响发展中国家整个农业贸易平衡的最重要变化之一是温带商品进口的迅速增长。在过去 40 年中,这一类产品的净进口增加了 13 倍。1961—1963 年为 70 亿美元,1997—1999 年为 240 亿美元(表 3-4)。

表 3-4　发展中国家与发达国家的贸易流动(百万美元)

	发展中国家贸易净额(负值表示净进口)					累计增加(百分比)
商品种类	1961—1963	1979—1981	1997—1999	2015	2030	1997—1999—2030
农业	6.68	3.87	−0.23	−17.6	−34.6	
全部食物	1.14	−11.52	−11.25	−30.7	−50.1	+345

续表

商品种类	发展中国家贸易净额（负值表示净进口）					累计增加（百分比）
	1961—1963	1979—1981	1997—1999	2015	2030	1997—1999—2030
1. 温带	−1.72	−18.17	−24.23	−43.8	−61.5	+154
谷物（大米除外）	−1.57	−14.25	−17.40	−31.9	−44.6	+156
小麦	−1.53	−10.45	−10.30	−17.3	−23.5	+128
粗粮	−0.04	−3.80	−7.10	−14.7	−21.1	+195
肉	0.22	−0.56	−1.18	−3.4	−5.8	+389
反刍动物	0.27	0.14	−0.93	−2.5	−4.6	+395
非反刍	−0.06	−0.71	−0.25	−0.8	−1.2	+372
牛奶	−0.37	−3.36	−5.65	−8.4	−11.1	+97
2. 高度竞争类	3.13	4.29	6.20	6.3	5.9	−4
大米	−0.07	−1.44	−0.39	−0.5	−0.7	+82
植物油和油菜籽	0.81	0.52	−0.57	−0.6	−0.6	+17
水果、蔬菜和柑橘	0.24	1.67	8.40	9.7	11.2	+33
糖	1.02	3.83	1.30	1.3	0.9	−30
烟草	0.20	0.07	1.26	0.9	0.6	−55
皮棉	0.91	−0.13	−3.46	−4.2	−5.0	+46
3. 热带	3.83	17.55	19.16	22.8	26.0	+36
香蕉	0.28	1.00	2.64	3.5	4.0	+53
咖啡	1.78	9.49	9.77	11.1	12.4	+27
可可	0.48	3.30	2.82	3.6	4.2	+49
茶	0.48	0.85	1.39	1.5	1.7	+20
橡胶	0.89	2.91	2.54	3.1	3.7	+45
4. 其他所有商品	1.46	0.20	−1.36	−3.0	−5.0	+267

资料来源：世界贸易组织。

许多因素促成了这种转变。第一，发展中国家发现越来越难以与受经合组织国家补贴的温带商品进行竞争。尽管阿根廷、巴西和乌拉圭等一些国家仍设法保持净出口，但这些补贴阻碍了所有发展中国家的出口。补贴和随后的盈余处理给国际价格带来了下行压力，抑制了温带商品的出口量和收益。第二,发展中国家通过对本国农业征税,增加了不断增长的贸易赤字,直接通过较低的采购价格和配额,或间接通过高估的汇率和对非农业产品的高保护率。在许多情况下,这些政策是在经合组织的盈余处理政策成为世界农业贸易的一个重要因素之前制定的。第三,总体经济发展促进了温带商品的进口。随着收入的提高和需要养活的人口的增加,发展中国家对温带商品的需求增长迅速。

在发达国家,畜牧业生产的技术和组织进展(纵向一体化等)超过了谷物产量的增长。这使得在国内将谷物转化为肉类并出口肉类比出口谷物更有利可图(OECD,1998)。在发展中国家,收入的增长特别是在亚洲,促使消费模式从以粮食为主的饮食转向以牲畜为主的饮食,人均消费水平迅速上升。此外,在整体经济发展和城市化的同时,一些收入增长较快的发展中国家也建设了基础设施,例如用冷链处理牲畜产品进口。

从谷物到肉类贸易的转变将继续下去,虽然谷物(不包括大米)仍将占绝对增长的部分,但肉类的相对增长预计将最为强劲。发展中国家的牲畜产品进口将迅速增加。此外,发展中国家对温带产品的总体进口将继续增长,尽管增速有所放缓。到2030年,发展中国家的温带商品净进口预计将增加到610亿美元左右(1997—1999年为610亿美元,见表3-4)。

在这方面的一个关键问题是,如果要消除政策扭曲,特别是经合组织国家施加的政策扭曲,发展中国家是否能够扩大生产和出口,以及在多大程度上能够扩大生产和出口,消除扭曲会改变发展中国家的净贸易地位吗?农业生态的限制作用超过政策扭曲的影响。取消经合组织的补贴将在很大程度上导致市场份额在经合组织国家集团内从补贴生产者转向非补贴生产者。只有少数具有温带商品生产能力的发展中国家,如阿根廷、巴西、乌拉圭或泰国,将扩大其净出口外汇额。然而,大多数发展中国家不会从净进口转向净出口。在农业供应反应特别低的地方(如许多最不发达国家)和非农业保护仍然很高的地方,国家将面临较高的粮食进口费用和贸易条件。

经合组织国家的补贴抵消了发展中国家生产者的比较优势。许多发展中国家在生产这些商品方面具有比较优势,或者因为它们的生产是劳动密集型的(水果和蔬菜),或者因为它们受到热带或亚热带地区农业生态条件(热带水果、糖和大米)的大力支持。发展中国家在这个产品类别的净出口在1997—1999年约为60亿美元,大约是1960年代初期的2倍(按目前美元计算,见表3-4)。净出口水平为40亿美元,其中水果、蔬菜和柑橘类水果所占比例最大,而且是过去40年来增长最快的。但是,如果没有政策的扭曲,特别是1998—2000年经合组织总共约1110亿美元的补贴,出口增长会更快(表 3-4)。水果、蔬菜和大米占了经合组织补贴的近 3/4。

热带商品主要是咖啡、可可或橡胶等,在过去几十年里,发展中国家一直在大幅提高这些产品的产量。发达国家对这些商品的进口市场已日益饱和。需求缺乏弹性,价格长期下跌。由于发达国家不大量生产这些商品,不支持或保护这些市场。发展中国家在扩大热带产品的生产和出口方面相当成功。总的来说,热带产品的净出口增加了 5 倍。未来 30 年,出口将继续增长,到 2030 年,出口量会增长 36% 左右。

这类商品中最重要的是咖啡。咖啡净出口约占热带产品净出口总额的一半。自 20 世纪 60 年代初以来(以当前价格计算),热带产品的总体净出口增长基本持平。从 1961—1963 年到 1997—1999 年,咖啡(豆)产量增加了 60%,由于发展中国家的国内消费仍然很低,许多额外的产品进入了出口市场。在 20 世纪 60 年代和 70 年代的大部分时间里,咖啡出口迅速增长。但随着发达国家的咖啡市场变得越来越饱和,出口量的增长不再与出口收入的增长相匹配。从 1974—1976 年到 1998—2000 年,咖啡出口量翻了一番,而出口收入只增长了 15%。除了这些与需求有关的原因造成出口增长减缓外,生产和贸易的增长也受到政策的影响。在发展中国家,大型出口国家的出口税导致了一段时期的价格下跌,并吸引了更有竞争力的国家进入这些市场。在发达国家,更多加工产品的关税升级限制了加工咖啡的出口,从而造成出口收入增长缓慢。除了关税升级以外,经合组织的贸易支持政策在这些市场中没有发挥重要作用(表 3-4)。在国际咖啡市场上取得最大进展的国家是越南。在 20 世纪 90 年代,该国的咖啡出口数量增长了 10 倍,收入增长了 5 倍。

随着大米产量和出口的迅速增长,越南的咖啡为该国的农村经济提供了全面的推动力。化肥使用量增加了约 50%,农业 GDP 增长了约 4%～5%。咖啡的繁荣也促进了粮食生产,从而有助于减少饥饿和贫困。农村贫困人口比例从 1993 年的 66% 下降到 1998 年的 45%,从 1990—1992 年到 1997—1999 年,农村贫困人口比例下降,渔业人口减少了 8 个百分点,即 400 万人。然而,越南的咖啡生产和出口繁荣也增加了国际价格的下行压力。到 2001 年底,咖啡的国际价格已跌至 30 年来的最低点。咖啡价格对那些生产增长速度较慢地区的许多农村贫困人口造成了严重影响。例如,在许多非洲和拉丁美洲国家,采摘工人的工资随着咖啡价格的下降而下降,达到了每天不到 1～2 美元的水平。此外,低廉的国际价格也影响了咖啡的平均品质。它使以前为创造高质量的咖啡所做的一些努力无利可图(例如在哥伦比亚),而且由于越南等新出现的咖啡产品质量低劣,从而降低了平均价格和平均质量(图 3-14)。

全球咖啡出口收入增长速度低于咖啡出口
量的增长速度。

越南等新兴、有活力的出口国将从
中受益

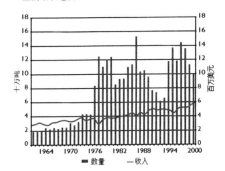

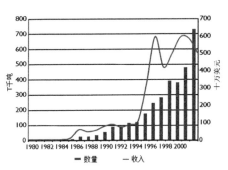

图 3-14 世界与越南咖啡出口

资料来源：世界贸易组织。

第四章 农业贸易自由化问题

第一节 跨境贸易背景下中国与东盟
农产品贸易结构分析

随着社会经济的快速发展,国际贸易量急剧增长,国际贸易的形式也向多元化趋势发展。自中国—东盟自贸区组建以来,双边贸易得到快速增长,中国一直是东盟最大的贸易伙伴,东盟也一跃成为中国第三大贸易伙伴。农产品贸易是中国与东盟贸易合作的重要组成部分,在跨境贸易背景下,中国与东盟农产品贸易总额不断扩大,但通过分析其贸易结构,发现中国出口产品多为低附加值的劳动密集型产品,市场竞争力较低,产品结构较为单一,说明中国与东盟的农产品贸易结构是一种不可持续的、不利于经济长期发展的贸易结构,因此,有必要采取各种措施努力改善双方的农产品贸易结构,力求构建更为稳固和谐的双边体系。

跨境贸易是指一个国家(地区)与另一个国家(地区)之间的商品、劳务和技术的交换活动,由进口和出口两个部分组成。改革开放以来,随着世界经济一体化、全球化进程的加快,跨境贸易成为区域合作的焦点和选择,中国顺应经济全球化趋势,不断扩大对外开放,在平等互利的基础上积极同世界各国开展经贸合作,对外贸易成为中国经济最为活跃的部分。在此背景下,为加快区域经济一体化的发展,中国与东盟之间的自由贸易愈加频繁,并于 2010 年 1 月正式成立中国—东盟自贸区(CAFTA),有力推动了双边贸易的快速增长。2017 年中国—东盟贸易额首次突破 5000 亿美元,其中,农业在双方经济中占据着重要地位,农业经贸合作一直是 CAFTA 框架下的重要合作领域。中国与东盟的农产品贸易有着既竞争又合作的关系,从农产品贸易结构来看,中国面向东盟的农产品出口产品主要集中在蔬菜、水果、水生动物、烟草等领域,形成了优质粮食、中药材、水果蔬菜、水产品等主要农业出口产业,但是,中国向东盟出口的农产品不具备较强的优势,且大多集中于中等附加值农产品类,高等、中高等技术附加值的农产品出口比重偏低,是一种不健康的贸易结构,仍存在很大的改进空间。另一方面,中国向东盟进口产品主要集中在蔬菜、水果、动物油脂等特色农产品领域,双边农业投资合作较快增长,逐步带动农业产业规模化水平的发展,促进了双方的农产品贸易。

一、跨境贸易背景下中国与东盟农产品贸易结构分析

(一)中国—东盟农产品双边贸易状况

进口方面:2017 年,中国从东盟进口农产品总量高达 158.07 亿美元,东盟也继美国、巴西之后,成为中国第三大农产品贸易伙伴。从进口总量来看,从东盟进口农产品总量相对稳定,始终维持在国内进口农产品的 15%左右。2016—2017 年,自东盟进口的农产品保持稳定增长趋势,波动幅度相对较小。

出口方面:2017 年,中国对东盟农产品的出口额上升到 148.54 亿美元,同比增长达到 8.87%左右,继续保持东盟第一大农产品输入国地位。2015—2017 年,中国出口东盟的农产品比例呈现出逐年上升的趋势,由9.85%上升至 21.03%,从双方出口增长情况对比来看,增长比率虽然存在差异,但总体数值为正值。

(二)中国—东盟农产品贸易的市场结构

如图 4-1 所示,从中国农产品进口的地区分布情况来看,2015—2017年,中国从越南、马来西亚、泰国及印度尼西亚等国大量进口农产品,进口比例约为东盟输出总额的 90%以上,进口市场相对比较集中,马来西亚对中国输出的农产品相对较多,约占东盟农产品输出总额的 30%左右。越南农产品出口额始终保持在 10%左右,变化幅度相对较小。

如图 4-2 所示,从中国对东盟农产品出口贸易市场来看,2017 年,中国对东盟农产品的出口额上升至 147.55 亿美元,同比增长达到 8.98%,跃居农产品出口市场第一位。2015—2017 年,中国主要向马来西亚、泰国、新加坡、菲律宾、越南及印度尼西亚等国出口,总贸易额约占东盟总进口量的96%左右,各国占比基本保持在同一水平线,仅有马来西亚保持在一个相对较高的比例,约为 20%左右,而新加坡则最小,但始终保持在 10%左右,整体没有大幅度变化。

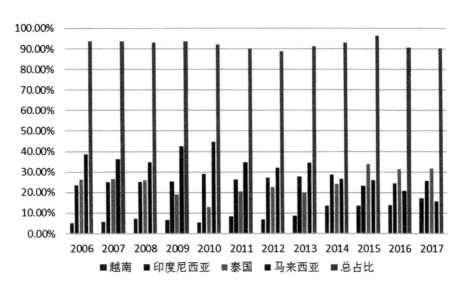

图 4-1　2006—2017 年中国自东盟农产品进口的地区分布情况

资料来源:《中国统计年鉴》、东盟秘书处、东盟外国直接投资数据库。

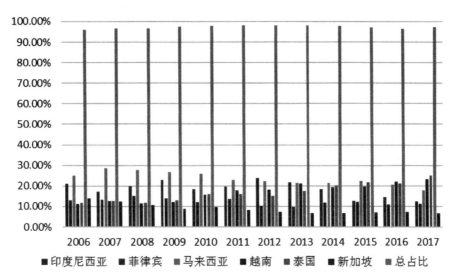

图 4-2　2006—2017 年中国对东盟农产品出口贸易地区分布情况

资料来源:《中国统计年鉴》、东盟秘书处、东盟外国直接投资数据库。

(三)中国—东盟农产品贸易的产品结构

从东盟出口中国的农产品结构来看,2011—2017 年,中国自东盟进口的农产品主要以脂类作物、生橡胶、果蔬产品和软木木材为主,其中,植物油、脂及其加工品,生橡胶进口占比整体呈现下降趋势,至 2017 年二者所占份额分别降至 2.51% 和 18.72%,蔬菜和水果自 2012 年开始呈逐年稳步增长态势,至 2017 年其所占份额上升至 19.75%,纸浆和废纸类产品占比份额则相对平稳,波动值维持在 3.16%～5.73% 之间。

从中国对东盟的农产品出口结构看,2011—2017 年,中国对东盟出口的农产品主要集中在果蔬产品和水产品,果蔬产品基本占中国对东盟农产品出口的 40% 左右,居于首位,水产品出口占比均在 12% 以上,位居第二。二者出口额累加就达到出口总量的 50% 左右,其他农产品的份额仅为 5%,说明中国对东盟输出的农产品存在种类过于集中的现象,抵御风险能力相对较弱。

由此可见,中国—东盟农产品基本格局已形成,贸易结构相对稳定,并呈现出以下发展特点:一是进口增长迅速,出口增长缓慢,中国对东盟农产品呈现出进口增速大,出口增速小的特征。二是竞争逐渐下降,互补缓慢上升,从中国农产品出口贸易数据分析来看,中国农产品的竞争力处于持续下降趋势,导致其出口增速持续放缓,但东盟与中国农产品贸易存在一定的互补特征。三是出口贸易集中,进口贸易多样,从农产品贸易分类可知,中国对东盟出口的农产品种类过于集中,大多集中于优势较为明显的类别上,出口结构相对单一,这种贸易结构不利于规避市场波动,面对巨大的市场冲击会出现"塌方式"的波动。四是进口地理方向集中,出口贸易方向分散。上述特征决定中国对东盟农产品进出口逆差也是必然。

二、跨境贸易下中国与东盟农产品贸易结构演变及趋势

(一)跨境贸易下中国与东盟农产品贸易结构的演变

下面从减免税、比较优势、技术构成三个方面对跨境贸易背景下中国与东盟农产品贸易结构的演变进行分析。

一是基于减免税的农产品贸易结构演变。结合"一带一路"倡议,中国与东盟制订"早期收获计划",双方在农产品贸易的规模、范围、税收方面都在向好发展,为双边贸易额及规模的提升奠定了良好基础。在减免税的背景下,农产品贸易结构发生了改变。数据显示,2017 年,中国从马来西亚进口将近 30 亿美元的动植物油脂,进口呈现出快速发展趋势,同比增幅接近 200%,主要原因在于马来西亚有意削减关税,从而为中国进口方带来较大的市场空间。2016 年,达到该类产品进口峰值的 46 亿美元。实施"早期收获计划"对于双边农产品贸易有着极为重要的现实意义。

二是基于比较优势的农产品结构演变。由表 4-1 所示,从双边贸易来看,中国对东盟国家的贸易结构呈现出极强的波动性,而东盟国家对中国的出口则保持相对稳定,东盟出口比较优势进一步增强。具体来看,通过分析 2013—2017 年中国与东盟农产品贸易区域显示性比较优势指数 RRCA (注:RRCA 值大于 1 则说明 M 国出品的产品具有较强的竞争优势,绝对数值越大说明其竞争优势就越显著)可知,中国对东盟出口的农产品呈现出先降后升趋势,出口种类上升至 6 类。而东盟对中国的农产品出口则始终处于稳定增长态势,并且由最初的 6 类上升至 9 类。

表 4-1　2013—2017 年中国与东盟农产品贸易区域
显示性比较优势指数值(单位:%)

农产品分类	中国农产品出口的 RRCA 值					东盟农产品出口的 RRCA 值				
谷物	1.08	2.46	0.57	0.59	0.59	0.60	0.50	0.29	0.95	1.24
棉麻丝	1.47	0.97	0.68	0.91	1.05	1.70	2.05	2.36	2.27	2.38
油籽	0.90	0.85	0.75	0.72	0.68	0.23	0.13	0.34	0.29	0.29
植物油	2.00	1.44	1.32	0.53	0.48	1.66	1.56	1.17	0.82	0.77
糖料及糖类	1.25	1.48	1.44	1.51	1.60	0.52	0.57	0.54	1.00	1.36
饮品类	0.52	0.62	0.51	0.69	0.60	0.45	0.52	0.48	0.60	0.46
蔬菜	1.23	1.17	1.36	1.27	1.26	1.40	1.15	1.54	1.51	1.41
水果	4.03	3.24	3.24	3.20	2.84	0.93	0.68	0.81	0.91	1.01
坚果	0.84	0.86	0.63	0.61	0.53	0.78	0.50	0.76	0.76	0.72
花卉	0.62	0.77	1.03	0.77	0.70	0.26	0.30	0.24	0.11	0.20
饼粕	1.08	1.36	0.67	0.91	0.42	0.26	0.30	0.24	0.11	0.20
干豆 (不含大豆)	0.79	0.58	0.61	0.51	0.87	0.55	0.39	0.18	1.34	1.53
水产品	0.58	0.49	0.53	0.69	0.68	0.29	0.20	0.28	0.35	0.39
畜产品	0.46	0.53	0.37	0.45	0.47	0.29	0.70	0.90	0.61	0.56
调味香料	1.13	1.49	0.90	0.71	0.60	0.09	0.02	0.05	0.04	0.05
精油	1.65	1.51	1.58	2.41	2.47	0.37	0.97	0.53	1.14	0.60
粮食制品	1.08	1.35	1.38	1.07	0.91	1.08	1.43	1.96	2.24	2.48
粮食(制品)	1.23	1.46	1.61	0.76	1.10	9.72	5.17	6.17	5.01	5.12
药材	0.40	1.59	1.34	0.88	0.71	0.45	0.18	0.75	0.68	0.96

资料来源:根据 UNCOMTRADE 数据库数据整理计算得到。

从农产品具体品类来看,2013年东盟保持出口优势的品类有棉麻丝、粮食(薯类)、蔬菜、植物油等6类,而这6类农产品与中国出口的优势产品相同。另外,中国在精油、调味香料、饼粕、水果等农产品上占据优势,虽然两者在部分农产品进出口中出现优势互抵现象,但也保持着部分优势领域。截至2017年,双边贸易除在糖料及糖类、水果、棉麻丝、蔬菜及粮食(薯类)5类农产品以低技术附加值农产品为主,而东盟各国主要是以高技术附加值的农产品为主。该种结构存在的原因由双方市场需求及该国家及组织的农产品优势决定,短期内不会出现剧烈的变化。

从双边贸易长期发展来看,双方农产品贸易结构及产品品类不会出现大幅度变化,即东盟在粮食制品、干豆(不含大豆)、谷物等方面占据优势,而中国在精油产品中占据优势,说明双方贸易规模及数量呈现出稳定增长,但其差异性在逐渐扩大,贸易双方的互补性得到增强。

三是基于农产品技术构成的贸易结构演变。本文通过引用显性技术附加值(RTV)进行分析,农产品依据均值差异可以分为四类,通过计算,属于高技术附加值农产品的有乳蛋蜜产品类(8.02)、树木及鲜花产品(8.22)、动植物油脂类(8.11)等8类,属于中高技术附加值农产品的有其他动物产品(7.85)、动物制品(7.87)、糖及糖食(7.87),属于中低技术附加值农产品的有肉类及食用杂碎(7.75)、粮食制粉产品(7.58)、果蔬制品(7.74)、烟草及烟草代用品(7.79),属于低技术附加值农产品的有活动物(7.35)、水产类(7.32)、食用蔬菜及根茎(7.43)等9类。从中国、东盟七国出口农产品数据分析可知,中国向东盟输出的农产品总量较2012年仍然以中低附加值或低技术附加值农产品为主,优势较为明显,中高技术附加值农产品则缓慢上升,但高附加值农产品略有下降。但东盟国家向中国输出的农产品却是具有高技术附加值的产品,呈现出稳步上升的趋势,中低附加值及低附加值产品份额相对稳定。

综上所述,中国优势农产品主要集中于中等技术附加值产品中,但出口总量最大的却是低技术附加值的农产品。东盟的农产品优势在高技术附加值类及中高技术附加值类。

(二)跨境贸易背景下中国与东盟农产品贸易结构的发展趋势

从双边贸易结构来看,中国对于东盟国家的出口仍然以低技术附加值农产品为主,需要不断提升中等技术附加值农产品的比重。东盟仍然以高技术附加值农产品为主,继续保持整体结构稳定。从市场供需平稳视角来看,中国对东盟输出的农产品并不符合主体需求,反而东盟需要最大的谷物及饼粕,则出口数量相对较少。说明中国对东盟的农产品出口没有按照市场规律运行,不是以满足市场供需关系为基础。部分卖家认为,中国农业资源转移及产品调整,是着眼全球及国内市场的,而不是单纯针对东盟市场,但会给中国对东盟出口潜力造成影响,部分专业人士对于双方农产品贸易持悲观态度。

三、结论与建议

(一)结论

第一,随着中国—东盟自贸区(CAFTA)的成立,中国—东盟贸易规模将持续上升,东盟对中国的出口始终保持较为稳定的状态,而中国对东盟的出口结构则需要进行相应的调整,以便于使其能够符合市场运行规律。中国对东盟农产品出口市场主要集中在马来西亚、印度尼西亚、泰国、菲律宾和越南等国家,中国大型的农产品龙头企业大多集中于东部、中部地区,这些企业由于对东盟缺乏充分的了解,使得双边合作难以推进,因此拓宽合作渠道是发展中国与东盟农产品贸易关系的重中之重。此外,中国与东盟的农产品贸易有较大的互补性,双方互有优势的农产品种类占绝大多数,从而发展中国与东盟的双边农产品贸易对于双方来说都是有利的,中国与东盟农产品贸易有较大潜力。

第二,东盟国家对中国的出口优势较为显著,而中国针对东盟国家的出口优势则相对较低。一方面,中国主要位于亚热带区域,对于热带农业资源优势突出的东盟国家来说,其热带产品对于中国有着较强的吸引力,特色农产品对中国出口优势较为明显。中国有着广阔的热带农产品消费市场,而东盟热带国家有发展早熟品种的优势,因此,中国与东盟在热带产品生产领域有较强的互补性。另一方面,中国对东盟农产品出口种类主要集中在食品和活动物这两大类,其比重大约在70%以上,并且由于需求、供给、汇率、竞争性与互补性等问题导致中国对东盟农产品贸易逆差逐年加大,在与马来西亚、印度尼西亚和泰国的农产品贸易中尤其明显,中国出口的农产品多是劳动密集型产品,而进口的主要为土地密集型农产品,只有调整农产品出口结构,提高农产品加工技术,才能更好地提高中国与东盟的农产品贸易效率与贸易潜力。

第三,中国农产品优势集中于中等技术附加值品类,但出口的却是低技术附加值的农产品。中国与东盟相比,在现代化机械、水利设施、选种育苗等方面有着更为丰富的生产经验以及更为先进的生产技术,在农产品中等技术附加值类产品贸易中占有相当大的优势,但是由于农业贸易国际市场的竞争较为激烈,双边农业贸易合作结构不均衡,贸易壁垒较为严重,导致农产品贸易波动较大,出口以低技术附加值的农产品为主。

第四,东盟与中国出口农产品结构呈反向变化,即中国呈现集聚化,东盟趋向多元化。中国与东盟农产品贸易存在一定的竞争性、互补性,东盟成员国的农产品的热带特色突出,在椰子、荔枝、榴梿、山竹等热带水果上具有较大的市场,依托于热带水果产品,需要中国的热带水果优良品种的培育技术等来提高其农产品附加值,进而扩大农产品出口种类。中国主要依靠丰富的人口劳动力与自然资源来促进农业的发展与贸易,较东盟国家有技术优势,因此通过对农产品深加工提高附加值的方式来促进出口,由于特色农产品深加工技术日趋成熟,因此中国农产品出口也日渐呈现聚集化的发展趋势,集中于动植物油脂及其分解产品、坚果加工等领域。

(二)建议

一是提高农产品的技术附加值,改善农产品竞争力。首先,技术附加值低的农产品能够体现当地农村的丰裕特征,但必须要不断加强转化,以便使其能够转化为附加值较高的农产品。该种发展趋势要求中国必须加快农业现代化发展进程,不断提升科技创新及转化水平,提高各项产品升级换代能力,以便提升农产品的竞争力与质量;其次,中国加强标准化、规范化生产建设,并提升农业基础设施建设水平。确保农产品不仅要符合其自身的生长规律及特征,还要不断满足市场周期性的需求。农产品在标准化生产中,要加强其保鲜、仓储技术的创新与研究,不断提升农产品产销平台对接能力。

二是建立健全农产品贸易的营销战略体系。可通过以下方面建立:第一,实施品牌战略。国家要对农产品品牌进行设计与引导,将产品附加值高、技术指标优、安全特征好的产品列入战略规划体系,从而不断提升某一领域的品牌效应,不断提升区域农产品种植影响力;第二,加强农业品牌保护。充分借鉴其他国家及地区的品牌培养及保护策略,建立相对完备的品牌保护机制,加大对品牌的保护力度,对于出现各种损害品牌权益的行为进行坚决的打击;第三,建立品牌标准。中国在进行品牌建设时,必须要充分借鉴国际标准,确保评价体系能够与国际接轨,才能培育一大批具有"龙头作用"的示范型企业。

三是发展农产品跨境电商。农产品跨境电商有助于农产品引进来与走出去,对释放东盟各国巨大的农产品市场需求,加快推进"一带一路"沿线国家农产品贸易及时互通互惠互利有着重要意义。因此,首先,构建农产品电子商务 F2B 模式,该模式可以有效弥补农户分散、种植规模小、农产品市场供给有限和效率低下等方面存在的差异,控制农产品对外交易成本,增强中国农产品的市场竞争优势,有利于国内农产品出口东盟市场贸易额的快速增长;其次,加强技术移动化建设并实施移动端跨境电商模式。全面推动"大数据"体系建设,开发跨境贸易 App,实现双边贸易数据对接,从而缩短农产品途中运输的时间,增强农产品的综合效益;最后,还可建立海外仓并完善跨境物流体系发展。

第二节 发展中国家与发达国家
农业贸易的结构性失衡

农业贸易政策形成的环境既包括国内政治在多种观念和利益之间的平衡,也包括贸易规则和国际气候问题谈判。本节主题是农业贸易政策环境中的问题以及目前的趋势。

一、贸易政策改革的全球趋势

在多边贸易谈判乌拉圭回合结束时,《农业协定》被认为是从根本上改革国际农业贸易制度迈出的第一步。然而,自那时以来,许多国家对从中获得的微薄利益感到失望。《农业协定》使经合组织国家生产制度化和贸易扭曲政策,而缺少对发展中国家的基本关注。根据《农业协定》第 20 条的规定,关于改革进程的持续谈判于 2000 年 3 月开始,但是否能够取得进展将部分取决于世界贸易组织(世贸组织)成员迄今对改革进程的经验。《农业协定》第 20 条宣布了各成员国的"长期目标,即大幅逐步减少对农业的支持和保护,从而实现根本性的改革",并承诺继续改革进程,需要考虑到:履行减排承诺的经验,削减承诺对世界农业贸易的影响,对发展中国家成员的特殊和差别待遇,是建立公平和面向市场的农业贸易制度,以及协议中提到的其他目标和关注事项。

2001 年 11 月,世界贸易组织在卡塔尔多哈举行的第四届部长级会议上启动了一轮更广泛的多边贸易谈判,农业谈判被纳入其中。在 2001 年 3 月结束的第一阶段农业谈判中,世贸组织成员提交了反映其立场和关注的提案和其他文件。125 个国家单独或集体提出了 44 项谈判建议,这些提案涉及谈判授权的一系列问题,包括《农业协定》的三大支柱(市场准入、国内支持和出口竞争)、针对不同国家可持续发展目标的交叉问题,以及从粮食安全到动物防疫的非贸易问题。从迅速消除所有扭曲贸易的壁垒和补贴,到减缓甚至逆转在乌拉圭回合中进行的改革。部长们承诺在不预先判断结果的情况下,就农业问题进行不充分的谈判,其目标是大幅度改善市场准入,减少各种形式的出口补贴,以便逐步取消这些补贴。会议同意,可持续发展目标应适用于发展中国家,需要考虑到发展中国家在粮食安全和农村发展方面的需要。在谈判中也考虑到了非贸易方面的问题。

(1)市场准入。经合组织国家的约束性关税仍然很高,特别是对与之竞争的温带粮食产品。发展中国家通常也对农产品征收平均为68%高关税,但它们的实际关税要低得多。一些国家对某些敏感产品实施极低水平的约束性关税,如出于国际收支目的而对 GATT 第12条规定的配额豁免。然而,许多农产品进入工业国时是免税的,或者关税很低。经合组织对未加工热带产品的关税通常相当低,但在其中一些商品中同样也面临关税升级问题。例如,在欧盟和日本,对咖啡豆的约束性关税从0%提高到7%。烤过的咖啡豆分别为5%和12%,而在印度,这一比例从100%上升到150%。

38个世贸组织成员在其关税配额表中有关税配额承诺,总计1379个个别配额。但关税配额在改善市场准入方面收效甚微。许多国家将配额分配给传统供应商,并将已有的优惠准入配额作为其最低准入承诺的一部分。关税配额创造的贸易额通常不到世界贸易的2%,关税配额利用率或填充率(实际发生的贸易额相对于关税配额水平)平均约为60%~65%。与一般关税不同,根据管理机制和市场竞争程度,关税配额产生的市场利益来自不同的群体(生产者、出口政府、进口政府、贸易商)。因此,即使创造了新的市场准入,生产者也无法从中获益,而且会有既得利益者反对进一步扩大这些配额。

大多数发展中国家因没有使用关税程序无法获得特别提款权,面对进口激增或世界价格波动,它们稳定国内市场的唯一实际方法是改变其适用关税(在其约束税率范围内),尽管根据世贸组织的规则,这种"价格幅度"仍受到挑战。《农业协定》列入了关于国内支持的规则,承认这些政策扭曲贸易。协定具体条款旨在缓解发达国家之间的贸易冲突,改革导致过去生产过剩的政策,并确保通过国内支持措施不损害关于市场准入和出口竞争的承诺。尽管《农业协定》开始规范国内支持措施,但迄今为止,这些规则几乎没有起到什么约束作用。由表4-2可知,国内支持费用的主要部分由三个世贸组织成员提供——欧盟、日本和美国。虽然若干经合组织国家已改革其农业政策,采用较不扭曲的手段,但自从《农业协定》生效以来,对经合组织农业的支持总水平并未下降。根据生产者支持标准(PSE),10个经合组织国家对农业生产者的支持与乌拉圭回合基准期相比,2004—2014年期间增加了2580亿美元。只有4个 WTO 成员报告说它们正在使用或已经使用了"蓝箱11"政策(欧盟、日本、挪威和斯洛伐克共和国)。

表 4-2　2014 年国内补贴支出(百万美元)

成员	免除减排承诺的措施		总支出
	蓝箱	绿箱	
澳大利亚	0	740	855
巴西	0	2600	3232
欧盟	25848	26598	114625
印度	0	2196	8406
日本	0	25020	54913
肯尼亚	0	0	0
韩国	0	6443	9354
摩洛哥	0	0	0
新西兰	0	151	151
挪威	638	520	2791
巴基斯坦	—	440	247
南非	0	544	1198
瑞士	0	2128	5090
美国	0	51246	58297

资料来源:世界贸易组织。

大多数发展中国家允许的最大国内支持是由最小支持水平和《关于特定产品支持的农业条款的协定》确定的。这是因为只有少数几个发展中国家报告了 AMS 数据,只有 12 个国家的数据高于最低水平。从理论上讲,国内支持可以占到农业生产总值的 20%(10% 的产品支持加上 10% 的非产品支持)。很少有发展中国家向农业提供了超过生产价值 2%~3% 的支持(免税和非免税),许多国家由于预算和行政方面的限制,自《农业基准期协定》以来减少了对农业的支持。实际上,一些国家仍然对农业部门或特定商品征税。

(2)出口竞争。《农业协定》的第三个主要支柱涉及出口竞争。虽然 1947 年《关贸总协定》最初禁止大多数部门的出口补贴,但对包括农业在内的初级产品例外。根据世贸组织的定义,在 25 个承诺提供出口补贴的世贸组织成员国中,只有 8 个是发展中国家(巴西、哥伦比亚、塞浦路斯、印度尼西亚、墨西哥、南非、土耳其和乌拉圭),2010 年只有 1 个国家(哥伦比亚)报告使用了出口补贴。欧盟使用了大部分的直接出口补贴,在 2010 年占《农业协定》所有直接出口补贴的 90% 以上(表 4-3)。

表 4-3 出口补贴(百万美元)

成员	2010 年	承诺比例
澳大利亚	1	6
巴西	0	0
加拿大	0	0
哥伦比亚	23	22
欧盟	5843	69
印度尼西亚	0	0
新西兰	0	0
挪威	77	65
南非	3	28
瑞士	292	65

资料来源:世界贸易组织。

《农业协定》的条款还要求各成员就使用出口信贷担保或粮食援助运输的纪律进行谈判。到目前为止,美国是官方支持的出口信贷担保的最大使用者,从 2004—2014 年,美国提供了 46% 的出口信贷。其他 3 个出口国(澳大利亚、欧盟和加拿大)提供了剩余的 54% 的出口信贷。与直接出口补贴相比,出口信贷中的补贴成分相对较小。

粮食援助也是规避出口补贴规定的一种手段。《农业协定》中规定,粮食援助应根据粮农组织关于处理剩余粮食的原则提供,以赠款形式提供。虽然大多数粮食援助是以赠款形式提供的,但也有一些捐助者以实物形式提供粮食援助,而且存在着明显的反周期关系,当价格较低时,援助就会增加,而当价格上涨时,援助就会撤回。

(3)非贸易关注。《农业协定》中的"非贸易"问题,如食品安全、环境保护、农村发展、扶贫。《协定》第 20 条要求在关于继续农业改革进程的授权谈判中考虑到非贸易问题。然而,许多国家认为,《农业协定》没有为解决它们的非贸易问题提供充分的政策灵活性。它们认为,农业具有其他部门所不具有的特定特点,不应在使用补贴和边界保护方面受到同样类型的限制。农业的"特殊性和多功能"特征,如农业对农村发展的贡献、粮食安全、环境和文化多样性。几个正式的谈判提案详细阐述了这些主题。例如,挪威利用非贸易问题的论据来证明它的建议是合理的,即某些基本的食品商品免于进一步的市场准入承诺,以及对面向国内市场的商品的生产扭曲支持应受到不那么严格的 AMS 纪律约束。同样,日本利用农业的多功能性来证明其在设定关税和提供国内支持方面的自由裁量权。

尽管一些成员认为农业在这方面并不是唯一的,但大多数世贸组织成员都认为农业是多功能的。成员国还一致认为,每个国家都有权处理其非贸易关注。世界贸易组织正在讨论的问题是,为了帮助农业发挥其多种作用,是否需要"扭曲贸易"的补贴,或其他目前未获豁免的补贴。各成员在有关对非贸易问题做出适当政策反应的观点上存在严重分歧。许多国家,特别是凯恩斯集团的成员认为,非贸易问题不能成为使用生产或扭曲贸易的支持和保护的理由。例如,南非坚持认为一些国家的非贸易问题不应成为其他国家的贸易问题。此外,许多发展中国家试图把它们对粮食安全和可持续发展的关注从发达国家的非贸易关注中剥离出来。印度尤其认为,拥有大量农业人口的低收入国家的粮食安全和生计问题"不应与少数发达国家在'农业多功能'下所倡导的非贸易问题相混淆或等同"。

(4)发展中国家和《农业协定》。《农业协定》本身对发展中国家农业产业帮助不大。协议要求发展中国家,包括最不发达国家,做出与发达国家基本相同的承诺。发展中国家的可持续发展目标措施通常采取较低的减排承诺或较长的执行期的形式。许多可持续发展目标的规定对发展中国家用处不大。对不提供国内支持或出口补贴的国家来说,更长的时间来减少补贴是没有意义的。但是,通过将补贴限制在最低水平或基本水平,发展中国家未来投资于农业部门的能力受到了限制。

二、区域和优惠协定

虽然世贸组织的规则普遍适用于国际贸易,但几乎所有世贸组织成员也都参加区域贸易协定。此外,许多发展中国家被给予优先进入热带产品工业市场的机会。在这些协定中进行贸易的条件对农业的发展和粮食系统来说是重要的。

在过去的 10 年里,涉及农业的区域协定激增,特别是如果世贸组织多边谈判停滞不前的话,这一趋势会继续加剧。与此同时,发展中国家和发达国家之间贸易主要特征和协定将发生重大变化。自 1948 年以来,225 个区域贸易组织已通过关贸总协定或世界贸易组织确立,其中约 150 个区域贸易组织是较为活跃的,其中 2/3 以上是自世界贸易组织 1995 年生效以来成立的。这些新协议中约 60％是由欧洲国家达成的，即中欧和东欧国家之间、欧盟内部国家之间或欧盟与北非等其他地区或国家之间。

在区域贸易组织中，如果来自伙伴国的低成本进口产品取代了成本较高的国内产品（贸易创造），或者进入更大的市场使生产者能够实现更大的规模经济，那么经济效益是显著的。区域协定也可以刺激成员国之间的外国投资和技术转让。区域贸易还可以使贸易自由化能够以不同于多边体制的速度，更快或更慢地进行。但这些好处会超出纯粹的经济学范畴。例如，区域一体化是改善区域安全、管理移民流动或锁定国内改革的有用战略。在这些潜在收益面前，区域主义并非没有代价。典型的贸易转移效应发生在从非成员国进口的低成本产品至被从成员国进口的高成本产品取代之时，从而提高了消费者成本，加剧了低效的生产模式。复杂的原产地规则和采购要求，除了将贸易从高效的供应商那里分流出去，还给成员本身带来困难。其他成本主要涉及与区域贸易协定谈判和经营有关的行政负担。对于谈判能力不足的小国和参与许多协定的国家来说，这种情况特别严重。如上所述，自世界贸易组织成立以来，目前有效的区域贸易协定中约有 2/3 已得到确立，其中很大一部分是与欧盟达成的协定。由于农业在这些协定中通常被给予特别待遇（即与其他部门相比，一体化程度较低，转型时间较长），其他区域贸易协定，如加拿大、墨西哥和美国签订的北美自由贸易协定（NAFTA）和阿根廷、巴西、巴拉圭和乌拉圭组成的南方共同市场，农业自由化速度虽然比其他行业更慢但大大快于农业协议。如美洲和加勒比自由贸易区以及非洲联盟，设想了一种比多边体系更能够实现的更积极的农业自由化和一体化。如果世贸组织的谈判停滞不前，这些国家会在它们的区域一体化计划中付出更大的努力。

双边和区域机构也在全球食品监管中发挥作用。没有所有贸易国家的充分参与，双边或区域标准就不能成为事实上的国际准则。当各国试图协调各自的技术法规以允许货物在一个区域内自由流动时，其外部贸易伙伴会面临进入该区域一体化的新技术要求——统一的市场。这些外部监管变化，甚至拟议中的监管变化，导致私营部门的市场混乱，进而导致公共部门需要解决的贸易冲突。新的区域贸易联盟以及旧联盟的扩大和更深入的一体化是出口商提请决策者注意的技术壁垒增加的因素。

然而，区域协定也可以为实现全球标准指明道路。例如《美国—加拿大自由贸易协定》中关于相互承认跨国界销售牲畜的试验和检验设施的规定。北美自由贸易协定中加入了最终成为卫生与植物检疫（卫生与植物检疫措施协定）协定的早期版本。根据北美自由贸易协定谈判的市场准入，保证限制健康和安全规则不受挑战。处理食品监管问题的双边协议最近的一个例子是澳大利亚和新西兰之间的协议。澳大利亚—新西兰食品管理局（ANZFA）和澳大利亚—新西兰食品标准理事会（ANZFSC）共同监管食品安全。由于两国之间存在着一个相当完整的自由贸易区——澳大利亚—新西兰更紧密经济关系协定（CER），这样一个密切的工作协议变得更容易，也更有必要。作为两个食品出口大国，这两个国家与其他陆地相对较远，都急于在出口的情况下避免植物害虫和动物疾病，并保持其作为无病、优质食品供应商的声誉（Josling，Roberts and Orden，2012）。在食品管制的诸边协调领域中，较有雄心的区域倡议之一是在亚太经济合作理事会（APEC）进程中讨论的倡议。亚太经合组织就建立亚太经合组织食品体系进行了讨论，该体系将包括食品安全和贸易自由化工具。该方案的食品安全部分已制定了相互承认框架协议。

但是，现有的和拟议的一些优惠计划与世贸组织的条款或区域一体化协定不相符合。即使不考虑兼容性，这些优惠的价值也随着一般关税的下降而缩水。因此，许多目前依赖贸易优惠的发展中国家在未来几十年面临艰难的调整（Tangermann，2011）。

现行非互惠协议中最广泛的是普遍优惠制（普惠制）。在普惠制下，给予优惠的国家对产品覆盖范围、优惠幅度和受益国具有单方面的自由裁量权。许多发展中国家抱怨说，普遍优惠制计划的产品范围年复一年地不一致，使它们难以吸引必要的投资来发展利用优惠政策的供应方面的能力。另一些人注意到，不同国家给予的普遍优惠制方案差别很大，使出口商很难知道他们的产品在不同市场将面临何种关税。

世贸组织农业谈判中的几项提案解决了这些问题，呼吁提高优惠政策的透明度、稳定性和可靠性。一些国家认为，除了目前在普遍优惠制下获得优惠的两个主要类别的国家（发展中国家和最不发达国家）之外，其他国家应有资格获得非互惠优惠，如在全球市场上因其面积或地理位置偏远等因素而处于特别不利地位的国家。美国 2000 年的《贸易与发展法》将某些贸易利益扩展到特定的发展中国家群体，包括加勒比地区倡议和非洲增长与机会法所涵盖的发展中国家。与《科托努协定》相比，美国 2000 年的《贸易与发展法案》的压力要小一些，其中的一些条款在发展中国家间的区域经济协定中存在问题，主要的困难与资格要求和原产地规则有关。

对于非洲倡议，其原产地规则非常详细和严格，对转运的惩罚是严厉的。一般来说，只有几乎全部在一个或多个受益国家或美国生产的合格产品才能获得优惠待遇。例如，某些纺织品的原产地规则规定，以重量计算的纤维含量不得超过美国或受惠国之一的 7％，而其他来自国外的产品最终价值不得超过 25％的比例。最不发达国家的准入条件似乎是贸易自由化正在取得一些进展的领域之一。2001 年,欧盟根据 EBA 给予 49 个最不发达国家的所有产品除武器外免税和免配额的市场准入。世贸组织农业谈判中已经提出了几项建议,这些建议将使这一义务成为发展中国家成员的一项永久性义务,所有世贸组织成员在多哈部长级声明中都做出了这一承诺。这些偏好标志着不发达国家市场准入的重大改善,最不发达国家在这个项目的经济收益会很大程度上与其他发展中国家一样。

三、总结和结论

发展中国家的农业贸易发生了许多重要的变化。农业出口的增长远比制造业出口温和,导致农业出口占总出口的比例从 20 世纪 60 年代早期的约 50％急剧下降到 2000 年的不到 7％。尽管总体下降,但一些国家继续严重依赖农业出口,因此咖啡、可可或糖等单一商品占外汇收入总额的一半以上。发展中国家总体农业贸易顺差在过去 40 年里几乎消失殆尽,到 2030 年的前景表明,作为一个整体,它们将逐渐成为农业大宗商品的净进口国。最不发达国家集团早在 15 年前就经历了这种转变。它们的农业进口已经是农业出口的 2 倍。最不发达国家贸易收支状况将进一步恶化,到 2030 年贸易逆差将翻两番。在农业贸易方面,发展中国家对温带商品的贸易逆差日益增加,而对热带产品的贸易顺差只有小额增加。竞争产品的贸易差额基本上没有变化。这些贸易流动的变化是由市场因素和政策影响造成的。在市场方面,收入和人口的增长推动了需求的强劲增长,而这是国内供应无法完全满足的。在政策方面,发达国家的补贴和保护以及发展中国家的税收和工业保护扩大了市场方面产生的影响。许多研究表明,与市场力量的影响相比,政策效果的重要性很小,而且政策改革,如果只局限于发达国家,不会显著改变整个贸易格局。这些研究还表明,发达国家更自由的贸易和政策改革对福利的最大影响将由发达国家自己承担。

对经合组织政策改革影响的分析证实,政策因素的影响相当有限,至少在政策变化局限于发达国家农业部门的情况下是如此。如果发展中国家也着手进行超越农业范围的全面改革,其效益会更显著,而额外收益的主要部分将流入发展中国家。发展中国家的农民可以从国内改革中获益最多,这些改革包括通过税收消除对农业的直接偏见,以及消除由宏观经济扭曲和工业保护造成的产业直接偏见。减少经合组织的农场支助是不够的,而且对发展中国家的利益也是有限的。然而,发展中国家会从其他改革措施中获得大量好处,比如朝着关税"降级"的方向发展,取消消费税,进一步减少本国对农业的偏见,为最贫穷的国家(最不发达国家)提供更多和更深的优惠机会,为外国直接投资开放边界,使发展中国家能够更有效地在国际市场上竞争。应高度优先重视基础设施投资,以降低出口的交易成本,并优先重视有助于提高商品质量和使发展中国家能够满足国际市场上不断提高的质量标准的投资。这样对于发展中国家具有比较优势的产品(如水果和蔬菜)的投资是最有利的。

第三节　农业贸易自由化的潜在影响

在近 10 年里,全球从全面贸易自由化(农业、制造业、服务业)中获得的累计福利收益约为 1.9 万亿美元。世界银行估计,全球从全面贸易改革中获得的收益达到大约 8300 亿美元,中低收入国家将能够分享大约 5400 亿美元的收益。2010 年全球 GDP 增加 530 亿美元。其中约 400 亿美元将流入发达国家。农业和制造业的完全自由化将使全球国内生产总值增加 940 亿美元,其中大部分增量将由发展中国家获得,约占总增量的一半(因为它们的工业保护水平相对较高)。如果把动态增长计算在内,全球 GDP 将比基准增长 1230 亿美元,其中一半以上将流向发展中国家(因为它们有更大的增长潜力)。农业部门进一步自由化产生的影响已引发了多方面的分析,虽然在模型结构和假设方面有很大的不同,但它们在对农产品价格、贸易额和经济福利的影响程度方面大致一致。总体而言,研究结果表明,农业贸易自由化的预期收益对发展中国家的重要性低于发达国家。

市场和政策因素都影响了贸易额和贸易格局的演变。虽然有人指出了这两个因素的相对重要性,但没有提供定量的评估。本节将试图区分政策因素和非政策因素,并就消除贸易政策扭曲将会发生的情况提出对策建议。消除这些政策扭曲将再次影响所有国的贸易格局,特别是那些正在参与改革进程的国家,那么一些新的问题就会产生:在发展中国家和发达国家,政策和非政策因素有多重要?如果部分或全部的缺陷被消除,将会发生什么?具体的改革方案会带来哪些不同的影响?什么对发展中国家有利,什么对发展中国家有害?在贸易自由化进程中,发展中国家的优先领域应该是什么?

研究结果表明,如果在全球范围内消除所有的农业保护和贸易壁垒,全世界每年可望获得大约 1650 亿美元的福利收益(1995 年不变值为 1650 亿美元)。如果改革扩大到包括服务和制造业在内的自由贸易以及投资流动的自由化,那么收益会高得多。但结果也表明,农业自由贸易的好处将在很大程度上偏向发达国家。增加的 90% 的福利收入将留在高收入国家(经合组织)的范围内,如表4-4。

表4-4　农业贸易自由化带来的福利

自由区域	受益区域	福利(十亿美元)
高收入	高收入	110.5
	低的收入	11.6
	总计	122.1
低的收入	高收入	11.2
	低的收入	31.4
	总计	42.6
所有国家	高收入	121.7
	低的收入	43
	总计	164.7

资料来源:世界贸易组织。

美国农业部的研究结果发现,全球大宗商品价格预计平均将上涨12%,其中牲畜和产品、小麦、其他谷物和糖的涨幅最大。政策类别之间存在相互作用,但对价格的影响约一半来自取消关税和其他边境措施,约1/3来自取消国内支持,其余来自取消出口补贴。美国农业部的研究结果发现,尽管有证据表明总体福利增加了,但一些国家会因农业贸易自由化而蒙受损失。在国家内部,由于资源是根据其相对优势重新分配的,因此既有赢家也有输家。出口国家将从贸易条件的改善中获益,这与它们在没有改革的情况下所能获得的贸易条件是相关联的。进口商会从国内资源配置的改善中受益,但在出口国,消费者福利方面的损失则大于生产者福利方面的收益。

一、对经济体的潜在影响

目前的农业支持来自两种不同的政策改革设想。第一步,在30年的时间里,所有的市场价格支持将以每年相同的步骤逐步取消。这些价格措施通常被认为是最具扭曲性的各种补贴,是乌拉圭回合所谓“黄盒”措施的一部分。第二步,逐步取消价格支持是通过完全取消所有与价格无关的补贴来实现的。第二种情况反映了全面取消所有经合组织国家的农业政策干预,即取消总计2660亿美元的补贴。逐步取消市场价格支持和逐步取消其他补贴都是通过个别商品市场和国家实施。

预计最重大的变化将发生在温带商品上,这些商品是经合组织政策扭曲的主要部分。经合组织国家也最受这些政策改革的影响。市场份额将从目前受到高度保护和支持的生产商,转向拥有相对自由的农业政策体制的国家。一般来说,日本、挪威、瑞士和欧盟的产量将会下降,澳大利亚、新西兰、美国和加拿大的产量将会增加。一些发展中国家也会受益,主要的受益者将是阿根廷(小麦、玉米和牛肉)和巴西(家禽)。大多数发展中国家将在一定程度上减少它们对温带商品的进口,但国际市场所产生的价格影响大多较小,无法显著改变净贸易情况,对整个发展中国家都是如此。与发达国家相比,发展中国家对温带商品的供应能力较低。

据估计,发展中国家从经合组织竞争产品的政策改革中获益更多。OECD 生产者对竞争产品的支持约占 PSE 总支持的 40%。许多发展中国家可以增加这些商品的生产并增加出口。例如泰国(大米和糖)、中国(水果和蔬菜)、巴西(糖)、马来西亚、印度尼西亚和阿根廷(植物油)、津巴布韦(烟草)和巴基斯坦(棉花)。然而,大多数发展中国家仍将是净进口国,它们将以更高的价格进口更少的产品。热带产品的价格和市场不会受到重大影响。经合组织国家没有大量的生产,农业补贴没有太多来自本国生产者的争议。如果将经合组织的政策改革扩大到包括减少对加工产品的保护(关税升级)或取消商品特定的消费税,发展中国家也许能够获得更大的收益。

政策改革的影响在经合组织国家最为强烈。消费者将从较低的价格中获得巨大的好处,而生产者将减少产量并失去市场份额。经济合作与发展组织(OECD)成员国中支持力度较小的国家(例如澳大利亚和新西兰的牛肉和奶制品)将从保护市场的生产商的损失中受益并获得市场份额。所有福利收益的主要部分将归于发达国家,更具体地说,将归于受保护市场的消费者和不受保护市场的生产者。一些发展中国家也将从经合组织的政策改革中获益,例如温带或竞争性产品的净出口国以及少数最先进的发展中国家,最不发达国家从中的获益更少。

对价格影响方面,即使是一项全面的政策改革方案对世界市场价格水平(边界价格)的影响也很有限。经济合作与发展组织国家的温带商品供应对价格刺激的反应相对较好,特别是在生产潜力大的国家生产价格水平与世界市场一致(大洋洲、北美洲)。随着价格上涨,这些国家的农民将迅速扩大生产。只有在需求量特别大时,例如牛奶等对价格上涨的反应较低的产品,才会对世界价格产生重大影响,牛奶的价格预期将上涨约17%(表 4-5)。

表4-5　政策的局部和全面改革对世界商品价格的影响

[实际价格相对于基准数值的变化（基准数值＝100）]

	部分政策改革 （逐步取消市场价格支持）	完全政策改革 （逐步取消一切支持）
谷物	103	111
小麦	104	119
大米	104	111
玉米	99	106
牛奶及奶类制品	111	117
牛肉	106	108
绵羊和山羊肉	104	105
猪肉	102	103
禽肉	103	104

资料来源：世界贸易组织。

一些发展中国家的生产商也会对价格上涨作出反应，尤其是巴西、阿根廷、马来西亚或泰国的生产商。许多国家制定了政策方案，使生产低于"正常"产出水平（例如生产配额、扩大方案和拨出计划）。政策改革不仅要取消补贴，还要解除这些生产限制。

由于取消对所有商品的补贴会对相互联系的市场产生相互抵消的影响，从而对价格产生进一步的抑制作用。谷物的预期价格变化就是一个很好的例子。虽然取消对谷物的补贴将抑制生产，但取消向谷物生产者提供的较低补贴有助于提高谷物在国际上的价格。

虽然全球生产价格不会受到很大的影响，但这种微小的普遍影响掩盖了个别国家或地区更为显著、却相互抵消的价格影响。例如，世界大米平均生产者激励价格预计仅下降约10％，而日本的平均生产者激励价格将比基线设想的水平低85％。与此同时，生产者价格的变化对非保护市场的农民来说是非常巨大的，比如新西兰的奶农。预计消费价格的变化也会很小，尤其是在经合组织国家。对许多商品来说，主要产品的价格（如谷物）只占最终消费品（面包、面条）总成本的一小部分。自由化的影响将被大量的加工和分配利润大大稀释。在发展中国家，加工和分配的利润较小，因此初级产品价格转化为消费价格的增长更明显。

二、发展中国家的获益途径

第一，从国家和商品的保护和支持水平来看，农业贸易扭曲集中在少数几个发展中国家，最扭曲的市场是温带商品市场。日本、挪威、瑞士和欧盟向农民提供了特别高的补贴，而澳大利亚和新西兰等其他经合组织国家则在没有主要补贴的情况下以低成本生产（经合组织，2013年）。此外，这些国家拥有适当的基础设施，使它们能够在取消补贴时获得市场份额。只有少数发展中国家在生产诸如牛奶和肉类、小麦和粗粮等温带商品方面具有比较优势。因此，削减经合组织成员国的份额主要导致经合组织国家之间的市场份额交换。

第二，即使贸易自由化导致更高、更稳定的国际价格，基础设施不足和低效的营销体系仍能有效地从世界市场上吸引了许多发展中国家的农民。在这些情况下，农民从世界市场获得的大部分价格激励被低效的营销和运输系统稀释。

第三，对于发展中国家具有比较优势甚至最不发达国家也能从中受益的产品，如咖啡、可可、茶叶、香料和热带水果，发达国家的进口关税已经降低，进一步自由化的影响很小。无论是原材料还是加工产品，发展中国家的进口关税均高于发达国家。即使对这些国家来说，实施的关税通常也比约束税率低得多，因此，进一步降低约束税率几乎没有效果。

三、结论

如果发展中国家国内政策抵消了国际市场的大部分价格激励，发展中国家的农民就不会受益。大多数发展中国家在20世纪70年代和80年代对农业课以重税（通过直接和间接措施）。在20世纪90年代，例如，印度提交了一份综合支持水平为−240亿美元的AMS通知，相当于生产价值的31%的税收。此外，巴基斯坦的农民生产也处于净税收负担之下，水平较低。中国农业部门在20世纪80年代和90年代的大部分时间里面临着巨大的税收，税率为18%～65%。据报道，水稻和小麦的发病率尤其高，而这两种农产品通常是由中国的农民生产的。除了这些对农业文化的直接负担之外，几乎所有发展中国家的农民都受到相当多的非农业关税所造成的限制。这些关税使他们的投入更高，并使他们处于竞争劣势，特别是相对于工业品征收极低关税（平均为4%）而言。非农业关税使农民的实际负担很重。

第四节　农产品贸易政策面临的挑战与对策

传统上,国际贸易政策的主要重点是市场准入条件。在最近和正在出现的贸易政策环境中,管理贸易的范围继续扩大,包括安全和环境规则(以确保区别对待市场的质量和可接受性)、外国直接投资待遇准则、竞争条件的管制和知识产权使用。

过去,农业贸易政策主要是农场层面的问题。20世纪80年代的一个重大转变是跨国食品公司参与了贸易谈判。这一趋势会随着粮食部门的结构性变革而继续下去。首先,加工行业有寻找低成本供应的强烈动机。因此,其有动机游说各国政府,有争取从世界市场进口这些供应品的能力,以便同价格较低的公司保持竞争。美洲是低成本食品供应商集中地,也是全球市场上的主要竞争对手。国际食品公司寻找低成本供应的趋势将面临来自那些跨国粮食公司的压力。

全球食品体系未来的许多变化都是朝着一个更复杂的农业产业方向发展的,因为人们意识到未来的成功取决于满足各种消费者的口味,以及与其他商品和服务争夺消费者支出的份额(Moyer and Josling,2002)。随着越来越多的成员参与整个进程,重心将明显地从主要生产者身上转移。政策将减少对初级商品的关注,重点将转向增加原材料的价值和销售最终产品。这些变化对未来的农业贸易政策改革至关重要。在一个农民为市场而生产的世界里,海外市场准入的改善可以部分弥补国内支持的减少。对于那些能够利用中产阶级消费者不断变化的饮食习惯所提供机会的发展中国家来说,这提供一种利用食品贸易系统作为发展引擎的方法。

一、全球食品贸易监管框架

全球化进程将越来越需要一个一致的管理框架。各国监管机构需要消除不必要的贸易分歧和阻碍。全球市场设计监管任务变得更加复杂,因为人们倾向于认为这些问题会触及国家层面。近年来,有关食品供应监管的争论越来越受到众多公共利益团体的关注。其中一些侧重于消费者健康问题,包括预防疾病和促进更好的营养习惯。另一些关注粮食生产系统的社会和政治影响,或将粮食消费与生活方式的选择联系起来。因此,粮食问题已成为具有不同目标的群体之间更广泛的社会讨论的一部分,特别是在关于全球化的辩论中。

　　如果对国家粮食法规进行改革,减少贸易冲突的范围,就可以更容易地实现全球粮食法规的一致性。技术性贸易壁垒将在这方面发挥越来越大的作用。农业出口商会被要求证明他们的产品不会危及本地物种或人类健康,同时还要遵守从原料到包装材料的各项标准。尽管许多国家目前正在采取改革措施,今后几年,农业和农工业生产者的管理环境会变得更加复杂。随着人均收入的增加,发达国家和发展中国家对食品安全、环境便利设施、产品差异化和产品信息的需求都在增加。越来越多的监管机构被要求在市场无法提供这些服务时能够及时管制。

　　从新的动物基因到新的抗病种子,监管新农产品进口的措施也是贸易伙伴之间产生大量分歧的来源。新产品,尤其是转基因商品,一直是最近有关贸易技术壁垒的最引人注目的辩论中心,因为一些进口国认为转基因产品会对消费者或生物多样性构成风险或违反伦理规范。出口商认为,对新产品进行冗长的监管审查是出于保护进口国国内生产商商业利益的愿望,而不是出于对消费者安全或环境质量的担忧。有理由预计,在不久的将来,农产品和技术革新的数量以及管制措施的数量将会增加。因此,技术壁垒仍将是国际监管和贸易政策领域的一个重要讨论话题。

　　对发展中国家及其在全球经济中的作用而言,食品贸易监管也正成为一个重大问题。特别是,发展中国家对加工食品贸易将越来越感兴趣。有关利用农业生物技术提高生产力的决定,以及对发展中国家提供技术援助使其能够达到发达国家的高食品标准,对发展中国家贸易和发展机会产生重大影响。

二、贸易与国际标准

　　随着关税和配额等传统市场准入壁垒的减少,安全和质量标准所造成的限制将变得更加明显,出口商进入市场的能力方面也将变得更加重要。贸易保护措施在多哈宣言中被赋予了与保护动物、植物和人类的生命和健康同等的地位。

　　自世界贸易组织协定生效以来,已有18个涉及农产品安全或质量属性的案件根据世界贸易组织争端诉讼解决程序提起诉讼。其中5项双边争端诉讼已解决,3项通过争端诉讼解决小组和上诉机构的决定得到解决,其余10项正在等待最后解决。在这3个"已解决"的案件中,最具争议的是美国和加拿大针对欧盟禁止在牛肉生产中使用激素(包括进口牛肉和欧盟内部生产的牛肉)提起的诉讼。专家组和上诉机构发现,根据《卫生与植物检疫措施协定》,欧盟禁止进口使用人工促生长激素生产的牛肉是不合理的,因为它没有建立在科学风险评估的基础上,而且没有足够的科学证据支持这一禁令。由于欧盟不顾争端诉讼解决程序的结果而继续禁止此类进口,申诉人有权对其从欧盟进口的产品征收更高的关税,以寻求赔偿,其关税数额等于该禁令所造成的贸易损害的价值。因此,虽然这一案件已得到正式解决,但显然没有得到令人满意的结果。

建立食品安全多边规则的两大支柱是《卫生与植物检疫措施协定》和《技术性贸易壁垒协定》。《卫生与植物检疫措施协定》有两个前提:将国家标准建立在国际规范的基础上,旨在减少冲突和降低交易成本,而且,要求对偏离这些国际规范的标准进行科学论证,将使各国更难以用不必要的卫生和安全法规来限制、保护本国工业。除了规定世贸组织成员的权利和义务外,《卫生与植物检疫措施协定》还建立了执行机制,这些机制包括将卫生与植物检疫措施的变化通知其他 WTO 成员,以及使用 WTO 争端诉讼解决机制及时地解决国家间的冲突。这些机制包括争端诉讼各方之间的正式磋商,在必要时由世贸组织小组和世贸组织上诉机构裁决。《卫生与植物检疫措施协定》旨在保护人类、动物或植物不受直接和可确定的健康风险(如疾病传播的过敏反应或虫害)影响的规定。

《技术性贸易壁垒协定》涵盖了所有其他技术法规。与《卫生与植物检疫措施协定》一样,《技术性贸易壁垒协定》旨在将实现某些监管目标所需的措施与变相贸易保护措施区分开来。具体而言,《技术性贸易壁垒协定》扩展了关贸总协定关于国民待遇和最惠国义务的原则。与《卫生与植物检疫措施协定》一样,《技术性贸易壁垒协定》也规定了各国应避免的不必要的贸易障碍。除了这些一般的贸易促进条款外,《技术性贸易壁垒协定》表面上比《卫生与植物检疫措施协定》更为宽松。《技术性贸易壁垒协定》并不限制政府在以非保护主义方式追求合法目标时实施国内贸易限制的权利。《技术性贸易壁垒协定》的关键条款界定了与中央政府机构颁布的技术法规有关的"合法目标"和"非保护主义行动"的基本概念。根据这些规定,进口规定必须满足两个条件:首先,该条例的目标应该是实现一个合理的目标;其次,不应该有其他更少的贸易限制措施来实现这个合理的目标。"合理目标"和"对贸易限制最少"的条件相结合,构成了《技术性贸易壁垒协定》对国内法规规定的核心原则。但是,虽然《卫生与植物检疫措施协定》要求为所涉措施提供充分的科学依据,但《技术性贸易壁垒协定》的标准并不那么严格,并允许更多的自由裁量权。尽管与《卫生与植物检疫措施协定》相比,它在与食品相关的技术壁垒贸易争端诉讼中所起的作用要小一些,但目前的许多争议都与食品的质量和加工属性有关,而不是直接与食品的安全性有关。在食品质量方面,《技术性贸易壁垒协定》最为密切相关。全球食品行业的性质表明,标签和原产地识别规定可以带来利润。贸易冲突转向质量属性的标签问题,而远离更传统的健康和安全问题。

通过 WTO 争端诉讼解决程序提起诉讼涉及大量时间和成本,而且正如牛肉激素案所表明的那样,这一程序的最终结果并不令人满意。一些国家建议,进口商越来越多地使用《卫生与植物检疫措施协定》和《技术性贸易壁垒协定》作为变相保护主义。一些国家已经表明,消费者安全和传统食品保护对它们来说越来越重要。这表明,与食品安全和质量有关的问题将成为农业贸易体系日益紧张的根源。各国政府都承担着保护本国食品供应安全和动植物种群健康的责任,许多政府还承诺确保食品质量,并在消费者做出食品购买选择时向他们提供信息。然而,各国在食品市场上面临着截然不同的情况,消费者有着截然不同的顾虑和承受能力。因此,各国制定了相当多样化的法规体系,以保障植物、动物和人类健康,确保食品质量,并向消费者提供指导信息。随着各国国内经济因贸易而对外开放,由于提供与食品有关的卫生和安全的方式不同,以及各国食品系统提供的卫生保护水平不同,产生冲突的可能性越来越大。贸易冲突也产生于与健康不直接相关的食品法规方面。销售农产品加工产品的公司有动机为其商标和产品形象寻求保护。许多消费者希望能够随时获得基本的营养或其他信息,尽管这会导致对国内生产商收取保护费用。富裕的消费者也开始对他们的食物是如何生产的过程产生了更大的兴趣,包括农场是否使用无害环境的做法,是否使用杀虫剂和其他化学品,以及如何对待动物。要求在这些领域实施标准的法规增加了各国政府的压力,并增加了发生贸易冲突性。新生产方法的出现,例如利用先进的生物技术来"设计"植物和动物成了进一步的现实挑战。

围绕健康、安全和质量标准的贸易冲突并不新鲜,但粮食和农业部门日益全球化使这些冲突更加明显。各国政府在处理这些冲突时,既要维护公众对食品安全和产品标准的信心,又要维护贸易框架和开放食品体系的益处。到 2030 年期间,世界范围内的产量预期将有显著的增长。因此,到2030 年,每年必须生产近 10 亿吨谷物,另外还必须生产 1.6 亿吨肉类等,这也意味着对资源和环境的压力将继续增加。

贸易可以帮助最大限度地减少对全球资源系统的不利影响,每个国家的价格如何反映其"环境"的比较优势,这要求除了不影响贸易政策偏差外,生产所导致的环境"危害"应体现在贸易产品的成本和价格上。如果所有国家都符合这些条件,那么贸易将有助于在全球范围内最大限度地减少环境"危害",因为这些危害是不同社会所认识和重视的,尽管不一定是在某些客观的物理措施方面,如水土流失、生物多样性丧失等。试图实施统一的环境标准,会阻碍那些根据环境资源相对贡献退出贸易的国家。这种情况会随着农业政策的"绿色化"和多边规则压力的增加而发生,这些规则会对环境限制较少的国家进行约束。环境标准的实施会进一步阻碍发展中国家的出口。环境法规对那些与广泛的跨国环境目标(如减缓气候变化和保护海洋资源)联系最密切的农业活动产生最强烈的影响。因此,渔业和林业比农业受到更直接的影响。但农药径流和水质等更加地方化的污染问题仍是未来农作物和畜牧业的重要问题。随着各国加强其环境法规,并试图限制那些没有此类法规的国家的贸易,集约化养殖不得不承受巨大的额外成本。如果转基因生物对环境的影响比许多科学家现在认为的更严重,那么在未来20年里,对转基因技术的使用会出现大量新的限制,这会阻止转基因技术的推广和采用。

三、面临的问题

目前看来,多哈回合贸易谈判不会在环境和贸易方面确立任何重大的新规则,而是澄清世贸组织规定的学科与在多边环境协定范围内采取的学科之间的关系。贸易制裁作为执行多边环境协定的方式增加了潜在的冲突。这些冲突会对世贸组织和贸易体系的信誉产生破坏性的影响。在未来几年内,各方会尝试就一些重叠领域如贸易制裁问题达成一致。

多哈议程上的一个新领域是贸易和竞争问题。如果多哈回合谈判要在这一领域确立一些基本规则,还需要10年时间才能落实到位。一个全球性的贸易体系需要全球性的竞争规则。但这些规则将以何种方式发展,目前还不清楚。一些人呼吁就国际竞争政策进行全面谈判,而另一些人则认为,能做的最多的就是确保每个贸易国都有自己的反垄断政策。在任何一个国家,遏制市场权力滥用的最佳政策是开放的贸易体系。但是,正是贸易体系的开放性使大公司得以在世界市场上发展自己的市场力量。全球竞争政策应该更多地关注世界市场力量,而不是在每个国家市场执行竞争政策。

竞争问题也是农业粮食系统面临的另一个潜在问题的核心。经济权力的集中不仅限于在进出口方面具有垄断权的公共机构。私营企业也可以通过限制性的商业做法对价格和贸易模式产生重大的市场影响力。在国际市场上使用市场力量应该有什么规则吗?这些规则应该防止哪些危险?这个问题是为了提高商品价格而停止供应吗?这在基本食物上似乎相对不大,但在重要的供应成分上发生着。或者问题在于倾销和市场混乱?将反倾销规则纳入一套更全面的竞争法规,是许多贸易经济学家的研究对象。无论达成什么协议,都将对全球农业产生重大影响。

《与贸易有关的知识产权协定》不那么重要,但在多边食品法规框架中仍然很重要。该协议要求成员国提供一系列知识产权保护(包括版权、专利和商标)的最低标准。植物和动物品种以及转基因生物的专利许可性问题引起了知识产权保护以外的问题,例如有关地方社区和土著人民的权利以及对自然遗传资源、生物安全和粮食安全的主权权利的问题。正如它的设计初衷一样,《与贸易有关的知识产权协定》对国内知识产权法规的形成产生了显著的影响。《与贸易有关的知识产权协定》目的是避免由于不同国家的知识产权保护范围不同,使用不同的知识产权保护手段而产生的贸易冲突。其提供知识产权保护并不总是有利于贸易,因为通过保护现有的权利人,阻止了新进入者。在这方面的食品监管以及健康和安全问题中,过度保护是一个问题。此外,知识产权保护对获得和转让技术,特别是向发展中国家转让技术具有重大意义。获得大多数受保护的技术和产品,特别是种子和生物技术领域的技术和产品,必须遵守少数企业规定的许可协议条款。

世贸组织的《卫生与植物检疫措施协定》和《技术性贸易壁垒协定》都规定了标签制度的多边规则。《关贸总协定》第 9 条规定了原产地标志规则。以地理指标形式保护知识产权的国际规则也与世贸组织信息提供治理框架的实际情况密切相关。《与贸易有关的知识产权协定》规定了进口商保护地理指标的义务,地理指标越来越多地被用于区分国内和国际市场上的农产品。《与贸易有关的知识产权协定》下的冲突的解决取决于世贸组织争端诉讼解决机制。过度保护知识产权对贸易构成威胁。《与贸易有关的知识产权协定》(TRIPS)背后的基本理念是,避免在各国依靠不同的保护知识产权文书时出现的贸易冲突。为了实现这一目标,《与贸易有关的知识产权协定》为各国立法机构制定国内保护知识产权的规则和条例提供了共同的指导方针,这些规则和条例在很大程度上具有可比性,因此与贸易伙伴的立法相一致。

然而,特别是在发达国家和发展中国家之间的农业贸易方面,有一些因素阻碍而并非促进了贸易。首先,获得知识产权是一个代价高昂的过程,特别是国际公认的专利对许多发展中国家来说代价过高。此外,许多发展中国家未能建立和保护它们的知识产权,随着在国外持有的专利和交叉专利数量的增加,许多发展中国家根本没有意识到自己会受到国外贸易伙伴持有的知识产权侵权诉讼。例如,美国对一种源自墨西哥的干豆品种申请的专利引发了贸易冲突。1994 年,一位美国植物育种家在墨西哥购买了少量的干豆种子,并将其带回美国。他选择了这些黄色的豆子,并将它们繁殖了几代直到一个“统一和稳定的”种群。1999 年,美国专利商标局(PTO)授予了黄豆的专利,不久之后颁发了美国植物品种保护证书。在专利和植物品种保护证书颁发后不久,这位植物育种家就对从墨西哥进口黄豆的美国贸易公司提起了法律诉讼。他要求对所有进口到美国的黄豆支付版税,否则将禁止黄豆进口。这一争议还表明,目前的知识产权保护做法对贸易流动产生相当严重的影响。在其他地区也有类似的争议,特别是在南亚的巴斯马蒂大米、玻利维亚的藜麦和亚马孙的印度鹰嘴豆,这表明发展中国家的农业出口受到特别严重的影响。未来发生贸易冲突是巨大的。新型转基因植物品种的专利和交叉专利数量的不断增加,以及转基因器官贸易的迅速增长,意味着知识产权保护对未来的农业贸易流动产生巨大影响。考虑到大多数现代转基因品种的知识产权掌握在发达国家公司手中,很大一部分发展中国家的农产品出口要缴纳专利使用费,或者在这些权利受到保护的市场面临进口壁垒。

四、结论

经合组织国家农业政策改革的速度和程度将严重影响国际贸易政策的未来发展。大多数发达国家为了减少贸易逆差目前正在修改向农民提供保护的方法,尽管总体支持水平仍然很高,但关键的问题是这些改革的可持续性,以及政府不再参与大宗商品农业价格决策的程度。

未来 30 年,全球贸易议程的重心也会发生转移。随着关税和配额等传统市场准入壁垒的减少,贸易议程会从出口竞争或提高市场准入等传统问题转向由安全、质量或环境标准引起的贸易限制。此外,由于越来越多的贸易份额将由越来越大、越来越多的跨国公司来处理,因此越来越有必要建立全球竞争规则。全球市场还将增加制定知识产权保护和全球地理标志规则的压力。在向这些新贸易问题转变的同时,世贸组织各项协议的重要性也会发生变化。未来的贸易谈判将更多地关注《卫生与植物检疫措施协定》和《技术性贸易壁垒》的细节描述,而较少关注农业协定制定的规则和条例。

随着贸易议程重点的转变,各国在多边贸易谈判进程中的相对影响力也将发生变化。迄今为止,新的和正在出现的问题主要局限于发达国家,因此该议程主要反映了发达国家的贸易关注。现在,发展中国家对世贸组织及其审议工作的影响越来越大。但与此同时,发展中国家之间的凝聚力正被削弱。一些人看到了保护知识产权的严格规定的好处,而另一些人则担心他们将失去追求传统农业的竞争力。

在传统贸易问题上,如农业产品进口国家的和希望扩大出口市场的国家之间也出现了分歧。一些国家希望保留优先进入发展中国家市场的机会,而另一些国家则认为这种安排会损害其他发展中国家。在未来的 30 年里,这些分歧会变得更加明显。没有融入世界经济主流的国家会发现自己在全球贸易体系中得不到更好的服务。相比之下,那些在全球经济中充分发挥作用的国家将越来越多地利用服务、智力支持和投资规则等领域的贸易便利。

第五节　热带农产品技术贸易壁垒及发展对策

热带农产品议题是多哈回合农业协议谈判的主要议题之一,随着全球化贸易进程加快,一些利益集团,如凯恩斯集团内的国家因占有世界 40％的农产品贸易额,同时也是热带农产品的主要生产国,在 WTO 的一般农产品市场准入和关税逐渐进入削减的尾声时,这些国家将会敦促 WTO 制定对于热带农产品的贸易规则。中国热带农产品的发展长期以来备受忽视,与其他国家的差距越来越大,因此本文将深入研究我国热带农产品贸易发展中存在的问题,借鉴国外发展经验,提出适合我国的发展对策。

一、我国热带农产品贸易的发展现状

从近几年的热带农产品进、出口数据可以看出,2013—2017 年,我国热带农产品进口中的初级产品从 29.7％缩减至 17.1％,这些产品主要来自东盟国家的天然橡胶加工品、棕榈油、木薯干。而在相同年度中,热带农产品出口中初级产品出口从 46.43％增加到 50.9％,主要是热带水果及罐头,出口主要目的国是欧美等发达国家。这说明我国热带农产品贸易结构不合理,热带农产品出口以初级农产品为主,并在近几十年中并无明显变化,而随着其他国家的农业产业化步伐加快,贸易主体从初级产品转向初级加工或深加工品,在这个方面,中国已与东南亚的泰国、马来西亚形成较大差距。

生产经营问题,我国热带农产品出口企业缺少品牌意识,普遍呈现规模小、生产效率低、产品附加值低的特点。大部分热带农产品加工企业生产加工工艺简单,可替代性强,产品定位模糊,无法形成特色。例如泰国从我国以低价进口生鲜金枪鱼,由于其罐装产业发达,加工后的金枪鱼罐头在欧美市场持续走销,虽然目前我国一些企业也从越南、马来西亚等进口生鲜初级产品来加工,以便出口到欧洲市场,但中国企业的深加工质量和价格等问题将会严重制约其发展的可持续性。

落后的生产经营模式——家庭联产承包责任制严重制约了农业产业规模化进程,农村大量剩余劳动力涌入城市造成农村劳动力结构不均衡,文化素质普遍偏低,这些都导致了中国的小农经济逐步恶化。由于不能准确了解国内外市场行情,农村的散户经营者通常都是在非常被动的情况下听命于中间商。农产品从种植到生产、加工缺乏标准化,由于全球经济危机,各贸易大国一方面希望保护自己国内的农民利益,另一方面极力想要打开国外贸易的市场,以期销售国内需求不足所导致的生产剩余。中国自 2001 年加入世界贸易组织以来,全面实施关税减让承诺,其中农产品进口的门槛降低,国际市场农产品贸易竞争加剧,现有家庭经营方式已严重阻碍农业经济发展,技术贸易壁垒在全球经济不景气、各国主张贸易保护的环境下逐渐兴起,关税不断降低,由于受到 WTO 规则约束,目前的热带农产品不能征收高额关税。技术壁垒由于其具有合法性、合理性、灵活性、复杂性、隐蔽性等特点,很多贸易国家使用技术贸易壁垒限制进口。我国农产品贸易交易中有 90% 的出口企业因受到技术贸易壁垒的影响遭受极大的损失,例如,日本是我国热带水产品的主要出口市场,早在 2015 年,日本就开始实施"肯定列表制度",其中涉及 540 项标准。在中国出口日本的水产品中残留限量超标 200 项。由于标准上出口日本与国内标准差异大,农药残留不符合标准,导致我国企业出口日本的成本大幅增加。热带水果出口的检验检疫异常严格,例如荔枝在出口美国时不能带有活虫、树叶,果柄不能超过 10 厘米,在所有出口国中,日本对热带水果的进口要求最为严格,日本的"肯定列表制度"对我国的热带水果如荔枝、橡胶、菠萝分别制定了 346 项、330 项、325 项农药残留限量标准。在这样的贸易环境下我国热带农产品出口竞争力大幅降低。

二、他国农产品贸易政策的经验借鉴

由于我国农业产业化进程相对落后,特别是政府在对农业的扶持也是近几年才开始的。很多国家在较早时间就意识到政府在农业经济发展中扮演着极为重要的角色。例如,美国早在罗斯福时期就开始采用农业直接补贴的方式对本国农业进行补贴;克林顿时期,首次将农业补贴正式立法。与各个发达国家相比较,美国的农业保护和支持体系是最完善的体系,虽然这一体系饱受争议,但并未改变美国对农业补贴的态度。在税收政策方面,美国的征税目的不同于很多发展中国家的征税目的,美国的征税是以保护农业生产者为目的的,在征收政策上也给予年销售额低于 25 万美元的小型农场主和销售额低于 10 万美元的资源有限农场免交所得税。这一政策与一些发展中国家的政策形成强烈对比。在出口激励政策方面,美国由于其农业现代化程度较高,国内农产品需求不能满足农产品的生产。因此,农产品的出口既是美国处理剩余农产品的重要手段,也是重要发展战略。政府在金融政策方面也给予农产品生产大力支持,美国的农业信贷体系提供了农场主不动产抵押贷款、短期贷款、农场主生产贷款、合作社贷款以及出口信贷担保,这些贷款和担保均由农业信贷体系下具体的银行和信贷公司提供。

再如日本是个耕地资源匮乏的国家,以小规模家庭种植为主,农产品生产效率相对其他发达国家较为低下,因此其农产品供给远远不能满足其国内需求。1995 年日本加入 GATT,在这样的背景下开放了其国内农产品市场。美国、欧洲向日本出口的农产品激增,从长远角度考虑,日本意识到如此巨大的进口量将会严重影响其国内的粮食安全问题。因此日本采取了相应的措施以实现国内农产品增产、限制农产品进口量。为了保障农业生产者收入,日本政府会在农产品价格低于历史价格时补贴生产者以降低损失,这一政策被称为"稳定收入政策",覆盖了如蔬菜水果、大米、小麦、大豆、奶制品等的农产品的生产与种植。除了稳定收入,日本还采用生产补贴来提高农业生产者的积极性,其补贴的力度远远高于其他发达国家。日本在世界贸易早期就开始制订并实施针对农业的保险计划,如果保险金额低于其损失金额,政府还会给予一定的额外保险补贴。日本农产品征收的平均关税高于其他发达国家,关税壁垒措施被视为保护其本国农业的重要措施。

三、热带农产品贸易发展对策

我国热带区域土地面积占全国总面积的 5％,人口占全国的 12％,主要包括海南、广东、广西、云南、湖南、福建、台湾、江西南部、四川、贵州南部。其中尚有 63 个国家级贫困县和 24 个省级贫困县,贫困人口占全国贫困人口的 1/4,农民主要的收入绝大部分来自热带农业产品,因此加快热带农产品贸易的升级对提高这些地区农民的收入、帮助他们脱贫致富具有关键性的作用。以下将在农业合作社管理、质量体系建设、政府作用三个方面提出具体对策。

(1)通过成立农业合作社有效实现农业产业化、现代化的规模效益模式,形成良好的组织体系和管理体制,加强合作社民主管理,董事会成员、董事长的确定需由全体社员层层推选,社员可以购买合作社股份,做好农业合作社的主打产品定位,引进先进的种苗和种植技术,逐步形成农业合作社集群。技术人员需常年深入种植、养殖户实施技术指导。在重点种植、养殖村建立产品收购市场。对收购的农产品进行多次严格检验并分级。

(2)建立完善的热带农产品质量标准体系,逐步与国际市场接轨,从源头上保障热带农产品质量。对农户提供高效的信息技术服务,增强种植、养殖户对食品质量的意识。以有机肥料代替农药和化肥。建立国外技术性贸易措施预警机制,成立专门的研究小组对主要出口国的国际贸易措施、技术法规、发展动态等进行研究。从长远看,严格的技术贸易壁垒将提高我国农产品的质量,并在一定程度上促进出口质量的提升。

(3)政府应在农业合作社融资、采购农产品加工生产线等方面给予相应的优惠和补贴。对水产品和热带水果罐装和冷藏等需要农民进行额外投资的项目,政府应制定奖励措施,鼓励农民和相关企业对初级产品进行深加工,做长产业链,如进行烘干、膨化等提高产品附加值。积极引导外资向热带水果初级加工和深加工、生产非酒精饮料等方面的投资。

四、人才培养机制的建立

在人才培养方案的制定过程中应注意以下四个方面:一是处理好学校人才培养的基本要求与专业特色发展的关系,处理好近期目标与现实需求之间的关系,结合地方经济发展需求,做出亮点,培育特色人才;二是处理好学校转型发展与教师教育专业做精做优的关系;三是学生的利益和社会需求是制定人才培养方案最大的指导意见;四是注意共性和个性之间的关系,将短期需要与可持续发展相结合。具体方案如下:

(1)根据职业岗位确定人才培养定位。职业素养包括职业道德和职业技能,职业技能是可以在一定时间内通过知识学习与实践获得的行为经验。而职业道德是难以通过知识传授的一种责任感和使命感,实习阶段尤其要注重职业道德培养。努力培养学生的自主、自信、诚信、勤奋、果敢、坚毅的品格与精神。

(2)改善专业结构和布局。根据《中国制造2025服务外包产业重点发展领域指导目录》可以看出产业转型的新方向,高职教育要紧密结合地方经济发展特色,加大对产业的认知力度,注重与企业的深度合作交流。实现专业设置与产业需求对接,课程内容与职业标准对接,健全专业随产业发展动态调整的机制,优化专业设置,重点提升区域产业发展急需的技术技能人才培养能力。商务英语专业人才的培养要特别注意与外向型服务外包行业领域的结合,如文化创意、教育、交通物流、健康护理、科技服务、批发零售等。

(3)提升系统化培养水平。中高职、高职本科人才培养衔接既能满足学生对于知识的学习需求,也对各层次培养阶段的准确定位提出了新的要求,统筹安排开展衔接专业的课程时间、内容、准入条件、毕业条件、顶岗实习、学生管理工作等。高职院校应鼓励职业院校毕业生在职接受继续教育,根据职业发展需要,自主选择课程,自主安排学习进度。增强职业教育体系的开放性和多样性,使劳动者能够在职业发展的不同阶段通过多次选择、多种方式灵活接受职业教育和培训,满足学习者为职业发展而学习的多样化需求。

(4)完善教学保障机制。建立技术技能人才培养体系,打破传统学科体系的束缚,按照生产工作逻辑重新编排设计课程序列,同步深化文化、技术和技能学习与训练。引导、激励教师充分发挥主观能动性,积极开展教学研究。要建立与行业企业岗位职责要求、工作流程、工作规范同步的实习实训标准体系。鼓励教师到校企合作单位挂职学习,编写适用于本专业学生水平和岗位定位的校本教材,鼓励教师开发网络自主学习资源,及时整合专业核心课程,及时更新网络学习资源库。与校企合作企业共同讨论人才培养方案的制定、课程的开发、案例收集、实践教学模块化整理。

(5)第二课堂的有效利用。目前很多高职院校都减少了课堂教学总课时量,加大了第二课堂课程的比例,有效利用第二课堂课程的学习和实践是提高学生主动学习能力的重要机会,因此要设置明确的第二课堂课程教学标准、内容、计划、考核标准才能真正有效监督和观测学生自主学习的进程与效果。除了第二课堂课程,第二课堂活动也是反映学生课堂学习效果的时间,各专业课可根据学习内容和实践要求,也可以单独设立,也可以几门课程联合开展第二课堂活动,由于活动对教师的检测要求较高,因此,可以以团队对单位设定完成目标,既要注重参与程度,也要注重过程性考核。

(6)创新思维的培养。在现阶段高等职业教育提倡以就业为导向的人才培养理念时,就业就成为受教育的最终目的,反过来想,如果受教育本身就是为了就业,那么教育的价值必然要大打折扣。要实现职业生涯中的可持续发展,就需要具备创新的思维模式,人才培养不仅仅要满足学生首次就业需求,更要为其未来发展奠定基础。

职业教育的发展关系到国家经济发展、社会稳定等重要问题,对于如何有效提高人才培养效果这一问题,其结果并非高职院校一方面,政府和企业角色是不可忽视的两个部分,本文的研究并未讨论政府和企业如何发挥好自己角色的相关方面。学校、政府、企业三者是有机结合的整体,忽略任何一个都无法在人才培养的问题上获得成功,就人才的培养定位来看,学校应从企业的角度来确定人才培养的规格,以确保人才在未来能够学有所应用。

第六节 WTO 热带农产品贸易发展与主要成员国谈判立场分析

农产品贸易谈判在 WTO 发展过程中始终受到各成员国密切关注,热带农产品贸易议题是多哈回合后遗留的三大议题之一。面对美国、欧盟等强势谈判角色,研究热带农产品的谈判方案,做好下一轮谈判的准备至关重要。本节通过分析热带农产品议题的发展进程及其现状,阐述各利益集团的谈判立场和分歧,旨在对谈判策略的制定做出积极贡献。

一、热带产品议题在世界贸易中的发展进程

自 20 世纪 50 年代,GATT 就将包括咖啡、可可和茶在内的产品作为特殊产品进行讨论。1958 年,缔约成员成立的第三方委员会(于 1965 年被"贸易发展委员会"替代)分析了 11 种热带产品的关税等贸易障碍对生产国产生的不利影响。这些热带产品主要包括咖啡、可可、茶叶、植物油及油籽、烟草、棉花、棉制品、黄麻制品和木材。1962 年 2 月,GATT 成立了"热带产品特别贸易小组",旨在解决欠发达国家在热带产品出口中遇到的难题。1964—1967 年的肯尼迪回合谈判中热带农产品议题没有实质性进展。1973—1979 年东京回合谈判取得了对热带饮料的关税减让。在 1989 年乌拉圭回合中期审评会议期间形成了一个包括七大类产品在内的热带产品清单:第一类是热带饮料,主要包括咖啡、可可和茶;第二类是香料和花卉等;第三类是油料,主要包括植物油和油饼;第四类是烟草、大米和热带植物块茎;第五类是热带水果与干果;第六类是天然橡胶与热带木材;第七类是黄麻及其他硬纤维。乌拉圭回合期间主要讨论了有关热带产品的三个方面的问题:第一,消除热带产品中未加工品的所有关税;第二,消除或大幅度降低加工和半加工产品的关税,其中包括消除或降低关税升级;第三,消除或削弱热带产品贸易的所有非关税限制措施。但在乌拉圭回合后期,由于农业减让模式草案的谈判中各方立场的冲突,谈判以失败告终,关于热带产品的谈判也一度遭到了冷却。2016 年,WTO 农业委员会首次提出了农业模式修正案草案,并在热带农产品与多样化产品部分特别关注了"产品范围"和"最大自由化"。2017 年,农业委员会对农业模式草案进行了 3 次修改,并明确给出了热带产品与多样化产品清单以及关税减让方式。

WTO 多边谈判中的焦点是农业谈判,热带产品议题是农业谈判的热点之一,因为想要打开热带欠发达国家的贸易市场,必定要以促进热带农产品出口为前提。

二、主要成员方热带产品的对外贸易现状

本节将通过比较国家间热带产品占本国全部农产品的税目比例和进口比例来计算贸易规模。研究所涉及的热带产品贸易的 WTO 成员包括美

国、欧盟、加拿大、日本、澳大利亚、挪威、巴西、中国、埃及、印度、马来西亚。这些国家的热带产品比重占该国农产品贸易额的 20%～30%，进口比例主要集中在 17%～32% 之间。其中印度的进口规模最大，占总进口额的51.6%，巴西进口比例相对较低，占总进口额的 13.5%，其他国家居于这两者之间。

通过构建热带产品贸易强度指标来表现各成员间的贸易情况：

$$热带农产品贸易强度 = \frac{热带产品进口额/全部农产品进口额}{热带产品税目数/全部农产品税目数}$$

当热带产品贸易强度等于 1 时表示热带产品贸易规模与该国其他农产品贸易规模相同。大于 1 表示热带产品贸易规模大于其他农产品贸易规模，小于 1 表示热带产品贸易规模小于其他农产品贸易规模。

根据对这 11 个成员国热带农产品贸易强度的计算得出：澳大利亚、加拿大、印度、马来西亚、挪威的热带产品贸易强度均大于 1，说明这五个成员国对热带农产品的贸易关注度非常高，热带产品贸易规模比一般农产品贸易规模大。特别是印度，其热带农产品贸易强度达到了 2.597，远远超过了其他成员国。目前在关税水平方面，除了加拿大、欧盟、挪威、埃及热带产品税率低于一般农产品税率外，其他成员国的热带产品关税水平均高于一般农产品平均税率。

我国热带农产品的税目比例为 25%，进口比例为 23.5%，热带农产品贸易强度为 0.941，在关税水平方面，我国的热带产品平均税率为 16.96%，略高于一般农产品 15%。因此，如果在这样的状况下，我国继续大幅削减关税必然会加剧热带农产品的贸易逆差，进一步导致热带农产品与一般农产品发展不协调。

三、各成员方谈判立场分析

由于农产品贸易方面的谈判关系到各成员国的国内农业稳定和安全问题，这里着重分析 WTO 谈判三大阵营的立场，主要包括：美国、欧盟、凯恩斯集团。

国内支持方面，美国建议以新的"蓝箱"政策取代原有的"蓝箱"措施，并反对对"绿箱"标准的修改。欧盟则要求美国要实质性地削减"新蓝箱"措施。凯恩斯集团要求美国、欧盟实质性地降低国内支持，取消关税高峰、关税升级以及各种形式的非关税壁垒。

市场准入方面，美国认为各成员国应减少关税差距，甚至更大程度地降低关税门槛，发展中成员也要实质性地扩大市场准入。欧盟建议使用敏感产品、特殊保障措施等灵活地保护重点产品。为换取更大的支持力度，欧盟同意给予发展中成员差别待遇，包括享受更高的分界点和更低的削减幅度。凯恩斯集团要求限制敏感产品的数量，各成员国降低市场准入门槛，增加关税配额数量。

出口补贴方面，美国主张禁止征收出口税、提倡全部取消出口补贴，采取实质性的措施约束出口信贷。欧盟要求渐进式地削减出口补贴，在2013年底全部取消出口补贴。凯恩斯集团则主张美国、欧盟等发达国家率先取消所有出口补贴。在农业问题上，发展中国家的意见也逐渐受到欧美发达国家的重视，但由于发展中国家的发展水平不均衡，谈判立场不尽相同，尤其是在关税减让问题上存在严重分歧。其中巴西、阿根廷等主张农产品贸易自由化，希望获得更有价值的谈判，一方面希望打开美国、欧盟发达国家市场，另一方面希望打开中国、印度等发展中国家的市场。但印度、墨西哥等却反对进一步开放农产品市场，强调发达国家应实质性削减扭曲贸易的国内支持。

四、各利益集团之间的主要分歧

由于发达国家与发展中国家经济发展水平不同，农业发展也存在非常大的差异，所以各成员国所寻求的利益以及出发点就会不同，如果在世贸谈判中各方触及其他成员的基本底线和既得利益，那么势必会严重影响谈判进程，加剧成员之间的矛盾，这些成员国的主要分歧表现在以下几个方面。

（一）美国与欧盟的主要分歧

美国与欧盟都位居世界贸易组织中的发达国家成员阵营，对外贸易发展速度较高，在世界贸易中占据绝大部分比重，在世界贸易议题谈判中处于主导地位，其对外贸易政策决定了世界贸易政策发展的趋势，一些议题，尤其是新的谈判议题的协议条款也多以美国和欧盟的方案作为谈判基础。为提高农产品竞争力，美国对农场主及出口农产品实施巨额补贴，一方面满足国内市场需要，另一方面实现出口增值。欧盟由于农业资源相对匮乏，通过抵制欧盟外农产品进入和严格的高关税壁垒来保护国内农业生产。美国与欧盟之间的主要分歧在于市场准入和国内支持两个方面。美国要求欧盟大幅度降低关税税率，而欧盟认为美国应减少对其国内农业的补贴，坎昆部长级会议后，美国与欧盟之间的分歧转向美国与欧盟为代表的发达国家与中国、巴西等为代表的发展中国家的分歧。

（二）发达国家与发展中国家的主要分歧

虽然发展中国家成员数目在世贸组织中占绝大比重,但因整体经济发展比较落后,在世贸组织参与权、决策权以及谈判能力方面处于弱势地位,还不能左右世贸组织。由于发展中国家本身发展不平衡,亚洲、拉丁美洲和非洲发展中国家对谈判议题的态度并不完全一致。在发展中国家成员中,大的发展中国家和经济发展迅速的发展中国家成员在世贸组织中的影响加大。亚洲的印度、中国、韩国、新加坡,拉丁美洲的墨西哥、巴西等在世贸组织中的影响逐步加大。由于发展中国家承诺降低农产品市场准入,急剧增加的进口量让生产效率相对较低的发展中国家的农产品市场遭受巨大的冲击。

（三）净进口国与净出口国之间的分歧

净进口国主要是一些农业资源匮乏、可耕地面积小的国家,如日本、韩国等。日本加入 GATT 后被迫开放其国内农产品市场,由于其耕地资源匮乏,生产效率低下,因此对农产品需求非常旺盛,从而对美国和欧洲的农产品进口与日俱增。日本出于粮食安全的考虑,长期实施农业保护措施,主要包括稳定农产品生产者的收入。向农业生产者发放补贴以及关税壁垒制度。韩国对主要农作物的国内补贴始终高于 50%。由于发达国家一贯主张农业贸易自由化,因此谈判的核心分歧主要在于实质性地削减国内农业补贴和关税的问题上。而像日本、韩国这样的净进口国,一旦在这一问题上做出让步,国内农业必将遭受沉重打击。

因此,深入了解和研究世贸组织成员国谈判立场和分歧对于我国把握好新一轮谈判的策略具有极其深远的意义,中国需在考虑自身利益的同时,借助集团力量寻求更多机会。WTO 的农业谈判比以往任何时候都更加注重发展中国家成员的利益,我国应在谈判策略上对依存度较大的利益集团有所侧重。在贸易保护主义盛行的时期,双边贸易将会比多边贸易更受青睐,中国应主动调整农产品出口结构以适应出口市场的多元化格局。

第七节　热带水果进口来源国及市场竞争事态分析

根据粮农组织的数据,2017 年全球热带水果产量约为 8270 万吨。芒果是最广泛种植的水果之一,其次是菠萝、番石榴和鳄梨。中国主要生产温带和亚热带气候的水果,但也生产大量的香蕉、菠萝、龙眼、荔枝、芒果和椰子,产量较小的有菠萝蜜、皂角、木瓜、番石榴、黄皮和火龙果。热带水果主要生长在海南、广东、广西、福建和云南等热带和亚热带省份。

一、九个目标产品的消费和市场

根据中国农业部的数据,2017 年中国热带和亚热带水果种植面积占中国水果种植总面积的 25％,约 250 万公顷,总产量超过 2000 万吨。据行业专家称,中国约有 1750 万公顷额外的土地适合种植热带和亚热带水果。热带水果主要从东南亚国家进口。进口最多的热带水果是榴莲、芒果、龙眼、香蕉(包括车前草)、山竹和菠萝。热带生态农业科学研究所和其他农业研究机构指出,中国没有种植榴莲和山竹,因此中国完全依赖这些水果的进口,主要来自东南亚,尤其是泰国(表 4-6)。在中国最常吃的热带水果是香蕉、菠萝、龙眼、荔枝、芒果、椰子和腰果。在更大、更发达的一、二线城市,消费者对牛膝草、菠萝蜜、山竹果、杨桃、榴莲、红毛丹和蜡苹果的需求正在迅速增长(表 4-7、表 4-8)。行业专家估计约 80％食用新鲜的热带水果,而不是加工过的或罐装的。据中国水果销售协会估计,热带水果的消费量约占水果总消费量的 10％,约为 1900 万吨。

表 4-6　2017 年部分蔬果的市场规模及潜力

水果/蔬菜类	国内产量（吨）	出口量（吨）	进口额（吨）	全球人均消费量（千克）	国内预计消费量（吨）	预计市场潜力（吨）
芒果	882000	6642	33092	8	908450	10720000
西瓜	63000000	57840	263670	20	63205830	无法提供
番石榴	50000	550	208	无法提供	82542	无法提供
菠萝	961642	2507	12117	2.7	971252	3618500
橡胶	8834000	13170	491338	12	9312168	16080000
木瓜	130000	418	448	1.35	130030	1809000
柠檬	1025600	4720	8988	1.87	1029868	2505800
木薯	3000000	0	6019427	17	9019427	22780000
生姜	6500000	339939	781	0.2	6160842	无法提供

资料来源:中国国家统计局、中国农业部及相关协会、机构专家。

表 4-7　进口水果的价格参考

水果	来源地	价格(元/千克)
芒果	菲律宾、越南、泰国	15～40
	中国台湾	42/76.8
西瓜	美国	6～10
番石榴	中国台湾、中东	11～31.6
菠萝	菲律宾、中国台湾	9.7～39.6
香蕉	菲律宾	8～21.6
木瓜	中国台湾、美国	8～15.6
柠檬	美国	19.6～23.6
橙子	南非、美国	13～14/11.6～13.6
猕猴桃	新西兰	20

资料来源:中国商务部网站。

表 4-8　国产水果的价格参考

水果	来源地	价格(元/千克)
芒果	海南	6～25.6
西瓜	浙江、海南	1.8～5.2
番石榴	福建	5
菠萝	海南、福建、广东	4～8
香蕉	广东、海南	1.6～6
木瓜	海南	5～15.6
柠檬	四川、广东、广西、福建	11.3～16
橙子	浙江、四川、湖北、湖南、广东、广西、福建	4～8
猕猴桃	陕西	6～10

资料来源:中国商务部网站。

　　2014 年以前,中国的芒果种植面积大幅增长,但 2014—2016 年,随着国家实施了发展高产品种的政策,种植面积有所下降。因此,到 2016 年为止的两年中,单位面积产量增加了,而总产量保持稳定,种植面积减少了(表 4-9)。

表 4-9　中国的芒果统计数据

项目（国内生产）	2014 年	2015 年	2016 年	2017 年	2018 年
种植面积（公顷）	132100	120000	102800	120400	117300
产出（吨）	741500	740000	741500	800800	882000

中国的西瓜种植面积五年来一直保持稳定。总产量略有增长（表 4-10）。

表 4-10　中国的西瓜统计数据

项目（国内生产）	2014 年	2015 年	2016 年	2017 年	2018 年
种植面积（公顷）	1707500	1785500	1731200	1733400	1750000
产出（吨）	59893432	62613415	62036158	62821690	63000000

相关的国家农业部门、协会、专家和粮农组织无法提供详细的番石榴产量统计数据。中国水果销售协会的专家估计，2017 年番石榴的总产量超过了 5 万吨，但他们无法估算番石榴的种植面积，也无法提供更多的数据。

中国的菠萝种植面积在过去五年中平均每年增长 5％，而总产量每年以 2％～5％的速度增长（表 4-11）。

表 4-11　中国的菠萝统计数据

项目（国内生产）	2014 年	2015 年	2016 年	2017 年	2018 年
种植面积（公顷）	53200	55900	58700	61600	64700
产出（吨）	848902	890701	905090	933633	961642

中国的香蕉种植面积以年均 5％的速度增长。然而，行业专家表示，由于气候和新种植技术等因素，产量的增长速度各不相同（表 4-12）。

表 4-12　中国的香蕉统计数据

项目（国内生产）	2014 年	2015 年	2016 年	2017 年	2018 年
种植面积（公顷）	276300	285600	306600	317800	338800
产出（吨）	6518128	6801249	7796656	7834672	8834000

我国栽培的木瓜可分为三大类：供食用的热带木瓜、亮皮木瓜和皱皮木瓜，属于蔷薇科花卉，是温带植物，主要用于药用和观赏。木瓜主要产自广

东、广西、福建、海南和云南(表 4-13)。国家有关部门、协会和专家没有关于国内木瓜生产的详细统计数据,因此,表 4-13 仅使用粮农组织的数字。然而,广州水果协会秘书长报告称,中国木瓜总种植面积为 9700 公顷,年产量为 52 万吨。但是,这些数字无法得到其他来源的证实。

表 4-13　中国的木瓜统计数据

项目(国内生产)	2014 年	2015 年	2016 年	2017 年	2018 年
种植面积(公顷)	5663	5652	5686	5826	5900
产出(吨)	118475	151283	117914	120359	130000

表 4-14 柠檬和酸橙的统计数据仅来自粮农组织的数据。酸橙在中国并不常见,所以下面的数字主要指的是柠檬(表 4-14)。

表 4-14　中国的柠檬统计数据

项目(国内生产)	2014 年	2015 年	2016 年	2017 年	2018 年
种植面积(公顷)	51472	56424	63705	65705	70000
产出(吨)	662581	716918	842166	917166	1025600

相关政府部门、协会和专家对国内木薯生产没有全国性的统计数据。据有关专家介绍,广西是我国最大的木薯产区,种植面积和产量占全国的70%。广西壮族自治区农业厅提供了该省木薯产量的数据,并据此推断得出以下数据(表 4-15)。

表 4-15　中国的木薯统计数据

项目(国内生产)	2014 年	2015 年	2016 年	2017 年	2018 年
种植面积(公顷)	435000	430985	446377	316429	466900
产出(吨)	2760000	2885000	2868000	2571000	3000000

气候变化、采收条件、国内产量、消费趋势、出口国价格等因素影响着我国热带水果的年进口量。根据中国与东盟国家达成的优惠关税协定,中国自东盟国家的农业进口额稳步增长。

在中国,九种目标水果和蔬菜中,有七种主要从东南亚国家进口,而且进口量越来越大。随着中国中产阶级对热带水果的逐渐接受,芒果、番石榴、菠萝和香蕉等热带水果的总消费量也随之增长。此外,随着关税税率的下降,进口数量(尤其是来自东盟国家的进口数量)也在增加(2014 年开始关税削减,东盟成员国 90％的商品关税现在为 0％)。从 2017 年开始,从缅甸进口的水果和蔬菜大幅增加,这导致世界进口数量的大幅增加。表 4-16 至表 4-29 列出 2014—2018 年输往中国的主要水果进口商。

如表 4-16,芒果从 2014 年到 2018 年,中国芒果的进口额增长了750％,然而,进口价值仅仅增长了一倍。这种差异可以归因于从缅甸购买了大量的水果,而缅甸的水果价格要低得多,芒果的价格总体上也在下降(表 4-17)。

表 4-16　芒果进口数量(千克)

进口地区	2014 年	2015 年	2016 年	2017 年	2018 年
	进口总量	进口总量	进口总量	进口总量	进口总量
世界总量	4240523	6485094	1831834	20807901	33088042
缅甸	0	120000	92300	18293416	30171612
泰国	280971	732175	715918	1099381	1616190
菲律宾	1892616	2111690	692096	808295	819766
中国台湾	515138	277920	274918	438726	422052
秘鲁	0	0	49216	161155	41424
澳大利亚	0	0	7386	3800	13274
巴基斯坦	2650	990	0	2768	3724
越南	1438200	3242319	0	0	0
马来西亚	110948	0	0	360	0

表 4-17　芒果进口价值(1000 美元计)

进口地区	2014 年	2015 年	2016 年	2017 年	2018 年
	进口总值	进口总值	进口总值	进口总值	进口总值
世界总量	3929	4599	1904	5814	8275
缅甸	0	17	18	2167	3684
泰国	353	879	833	1639	2737
菲律宾	2254	2332	637	1104	1220
中国台湾	715	262	350	671	541

续表

进口地区	2014 年	2015 年	2016 年	2017 年	2018 年
	进口总值	进口总值	进口总值	进口总值	进口总值
秘鲁	0	0	50	214	50
澳大利亚	0	0	16	11	35
巴基斯坦	3	2	0	6	8
越南	471	1087	0	0	0
马来西亚	133	0	0	2	0

　　我国人均西瓜消费量远高于国际平均水平。然而,生长在温带地区的西瓜在中国广泛种植,近年来进口只略有增长(表4-18、表4-19)。

表 4-18　西瓜进口数量(千克)

进口国家	2014 年	2015 年	2016 年	2017 年	2018 年
	进口总量	进口总量	进口总量	进口总量	进口总量
世界	132191144	144345005	167017074	222739341	263670059
越南	132018464	142714208	163097680	121593192	135544544
缅甸	0	0	3112500	99095912	124379592
老挝	0	0	0	0	2340000
马来西亚	172680	1630797	806894	2050237	1405923

表 4-19　西瓜进口价值(1000 美元计)

进口国家	2014 年	2015 年	2016 年	2017 年	2018 年
	进口总值	进口总值	进口总值	进口总值	进口总值
世界	17342	24502	23522	26984	32344
越南	17269	23823	23124	22009	25776
缅甸	0	0	128	4202	5935
马来西亚	73	679	270	773	547
老挝	0	0	0	0	86

表 4-20　番石榴进口数量（千克）

进口地区	2014 年	2015 年	2016 年	2017 年	2018 年
	进口总量	进口总量	进口总量	进口总量	进口总量
世界	166763	111301	56717	76940	207865
中国台湾	165638	106922	56717	76670	204754
泰国	1125	3755	0	270	3111
马来西亚	0	624	0	0	0

表 4-21　番石榴进口价值（1000 美元计）

进口地区	2014 年	2015 年	2016 年	2017 年	2018 年
	进口总值	进口总值	进口总值	进口总值	进口总值
世界	118	107	49	53	175
中国台湾	115	99	49	52	170
泰国	3	4	0	1	5
马来西亚	0	4	0	0	0

表 4-22　菠萝进口数量（千克）

进口地区	2014 年	2015 年	2016 年	2017 年	2018 年
	进口总量	进口总量	进口总量	进口总量	进口总量
世界	663107	4011141	8890143	10829852	12117100
菲律宾	501274	3287790	8773796	10701347	11337898
中国台湾	158103	137642	93332	90625	736266
泰国	3730	583755	22919	37568	42576
德国	0	403	96	312	360
美国	0	1551	0	0	0

表 4-23　菠萝进口价值（1000 美元计）

进口地区	2014 年	2015 年	2016 年	2017 年	2018 年
	进口总值	进口总值	进口总值	进口总值	进口总值
世界	333	1811	4705	6367	7472
菲律宾	176	1330	4621	6221	6804
中国台湾	148	123	59	66	484
泰国	9	323	24	78	182
德国	0	3	1	2	2
美国	0	32	0	0	0

表 4-24　香蕉进口数量（千克）

进口地区	2014 年	2015 年	2016 年	2017 年	2018 年
	进口总量	进口总量	进口总量	进口总量	进口总量
世界	355697653	387822874	331955614	362325337	491338523
菲律宾	303827008	343415424	303836320	317774176	352117888
缅甸	0	0	0	4398239	94308088
越南	26787490	29246492	9969068	21683520	19204408
泰国	9638130	14101039	13809162	15209225	17632316
厄瓜多尔	15431819	36400	4189731	2960841	6983327
老挝	0	0	150000	299000	1036591
中国台湾	13206	296355	1333	0	21685
哥斯达黎加	0	1587	0	0	18550
印度尼西亚	0	725202	0	0	15400
德国	0	375	0	336	270

表 4-25　香蕉进口价值（1000 美元计）

进口地区	2014 年	2015 年	2016 年	2017 年	2018 年
	进口总量	进口总量	进口总量	进口总量	进口总量
世界	99675	116225	110831	138597	179014
菲律宾	89387	108614	103628	127937	154421
缅甸	0	0	0	545	10487
泰国	3207	4864	4932	6695	8529
厄瓜多尔	5111	11	1479	1255	3116
越南	1961	2186	780	2116	2247
老挝	0	0	10	47	182
哥斯达黎加	0	4	0	0	12
中国台湾	9	236	2	0	9
印度尼西亚	0	308	0	0	9
德国	0	2	0	2	2

　　木瓜以前大量从马来西亚和菲律宾进口。自 2015 年以来，从这两个国家进口的数量分别同比下降了 70％和 25％（表 4-26、表 4-27）。热带生态农业科学研究所的一位专家解释说，这是国内成功引进新木瓜品种的结果。然而，国内生产的数据无法证实这一说法。

表 4-26　木瓜进口数量（千克）

进口地区	2014 年	2015 年	2016 年	2017 年	2018 年
	进口总量	进口总量	进口总量	进口总量	进口总量
世界	3671186	4169073	1411024	619375	447537
菲律宾	307362	1017457	783114	419100	301054
中国台湾	37024	37600	22009	16742	81192
马来西亚	3322801	2839627	595830	173159	58923
泰国	3999	274389	10071	10374	6368

表 4-27　木瓜进口价值（1000 美元计）

进口地区	2014 年	2015 年	2016 年	2017 年	2018 年
	进口总值	进口总值	进口总值	进口总值	进口总值
世界	2940	3249	1126	562	453
菲律宾	234	734	621	413	312
中国台湾	49	47	21	17	105
马来西亚	2651	2269	476	123	30
泰国	6	199	8	9	6

　　进口的柠檬和酸橙（按海关数据分类）主要是柠檬（表 4-28、表 4-29）。

表 4-28　柠檬进口数量（千克）

进口地区	2014 年	2015 年	2016 年	2017 年	2018 年
	进口总量	进口总量	进口总量	进口总量	进口总量
世界	5274558	4570451	6006941	5307323	8987818
美国	3521934	3298987	1697850	2141161	8868016
泰国	87370	118816	52640	65520	59500
乌拉圭	0	99199	1237909	2807766	25118
中国台湾	15497	11139	9958	114354	24122
新西兰	1403499	984600	2786095	0	9367
德国	9858	8122	6109	2306	1525
土耳其	0	0	0	136	170
阿根廷	46620	0	0	0	0
南非	189780	49588	216380	176080	0

表 4-29　柠檬进口价值（1000 美元计）

进口地区	2014 年	2015 年	2016 年	2017 年	2018 年
	进口总值	进口总值	进口总值	进口总值	进口总值
世界	4840	3973	5186	6253	10079
美国	3183	2873	1672	2977	9938
泰国	52	72	37	95	70
乌拉圭	0	86	1007	2872	23
中国台湾	14	13	12	52	23
新西兰	1293	822	2218	0	13
德国	74	62	47	20	10
土耳其	0	0	0	2	2
阿根廷	44	0	0	0	0
南非	180	45	193	235	0

二、消费趋势

据水果进口商说,进口菠萝、芒果和西瓜在中国比其他水果更受欢迎。进口西瓜在中国冬天最受欢迎,因为那时国内西瓜产量较低。进口商和批发商无法为木薯和生姜的消费者提供详细的意见,因为这些是新鲜或干燥的,然后作为加工产品出售,而不是直接卖给消费者。龙果、猕猴桃、榴莲、山竹、菠萝蜜、葡萄和樱桃是中国最畅销的进口水果。中国北部和中部地区的消费者一般更喜欢甜味的热带水果。然而,在中国南方,人们吃的水果种类更多,包括番石榴和杨桃。近年来,越来越多的人开始接受榴莲和菠萝蜜等气味独特的水果。在进口水果中,榴莲、山竹果和菠萝蜜的消费有显著增长,这是由于人们生活水平的提高和进口水果的增加。在所选的七种水果中,香蕉和木瓜是中国最受欢迎的进口水果,这两种水果的进口将比其他五种水果增长得快。大部分进口水果在冬季出售,一般是在 12 月到次年 2 月之间,那时国内新鲜的热带水果无法生长。一般来说,消费者更喜欢新鲜水果的味道,所以在夏天,消费者更喜欢新鲜和便宜的国产水果。然而,在冬天,国内的水果不能种植或出售,所以消费者(尤其是中上阶层)倾向于购买进口水果,尤其是热带水果。南非柳橙是唯一一种通常从非洲进口和销售的水果,而且比美国品牌 Sunkist 柳橙便宜一些。中国政府目前允许从非洲进口的水果品种相对较少。有机水果大多在中国本土种植和销售,在市场上也越来越受欢迎,但供应相对较少,价格更贵(每千克贵1～2元)。

(一)进口来源

热带水果主要从东南亚国家进口,其次是美洲、大洋洲和非洲。橙子是非洲的主要进口商品,有限的水果是从欧洲进口的。干木薯和生姜是从东南亚进口的。

总的来说,进口商在考虑从哪里进口产品时,水果质量、长期稳定的供应和价格是最重要的进口因素。对于热带水果,大型进口商有长期稳定的供应商,然而,这些进口商声称,他们会考虑在以下几个条件下从非洲进口相关水果:(1)如果中国修改政策允许从非洲进口多种水果(橙子和葡萄除外);(2)如果非洲国家提供稳定的优质水果供应。一些行业专家和进口商也提到,由于相关的运输成本降低了非洲供应商在定价方面的竞争优势,因此到市场的距离是从非洲进口水果的一个障碍。中国蔬菜产量大,因此不需要大量进口。东南亚是中国进口热带水果的主要地区,主要有三个原因:第一,东南亚属于热带气候,热带水果生长丰富;第二,东南亚与中国的距离最小,降低了运输成本;第三,东盟国家与中国之间贸易的产品中,有90种产品的关税税率为0%。

(二)进口商类型

水果和热带水果的进口商(包括选定的七种水果)通常是大型到中型的进口公司,他们经营几种水果,而不是专注于进口一种产品。干木薯通常由大型化工厂和食品加工厂进口,这些工厂进口的木薯数量是最大的,但只进口单一类型的产品供内部使用。来自缅甸的生姜主要由经营缅甸几种经济作物的进口商进口到云南省。从泰国进口的生姜一般由食品加工公司进口,通常与其他食品调味料一起使用。

(三)供应商选择

据进口商表示,电子商务和信息通信技术并不用于目标水果和蔬菜的采购。在出口国寻找供应商主要使用三种方法:(1)来自出口国农业协会或大使馆的推荐;(2)参加国际农产品博览会;(3)同行的推荐。

筛选过程,根据几家水果进口商的说法,挑选新的水果供应商的过程如下:

供应商与进口商面对面的谈判,潜在的供应商会提供产品手册和水果样品,工作人员被派往出口国家进行现场调查,合作从小批量开始,如果双方都满意,新的供应商将成为长期供应商。最后的决策者通常是进口公司的老板。进口商通常向外国供应商采用的付款条件如下:进口水果:货到付款;进口生姜:货到付款;进口木薯:信用证关键分销渠道。进入中国市场后,七种目标水果的分销主要有:批发商、超市、酒店、餐厅、水果店(包括连锁水果店)。这两种蔬菜的主要市场参与者有:进口商、批发商、化工厂、制药厂、食品加工厂和餐馆。

三、对策建议

在选择的七种水果中,进口芒果、香蕉和木瓜在中国最常见。在所选的两种蔬菜中,木薯干需求量很大。进口商认为,这会在未来延续市场潜力。进口热带水果的典型消费者是城市、中上阶层的成年人和家庭。热带水果的消费在中国南方最为普遍。进口热带水果的消费主要集中在沿海地区和中部地区,包括长江三角洲。在中国北方,人们主要食用国产水果,很少食用热带水果。

对最不发达国家出口商促进出口的建议。首先,根据进口商的建议,最不发达国家出口商应首先符合"非关税规定"所述的最不发达国家出口商的基本要求;其次,最不发达国家的出口商应选择合适的水果和蔬菜,因为它们的需求不断增加;最后,最不发达国家的出口商在保持高质量的同时,应寻求比其他出口商向中国市场提供更具竞争力的出口价格。

第五章　贸易体制的发展与
贸易便利化

第一节　GATT /WTO 体制成员方与
区域集团的扩大化

　　多边贸易体制所适用的对象为具有"成员资格"的国家,国家参与体制中决策的制定并且受到体制规则的约束。成员在组成结构以及行为模式上的变化,都会促使多边贸易体制发生改变。本节主要对以下两类变化的影响进行讨论:积极参与多边贸易体制的成员在数量上的增加,以及区域贸易协定在数量上的增长,这类协定为其成员利益提供了"保障",但同时对多边贸易体制造成损害。成员数量的扩张是 GATT/WTO 体制诸多变化中最为重要的表现之一。到 20 世纪末,该体制成员的数量已经从建立初期的22 个发展为 140 多个。新成员的加入对于多边贸易体制非常重要,这部分也是源于管理日渐庞大的国际组织所带来的挑战。WTO 的扩大从根本上改变了该组织的基本特性。在多边贸易体制早期,GATT 被视为"富国俱乐部",尽管也有一些诸如印度和巴西这样的主要发展中国家参与其中,但更为关注的还是发达国家的需求。到了 2000 年,WTO 的大多数成员已经是发展中国家,其中许多成员都是世界上最为贫困的国家。虽然 GATT 初期确有发展中国家参与其中,但它们在谈判议题上的影响力相当有限。国家对多边贸易体制参与方式的另一个重要变化则是优惠贸易协定(PTAs)的兴起,这类协定的表现形式包括关税同盟协定、自由贸易区协定、双边贸易协定以及以促进发展为目的的非互惠贸易协定,其成员既包括发达国家,也包括发展中国家。实际上,几乎所有的 WTO 成员都参与缔结了至少一项这种具有歧视性质的协定,许多成员所缔结的此类协定还不止一项,这使得现行的贸易体制变成了一个集歧视性规则和非歧视性规则于一身的混合体。

　　本节所要讨论的主要问题是,国家参与多边贸易体制方式的变化是如何对 GATT/WTO 贸易体制的性质造成影响的,这种参与方式的变化既体现为成员数量的增加,也体现为频繁缔结具有歧视性质的贸易协定。本节首先介绍 GATT/WTO 的加入程序,随后分析上述变化给成员资格造成的影响,尤其关注 GATT/WTO 体制中发展中国家成员所表现出的作用,以及对发展中国家成员资格的影响。上述变化导致当代 WTO 体制所涉议题在根本上发生变化,但体制的决策机制却没有做出相应的改变。就成员对多边贸易体制的政治控制力而言,传统上贸易四强的势力呈均势状态,但现今这一问题变得极为复杂,并对贸易体制的有效运作构成了巨大挑战。本节还表明,区域安排数量的增多,部分同样缘于区域内成员数量的增加,其与区域内成员力量对比的变化亦有关系。

一、GATT /WTO 的成员资格

GATT/WTO 文件对成员加入多边贸易体制所要遵循的程序规定得非常笼统。但多边贸易体制在其长期以来的实践中形成了一套相当复杂的加入程序。对于初始缔约方而言,加入问题主要由临时适用议定书进行调整,申请加入方仅需要承诺不制定与 GATT 相违背的新立法。现行与 GATT 要求不一致的贸易限制措施被纳入 GATT 之中,直到这些措施在后期谈判中取消。而对于其他国家,则可通过 GATT 第 33 条的规定表示接受 GATT 的约束并成为 GATT 缔约方。许多新兴的发展中国家还可以通过 GATT 第 26 条第 5 款 C 项所规定的简易程序获得缔约方资格,该程序仅要求缔约方保证其自身在从事"对外商事关系"时具有"完全自主权"。但在 GATT 实践中,也有相关国家尚未成为正式缔约方却已经实际参与多边贸易体制的情况,这种情况主要包括以下三类:(1)一些前殖民地国家和海外领土虽不是 GATT 缔约方,但通常会因为殖民国接受 GATT 而事实上受到 GATT 的约束;(2)许多国家在获得独立之时往往会在最终加入 GATT 之前选择事实上的缔约地位;(3)一些申请加入的国家在加入程序完成之前也会被给予临时地位。日本在 1955 年加入 GATT 之时,就被允许在其承担最惠国待遇义务之前享有临时缔约方地位,瑞士则在 1958—1966 年间具有 GATT 临时缔约方地位。

现今多边贸易体制在接纳新成员的程序中设定了一系列严格的自由化要求,这些要求由贸易伙伴利益相关方组成工作组来负责落实,并就其所做出的确保其贸易政策符合现行 WTO 协定的承诺进行审查。申请加入方必须就其制定的与 WTO 框架下知识产权保护、服务贸易和传统贸易壁垒有关的法律法规提供相关信息。WTO 成员会对申请加入方的条件进行反

馈,也会要求加入方做出进一步的承诺并修改法律,以确保加入国的市场开放程度与"加入成员因具有多边贸易体制成员资格而享有的总体利益"相匹配。进一步看,GATT 第 35 条和《建立世界贸易组织协定》第 13 条都规定,成员可以要求在与新加入成员之间的关系上不适用 GATT/WTO 规则,以有效促使加入成员出让所有贸易大国都满意的贸易减让。整个加入程序冗长而繁杂,这等于说加入方为了获得成员资格,就要进行系统谈判,向其他成员方提供完整的减让,这种减让相当于之前自己所没有参加的多边贸易回合谈判中其他成员的全部出价。最后,批准新成员加入应以当时多边贸易体制全体成员 2/3 以上的赞成票来决定(GATT 第 33 条;《建立世界贸易组织协定》第 12 条)。申请加入多边贸易体制的成员显然不会因为加入程序的复杂性而最终选择不加入。但围绕加入所进行的贸易谈判本身对于市场开放确实非常重要。是否具有 WTO 成员资格已经成为国家吸引外国投资的一个必要条件,而那些非 WTO 成员则无法就贸易争端诉诸 WTO 程序。只要 GATT/WTO 体制的规制范围不断扩大,成员所能享有的利益就越大,非成员的损失也就越大。为了避免最贫困国家被边缘化,WTO 于 2002 年专门针对最不发达国家设置了新的简易加入程序。

中国入世谈判持续了 16 年之久,其涉及的范围尤为广泛。谈判包括对各项 WTO 协议的接受,对农产品和工业产品税号列出具体减让表,如电信服务、银行服务、保险服务和审计、建筑等专业服务领域中详细的市场开放和国内规制承诺等。与工作组的谈判是与美国和欧盟等核心成员的双边谈判同步进行的。谈判在政治层面上甚至涉及与 WTO 谈判并无直接关系的问题,如中国的人权纪录以及中国台湾的地位等,工作组的最终报告一共有 343 段之多,并附有大量的附件文本,中国入世谈判的复杂性因此可见一斑。但最终政治上的考虑战胜了谈判操作上的复杂性,中国于 2001 年 11 月的多哈部长级会议上被接纳为 WTO 成员。

中国加入世界贸易组织在许多方面都引发了一些独特的问题。从严格意义上讲,中国属于发展中国家,但却具有独一无二的政治经济结构,中国加入世界贸易组织在经济上和政治上都具有非常重要的意义,同时也会给 WTO 带来深刻的变化。中国的入世扩展了 WTO 适用的地域范围,提升了 WTO 规制的贸易水平,同时也有助于"稳固"中国近二十年以来所取得的经济自由化成果。将这些成果进行制度化并非易事,中国与其他 WTO 成员相比有着根本的区别,其部分原因是基于中国独特的政治经济结构。中国式市场经济体制某些特点会导致 WTO 的基本承诺结构失衡或使其复杂化,这些特点包括:国有企业仍占有很大的经济比重——某些国内规则以及规则制定程序缺乏透明度;多样化的竞争政策易触发失衡状态——国内监管体系尤其是关于环境的监管体系较弱。

这些问题在现行 WTO 规则体系之下很难处理得当,尚留待在中国加入谈判之中解决。这些问题造成的影响,足以与 20 世纪 80 年代美国和日本之间的贸易战相提并论。这些问题并不仅仅困扰着中国的贸易伙伴,而且对中国本身也有影响,外界都期望中国能够创设新机制以提高市场化的程度和透明度的幅度,哪怕这些变革会对中国传统的政治体制造成冲击。许多 WTO 成员的国内政治经济体制都与传统西方国家不尽相同,其经济自由化模式都会引发与其他成员之间的紧张关系。但中国这个经济体的规模比其他任何 WTO 成员都要大(Cohen,1998)。而且,中国引发的紧张关系是在某些重要的 WTO 成员将其视为"军事假想敌"的背景下产生的。因此,中国加入多边贸易体制所引发的紧张关系应该从下列三个方面的特性加以认识:政治经济结构、经济力量规模和军事战略地位。即使是根据针对中国市场自由化程度最为乐观的估计,中国国有投资企业的产值也至少占据整个国家国民生产总值的 30%。国家投资企业的行为会对 GATT 的四项基本理念产生冲击。

(1)GATT 体制将所有经济性质的决定,假定为均由商业公司和中间者、终端消费者主要依据价格和质量因素做出,但国家投资企业却往往并不是依据此因素做出相关决定,国有企业决定从其他国有厂商处购买所有自用的电脑芯片,这并不难做到。但这会实际影响到 GATT 第 3 条"国民待遇"条款的适用。国有企业的经营活动同样也违反 GATT 第 1 条关于最惠国待遇的规定,第 2 条关于"税减让"的规定以及第 11 条"禁止维持数量限制措施"的规定。那些受到当地政府影响的乡镇企业的经营活动同样也会面临上述问题。

(2)从更广泛意义上说,GATT 体制还假定成员方的法律、法规、行政命令和立法过程均十分透明。透明度对于 GATT 主要原则有着非常关键的作用。例如,真正的国民待遇(第 1 条)要求国内和国外生产商都对游戏规则有所了解。与此类似,如果影响进口产品的法律和法规缺乏透明度,其结果相当于实施了数量限制措施(第 11 条)。规则的制定过程同样要遵循透明度的要求,以便能够在此过程中反映外国生产者的利益要求,这样制定的规则才不会具有歧视性。除此之外,如前所述,任何关于国有企业的规则都必须做到透明。GATT 第 10 条要求贸易法规在公布之后方能实施,但这一规定尚无法应对中国国内出现的所有违反透明度要求的情势。WTO 在关于设定和修改技术法规和标准、动植物检疫法规和标准以及合格评定程序等方面都有程序透明的要求,但这种程序透明的要求在其他方面还比较缺乏。更麻烦的问题在于,透明度一词意味着,政府那些不透明的指令或

"行政指导措施"是不会公开的,这样,如何对违反透明度义务的行为进行监管就成为一个重要问题。简单来说,要想判断某种行为或行为所产生的效果通常都是十分困难的。

二、发展中国家参与程度的提高

GATT 早期主要关注的是降低发达国家之间的贸易壁垒。发展中国家不过是降低关税和削减非关税壁垒的受益者。GATT 早期的观点认为,发展中国家需要维持关税水平以保护国内幼稚产业,这种看法与发展中国家对贸易平衡的关切一道导致了 GATT 条款在 1955 年的修改。那时发展中国家的出口产品主要是初级产品,发达国家降低农产品的关税水平对于发展中国家而言是有好处的,这一点也得到 GATT1958 年设立的研究小组所出具的《哈伯勒报告》的认可。当时各方还意欲设计一个方案以稳定初级产品的价格(GATT1958)。对于那些热带农产品而言,降低关税是可行的,因为工业国家的加工生产者需要以低价获得这些产品作为原材料,但对于糖类等其他农产品而言,由于其和温带农产品之间存在竞争关系,美国和欧洲内部的利益集团就会极力反对这些产品的自由化进程,这导致联合国贸易与发展会议(UNCTAD)框架下的谈判未能实现这些产品的贸易自由化。

1965 年,GATT 第一次通过增设 3 个条款的方式对发展中国家的要求进行了实质性的回应,这也就是 GATT 第四部分的规定。这些条款申明了促使发展中国家增加初级产品、加工产品和工业产品出口的重要性,并要求发达国家优先改善这些产品的市场准入状况。这些新增条款的规定较为原则和抽象,且约束力并不像 GATT 其他规定那么强,但却规定发达国家不要求发展中国家基于互惠原则对关税和其他贸易壁垒进行削减。根据该部分条款脚注的解释,发展中国家在贸易谈判中"不应被期望做出不符合它们各自发展、财政和贸易需要的贡献,同时应考虑其以往贸易发展的情况"。尽管这些条款明确给予发展中国家以利益,但也因此使得这些国家无法在关税削减谈判过程中进行讨价还价。

GATT 缔约方数量在 20 世纪 70 年代首次出现激增,最终这一数量稳定为 80 个左右,这一现象的出现既缘于非洲国家纷纷获得独立,也是因为大多数拉美国家的集体加入。相比于非洲国家,拉美各国更积极致力于在多边贸易体制中发挥作用,这是因为,这些国家能够广泛开展国际贸易,同时对欧洲国家给予的优惠市场准入政策依赖性较低。同时,这些地区当时正力图在国际经济关系过程中争夺领导权,这也构成 GATT 缔约方数量激增的动因之一。它们基于政治上的国家独立观念,以及经济上放松初级产品出口环境的要求,国际经济体制对于发展中国家在本质上具有歧视性。随即它们认为,对这一体制进行根本性的变革,对于维持利益平衡具有重要意义。

持这一观点的国家还提出了以下一些具体主张。

(1)发展中国家初级产品出口价格的上涨幅度远远滞后于其进口工业产品的价格上涨幅度,这使得发展中国家的经济发展始终面临不利的贸易条件。

(2)发达国家通过配额和关税升级保护其维持低工资水平的制造业部门,例如制鞋业和纺织业等,使得发展中国家的产品无法进入这些市场,而销售这些产品是发展中国家提高经济发展水平的必经之路。

(3)发达国家对具有科技含量的产品索价过高(如药品制剂),对欧美处于行业领先地位的大公司在发展中国家直接投资设厂所生产的产品定价不菲。

上述结果使得发展中国家承受了"贸易逆差",而无力支付对价购买那些对于发展本国经济非常必要的产品。持上述观点的国家在各类场合努力推进国际经济新秩序(NEO)的建立。其中最为核心的诉求就是要求设立国际基金以稳定初级产品的价格(当产品价格下降时采取限产措施并使用基金购买存货,当产品价格上升时则抛售存货),建立有利于发展中国家的优惠关税安排,以及对那些保障发达国家技术许可方相对于发展中国家技术受让方的优势地位的国际技术许可协议进行限制。在建立国际经济新秩序过程中,1964年开设的联合国贸易与发展会议的首任秘书长劳尔·普雷维什起到了关键作用。在他的领导之下,联合国贸易与发展会议成为一个形成和阐述发展中国家在国际贸易事务中自身立场的机构。与此同时,由发展中国家组成的77国集团也在巴西和印度的领导下,在GATT和联合国等各种场合中为发展中国家的利益而开展游说活动。21石油输出国组织(OPEC)成功地构建了价格卡特尔,提高了石油的价格,从而为建立国际经济新秩序的理念提供了进一步的支撑。发展中国家开始登上国际舞台,也许它们的力量还不足以与发达国家相抗衡,但起码它们已经有了自身的立场和观点。

发展中国家要求获得优惠待遇的主张对GATT提出了一些挑战。但区别待遇的理念与GATT之间并非不相容。在GATT前身国际贸易组织的谈判过程中,就明确指出各国可以通过达成区域安排作为多边贸易体制的补充。在欧洲,这种区域安排已经成为经济发展的一部分。对于那些小型发展中国家来说,其国内经济结构过于单一,容易受到其较大贸易伙伴政策贸易转变的影响,区域安排就是它们消除这一影响的"保险政策"。1960年,众多拉美国家组建了拉美自由贸易区(LAFTA),旨在对区域内的生产进行合理规划,一些南美国家又建立了一个新的区域贸易集团——安第斯组织,目的是构建与发达国家企业就投资条件进行谈判时的集体谈判力量,并希望以此改善市场准入条件;其主要的措施是颁布了第 24 号决议,制定了统一的技术进口市场准入管制标准,并对外资所有权设定了当地化成分要求。1963 年欧共体牵头与 70 多个非欧盟国家签订达成了《洛美协定》,随后于 2000 年再次修订,达成了《科托努协定》,该协定在非互惠基础上给予这些国家部分产品免税进入欧洲市场的待遇。就在区域贸易基于优惠待遇提高了发展中国家在国外市场上的进口份额之时,奉行非歧视原则的GATT 体制也根据发展中国家的诉求做了一些重要的调整。其中最为重要的是 1971 年(在联合国贸易与发展会议的推动下)作出的普遍优惠制(GSP)豁免决定。根据这一决定,发达国家可以向发展中国家提供较之向其他发达国家提供的更为优惠的关税待遇。如果没有这一豁免决定,本身带有歧视性质的普惠制显然违反了最惠国待遇原则。发达国家给予发展中国家国内产业的这种优惠关税,实际上是以牺牲给予发达国家国内产业(这一国内产业往往还更具效率)的优惠为代价的。然而,在促进经济发展的旗号下,这一例外措施获得了广泛接受,大多数发达国家都开始长期向发展中国家提供各种各样的普惠制优惠。当然,随着总体关税水平和贸易壁垒水平的下降,这一优惠措施的作用也不如以前了。

　　1979 年的"授权条款"扩大了上述安排的适用范围,该条款针对发展中国家设定了"差别和更加优惠的待遇"。该决议不仅仅只是提供优惠待遇,而且重申了发达国家早先的态度,即不要求发展中国家为此做出互惠性减让,且发达国家在要求发展中国家作出与其特殊的财政和贸易需求不相符合的减让或贡献时,应保持"最大限度的克制"。协定的适用具有自愿性,只适用于缔约方之间的贸易关系。由于发达国家更容易接受这些协定,GATT 因此也成为一个"多速率"的机构,即发达国家所接受的贸易限制条件要多于发展中国家。从某些方面看,这种歧视具有积极意义,符合当下发展哲学的要求,即发展中国家认为,最好的发展路径需包括对国内进口替代产业的高度保护以及政府力量的积极参与。但 GATT 的这种"选择性承诺"掩盖了议题谈判中实际存在的歧视现象。发展中国家因此也失去了在农业、纺织业和服装业等最具有出口利益的部门中推动自由化进程的机会。

　　对于那些奉行独立世界观的国家而言,具有歧视性的贸易规则曾是它们所关注的焦点问题,但到了 20 世纪 80—90 年代,另一种观点开始成为发展理论和实践中的主流,即华盛顿共识所强调的理念。这一新的经济观念强调,政府干预国民经济通常是有害的,允许市场定价则是至关重要的,相比于那些专制国家所奉行的进口替代政策,自由贸易才更有助于国民经济的发展。这完全颠覆了传统的贸易范式,开启了经济发展与国际贸易之间关系的新篇章。

支持这一观念的论据有很多。其中最为直接的论据就是 1982 年肇始于墨西哥的债务危机,当时墨西哥的出口收入(主要来自原油的收入)出现下降,而世界范围内的利率则呈上升之势,这使得墨西哥(和其他很多国家)无力偿付其债务。高利率使得区域范围内的"债务问题"趋于恶化,国家不得不将更多的出口所得用于偿付债务。这种情况使得这些国家无法通过在国际资本市场上举债的方式继续为国内的公私合营企业提供政府财政资助,而提供财政资助是 1970 年这些国家公有经济获得发展的基础性政策。除此之外,华盛顿共识理念也为相关证据所支持。相比于那些专制型国家及地区,严重依赖于出口的"亚洲四小龙",即中国香港、韩国、新加坡和中国台湾,它们自身的经济发展都取得了很大的成就。到了 1980 年末,政府主导的发展模式纷纷失败,进一步表明了自由经济政策的好处所在。

部分发展中国家债台高筑揭示了其经济上的弱点,这也促使这些国家开始接受华盛顿共识。由于该共识得到了世界银行和国际货币基金组织的强力支持,而发展中国家又不得不向这些机构寻求帮助,这些机构因此往往要求发展中国家制定符合华盛顿共识的政策,以此作为为其提供帮助的前提条件。这些机构和其他一些机构一样其理念得到了当时里根政府和伦敦撒切尔政府越来越多的支持,这两个政府均信奉保守主义经济原则并将其适用于国际政治关系之中。据这种新的模式,国家之所以参与国际贸易,既是因为国际金融机构将此作为获得贷款的条件,也是因为各国希望通过参与国际贸易获得在发达国家投资设厂的市场准入机会。这样,许多发展中国家并不是基于 GATT 的互惠性要求,而是基于获得国际货币基金组织或世界银行的资金才向发达国家提供货物进口产品的市场准入。现今发达国家投资生产的物品不仅供应当地市场,而且面向全球市场,并会建立跨国生产体系。这种海外生产所具有的比较优势,通常以投资东道国低廉的劳动力价格为基础。到了 20 世纪晚期,出现了像《北美自由贸易区协定》(NAFTA)这样新一代的区域性安排,发展中国家开始参与到这种优惠贸易安排之中,以获取像美国这样的发达国家市场的自由准入。上述趋势在墨西哥的经济发展历程中体现得非常明显。早期的墨西哥是一个中等收入国家,国内贸易保护程度较高,政府机构对贸易的管制较严。随着墨西哥领导人决定实行对外开放的经济体制。1986 年墨西哥加入 GATT 也表明该国决定彻底改变之前的经济政策。而到了 1990 年,墨西哥领导人决定与美国就一项自由贸易协议《北美自由贸易区协定》展开谈判,双方在 NAFTA 中互相做出减让,墨西哥向美国生产者开放国内的农产品部门,同时鼓励美国投资者在墨西哥制造业领域中进行直接投资,如果一切顺利,这将为由于农产品进口所造成的大量墨西哥失业农民创造就业机会。同样,美国也会为特定的墨西哥农产品进口提供优惠,以期望取代其国内加利福尼亚和佛罗里达州的传统农业生产。在此过程中,墨西哥在其国内的许多公共领域实行了私有化,如银行业、电信业、运输业等,美国企业参与了其中很多行业的并购。上述做法使得墨西哥的国内经济体制发生了根本性的变化,国家的政治体制也随之发生了改变,几乎与此同时,美国与欧洲各国开始计划推动制定普遍接受的知识产权保护标准。这些国家的国内通用药品生产企业在印度等国蒙受了巨大损失,因为这些国家的专利法只保护通用药品的生产方法而不保护通用药品本身,同时这些国家的相关产业也因为全球范围内的复制行为遭到侵害。在国会的巨大压力下,美国于 20 世纪 80 年代开始运用其"301 条款"迫使发展中国家提高其国内的知识产权保护标准,否则就拒绝给予发展中国家产品市场准入。一时间,未能按照美国的要求对电脑软件、药品、音乐和影视制品等产品提供知识产权保护的各国,都遭受了美国的贸易制裁或贸易制裁威胁。除了知识产权保护的压力之外,发展中国家还同时面临发达国家要求将多边贸易体制扩展适用于服务贸易的压力,这意味着发展中国家的国内银行、保险公司、电信企业(通常由政府控制)等都会面临发达国家同类企业的竞争和兼并。虽然这些竞争会大大提升发展中国家服务业的质量和效率,有利于东道国经济发展,但其最终往往是以国内服务行业被兼并或受竞争失败而告终。乌拉圭回合谈判议程中所关注的大量议题对于发展中国家都有着特殊影响。发展中国家尤其反对将 GATT 规则扩展适用到知识产权保护服务贸易和投资领域。当然,发达国家内部就其他谈判议题也存在着巨大分歧,其中最为重要的分歧应该是在农产品问题上,美国和欧盟意见相左,这使得谈判在一段时间内陷入停滞。将农产品纳入谈判议程中对于发展中国家是非常重要的,乌拉圭回合谈判就见证了凯恩斯集团的形成和参与,该集团成员既包括如澳大利亚和加拿大这样的传统发达国家,也包括像阿根廷这样的发展中国家中的农业出口国,而就纺织品而言,虽然生产能力较弱的发达国家已经通过现行的配额制度获益良多,但发展中国家还是同意分阶段取消《多种纤维协定》的配额安排。

　　尽管发展中国家在谈判中占有多数席位,但它们还是被排除在许多争议性议题的关键谈判范围之外。发达国家在法律之外创设了"绿屋"会议制度,由一小部分国家召开内部会议,对关键性跨部门减让承诺作出决定,发展中国家对此只能被迫接受。这种安排对于促进谈判的顺利进行显然具有关键作用,自 1970 年以来,各个成员集团召开内部协商会议的情况比比皆是,其中有的会议发展中国家参与程度较高,而有的则参与较少,随着召开内部会议的国家数量不断增多,越来越多的国家感觉受到排斥。尽管发展中国家的数量在不断增长,但由于"单一承诺"模式的作用,发展中国家在谈判中实际上只能接受之前内部会议所达成的结果,谈判的结果早已注定,即使是一小部分发展中国家能够在谈判中发出自己的"声音",谈判的结果在很多情况下反映的还是发达国家的利益。虽然说乌拉圭回合谈判所达成的协议有时也"优先"考虑了发展中国家的利益,但在很多情况下,发展中国家为此所支付的价款在几年之内就要兑现——如《服务贸易总协定》和《与贸易有关的知识产权协定》中的很多义务和要求就是如此。而发展中国家做出减让所获得的利益要么比较模糊,如美国和欧盟在农业保护上的让步,要么无法及时兑现,给予发展中国家纺织业最为重要的减让就是分阶段取消旨在保护欧美纺织品和服装行业的《多种纤维协定》,取消的起始时间从2005年算起,同时仍然维持此类产品的高关税水平。乌拉圭回合谈判期间的一项研究表明,尽管限制采取农产品出口补贴的做法对于其他发展中国家好处颇多,但对于长期受惠于农产品出口补贴的非洲撒哈拉地区国家则是很大的损害。不过,最近的一个分析却表明,乌拉圭回合谈判的结果总体来看并不利于发展中国家的利益(Finger and Nogues,2001)。

造成上述结果最为重要的原因,也许是因为在多边贸易体制中处于主导地位的国家认为东京回合谈判所创设的"双速体制"已不符合其利益需求。毕竟,乌拉圭回合谈判中许多关键性的减让都是由发展中国家在知识产权和服务贸易领域做出的,如果发展中国家拒绝履行这些减让,谈判所达成的平衡就会完全丧失。因此,乌拉圭回合谈判所达成的协议不能选择性适用。贯彻这一理念的法律途径便是发达国家集体退出原先的 GATT 协定,再重新缔结一个 WTO 的新协定。国家加入 WTO 需要接受所有新制定的 GATT 条款和其他新协议。迫于经济压力,为了能够在发达国家国内市场上享有最惠国待遇,发展中国家不得不接受了所有这些协议将知识产权和服务贸易等新议题纳入协议范围,无法拒绝适用这些协议,以及协议总体的谈判模式等问题,这些因素构成了发展中国家对乌拉圭回合谈判诟病颇多的原因。西雅图部长级会议期间的骚乱表明,多边贸易体制的一个新时代已经到来,这在之前早有预兆。其中最为明显的迹象来自环境和劳工标准问题。NAFTA 和乌拉圭回合的谈判均清楚地意识到,发展中国家具有很强的生产制造能力,足以与发达国家低工资产业部门进行竞争。早在1991 年,GATT 专家小组就发布初步裁决认为,美国不能禁止进口那些没有采取保护海豚措施所捕捞的金枪鱼产品。尽管墨西哥为了减少 NAFTA 谈判中的政治摩擦最终撤回了申诉,该裁决未能生效,但结合随后几份相关裁决来看,根据 GATT 规则仅以产品加工方法、以环保为由限制进口是非常困难的。由于发达国家的环保主义者们担心作为制造业中心的发展中国家不会遵守环保标准,因此对 GATT 表示强烈反对。随后,1998 年的荷尔蒙牛肉案的裁决认为,由于缺乏足够的科学依据,欧盟针对添加某些荷尔蒙激素饲养出来的牛肉实施进口限制措施的做法不符合 WTO 协定的要求,这也导致了欧盟环保主义者对 WTO 的强烈抗议。欧盟内部有观点认为,上述裁决的理念对于欧盟针对转基因食品实施进口限制措施的做法同样适用。劳工主义者则是因为本国劳工利益面临国外低廉劳动力竞争威胁而加入到了反对行列之中。环保主义者和劳工主义者已经成功将各自的关切点植入 NAFTA 的规定之中,尽管这两项议题还未被列入 WTO 的正式议程,但它们一直致力于从政治上给 WTO 施加影响。发展中国家对此表示反对,因为它们担心环境保护或劳工问题会成为发达国家针对发展中国家出口产品实施贸易限制措施的借口。

劳工与环境问题是导致 1999 年西雅图部长级会议期间发生游行示威活动最为重要的动因之一,曾有观点认为,这些示威人群中的很多人代表了发展中国家的利益,但这些示威者的立场与发展中国家的立场截然相反。克林顿总统当时似乎接受了示威者的要求,准备致力于推动制定针对发展中国家的环境和劳工标准,这使得发展中国家的领导人们担心,环境和劳工标准会用于保护主义目的以保护发达国家国内高度机械化产业免受外来产品竞争。除此之外,美国提出的谈判议题范围过窄,远远不能体现发展中国家的关注点,例如,美国的反倾销法就被用来阻止那些发展中国家确实具有比较优势的产品进口,以保护本国相关产业,这一问题就没有在谈判中涉及。但发展中国家最为担心的还是“绿屋”机制会对其产生不利影响。华盛顿共识的出现,使得发达国家与发展中国家之间的关系以发展中国家批评发达国家的霸权控制为主的基调发生变化,与此类似,全力推行全球自由贸易的理念在 20 世纪末也日渐式微。根据詹姆斯·沃尔芬素恩的研究,世界银行开始更为关注贫穷与和平等问题。国际货币基金组织则开始就其 1997 年在印度尼西亚、韩国和泰国经济危机成败各半的做法对其传统理念进行反思。同样,2001 年召开的 WTO 多哈部长级会议对于发展中国家的诉求给予了非常密切的关注。会议期间发展中国家与发达国家之间在政治上争议最大的问题即是药品专利和 TRIPS 的关系。许多针对国际大药厂的批评认为,药品专利导致了发展中国家的药品价格居高不下,发展中国家人民,尤其是非洲撒哈拉地区的艾滋病患者无力获取药物。虽然各国卫生健康制度体系本身仍有很多问题,但药品专利在 2001 年已经成为最大的争议问题,有观点认为,应该对 TRIPS 条款进行修改或废除。不过,为了解决这一问题,巴西和非洲国家集团提出了解决议案,经过相关非政府组织的简化后,该议案成为各方利益妥协的结果。各方签署了一项关于 TRIPS 的独立性解释声明,该声明为发展中国家在公共健康领域获得专利药品提供了方便。最终议定的多哈回合谈判议程反映了发达国家和发展中国家的利益。劳工标准问题在 1996 年新加坡部长级会议上就已经有所涉及,当时各方表示要尊重"核心的劳工标准",也指出任何关于此方面的问题应与国际劳工组织合作讨论,但这种合作很快就没有了下文。多哈回合则重申劳工标准问题不在谈判议程范围之内。就环境问题而言,其虽在谈判议程之中,但范围比较狭窄,且该领域谈判的发起"并不预设任何结果",即不以谈判成功为重要目标。环保议题的谈判已经开启而劳工标准议题则未被涉及,这暗示着发达国家内部环保主义者和劳工主义者的联盟发生分化。美国则采取了与之前完全不同的立场,同意在多哈回合中就澄清反倾销规则议题进行谈判,这对于发展中国家是个福音,但这一做法从其国内政治角度考虑却是很让人吃惊的,因为反倾销法对于美国国内的钢铁和半导体产业的重要性是不言而喻的。进一步看,许多多哈回合谈判领域都提到要体现对发展中国家的"特殊和差别待遇",当然这种体现能落实到什么程度尚无定论。最后,多哈回合议程还将讨论为最不发达国家提供大量市场准入机会的议题。

三、不同的观点和不同势力的联盟

虽然经济学家一般都认为自由贸易符合发展中国家的利益,但发展中国家领导人对此通常是避而不谈的。这种对于自由贸易的矛盾心理催生了在 WTO 框架之内各种发展中国家之间的联盟集团。接下来仅对其中的三类集团进行分析,不过这些集团的成员通常是很难准确界定的。对于大部分非洲国家、亚洲国家和加勒比海国家这类最为贫困的国家来说,自由贸易能够降低进口产品价格,但这些国家的出口能力非常有限(有些国家的出口仅限于初级产品),且缺乏生产出口产品的原材料。自由贸易虽然是发展的必要条件但却不是重要条件。如果这些国家按照 TRIPS 协定的要求建立专利制度,它们就将为化学药品等产品支付高价而导致利益受损。而专利权所带来的利益在其国内市场上无从体现,因为这些国家太小,能从这些专利中获益的产品可以说是屈指可数的。

第二类集团的国家能够利用低劳动力成本生产出来的产品,从自由贸易体制中获得立竿见影的利益。国际贸易中的利益格局是很清晰的,多国因此试图将本国在低劳动力生产成本领域(如纺织品)的比较优势转化为在如汽车业、精密仪器制造业等高价值产品领域内的比较优势。不过,由于竞争非常激烈,现今这一转变过程要比过去困难得多。强大的竞争压力使得各国竞相压低劳动力成本,劳动力因此无法向下游国家流动,国内的社会平等很难维持。市场开放会增加那些更为精细的产品领域内的竞争,这些产品往往需要由技术更为纯熟的劳动力制造。同时,由于自由贸易和产业全球化生产的影响,传统的幼稚产业发展模式很难产生作用(即使是那些幼稚产业保护对于经济形势具有重要意义的国家,情况也是如此)。

第三类集团国家所面临的问题肇始于其发展国内精工业的努力,由GATT/WTO贸易体制的发展以及WTO中新的非贸易规范所导致全球化是否会对发展中国家企业的竞争力造成影响。诸如巴西、印度和中国这样的科学技术和工业化程度较高的发展中国家,以及像俄罗斯也会面临一些问题。这些国家要和现在从事全球化规模生产的生产资料或汽车零部件大企业进行竞争无疑是困难的。即使是新设企业参与竞争,也会为相关技术的知识产权掌握在其他企业的手里而被排除在竞争市场之外,与此同时,在银行业、保险业和电信业等服务部门中,发达国家企业会借助自身经济规模对发展中国家企业进行打压。这些问题对于这些国家的经济影响不大,一些国家能保证内部的投资和就业。但在那些由全球跨国公司掌握的欠发达地区,要想通过设立新的跨国公司进入到欠发达国家市场就会非常艰难。

长期以来,发展中国家都缺乏在国际贸易谈判中进行讨价还价的能力。国家在贸易体制的能力与其市场能力密切相关。那些能够为其他国家提供市场准入机会的国家,在多边贸易体制中就能居于主导地位,尽管这一体制奉行的是一国一票制。虽然协商一致是多边贸易体制决策机制的原则之一,但进口市场的规模显然是WTO真正的权力基础,因为国家在谈判时和争端解决机制过程中的实力体现为威胁拒绝给予出口商进入本国特定市场的能力。多边贸易体制真正的实权掌握在美国和欧洲国家手里,因此它们在经济上有动力与发展中国家达成各类交易,并在获得大量贸易优惠的同时将其中一小部分施舍给发展中国家。

WTO谈判议程扩大的间接影响体现为揭示了美国和欧盟的权力边界。而现今发展中国家的政策和利益已经成为谈判的中心问题。时至今日,早期"绿屋"程序体制中所形成的权力平衡已经成为谈判的关键议题,很多国家要求对内部谈判准入问题进行变革。在多哈回合谈判中,非洲各国就组成了一个强有力的联盟,从而在内部谈判中获得了更多的代表权。上述情况并不意味着权力平衡的重塑。而且,就贸易争端和争端解决程序中适用制裁措施这一关键问题而言,主动权仍然在拥有广阔市场的贸易大国手里。如果一个发展中国家依赖于美国市场,应该如何在WTO规则体系中对美国的做法提出法律请求呢?对此,WTO设置有正式的争端解决程序,足以作出有利于发展中国家的裁决,但发展中国家会考虑为此得罪美国是否值得。除此之外,发展中国家就发达国家拒绝履行裁决对其采取报复制裁措施,对于发展中国家自身也是非常不利的。

发展中国家在 WTO 中还面临着其他一些不对等的境遇。它们一直在抱怨自己长期以来缺乏资料信息和有效参与贸易谈判所必需的职业专家。在 TRIPS、国际银行业、电信业这类技术性较强领域的贸易规则谈判中,以及贸易与环境议题中,美国有能力指派由大量在经济和政治谈判中具有丰富经验的专家所组成的代表团参加谈判,而大多数发展中国家则只能勉为其难地派遣本国在谈判所在地的外交代表参加谈判,这些外交代表通常并不是谈判议题领域的专家。WTO 有 20 个发展中国家中的 17 个成员没有在日内瓦派驻常驻代表,发展中国家常驻日内瓦的使团规模也仅为发达国家使团的一半,这些使团平均每周要参加 4 个 WTO 的各类会议。随着谈判的内容越来越深入到"国内管制事项",有关国内当局只有在谈判全部结束之后才能全面了解谈判的结果。一个小国或者人才数量不多的国家很难储备充足的人力资源,为所有区域层面和多边层面对其利益非常重要的国际谈判的准备和开展工作服务。

四、结论

多边贸易体制范围的变化使得发展中国家在履行义务时面临着巨大的困难。之前多边贸易体制以关税水平为谈判重点,那时成员的任务相对简单,只需要修改本国的关税税则即可。但现在多边贸易体制对于比较贫穷的成员要求要高得多。例如,为了在全国范围内(或区域内)建立专利体系,它们必须设立专利主管部门。而为了在服务贸易等领域遵守 WTO 规则,它们还需要建立行政法律体系,并在高科技领域中制定特殊的管理规则。在拥有众多国有企业的经济体系中,制定保障外国企业与国有企业开展竞争的规则或安排是非常有必要的,发展中国家如果遵守多边贸易体制,就会面临庞大的人才需求,而且当遵守多边贸易规则会导致其国内治理结构发生根本性变化时,还会引发政治上的问题。

第二节 多边贸易体制的内部改革

多边贸易体制长期以来制定了各种特殊的经济安排来帮助发展中国家。TRIPS 针对较为贫困的国家所规定的履行期限就比针对大多数发达国家的规定要宽松一些,多哈部长级会议更是就最不发达国家履行这一义务的期限做了进一步的宽限。这一区别性的安排在其他各项协议中均有体现。

WTO 制订了各种计划以提高发展中国家有效参与 WTO 的能力,其中最为重要的就是通过国际机构和非政府组织帮助发展中国家进行能力建设。例如,WTO 制订了各类培训计划,其中包含有关于贸易政策、全真模拟贸易谈判和贸易争端解决等方面的课程。WTO 还组织了一系列的讲习班和研讨会,帮助发展中国家深化理解即将进行的谈判中所涉及的议题。这些安排系 WTO 与联合国贸易发展会议和世界银行等其他国际组织组成的合作框架之下整合实施。世界知识产权组织(WIPO)虽然不属于这一合作框架的成员,但其也通过开展广泛的培训和资助项目帮助发展中国家遵守 TRIPS 的要求。由于这些安排和项目多由发达国家资助,发展中国家因此担心它是否能够真正符合发展中国家的利益而不是体现发达国家的目标。自 1999 年以来,WTO 用于从事这些活动的总资金并没有随着发展中国家成员数量的增加而有所增长,但在 2001—2002 年期间,培训课程的内容有了显著的丰富。WTO 贸易与发展委员会也于 1995 年重回正轨,并下设了最不发达国家委员会,让委员会(成员)定期召开会议,就特殊与差别待遇、能力建设以及发展中国家在参与贸易政策审议机制过程中所应该运用的方法等一系列议题展开讨论,从而成为讨论改善发展中国家待遇问题的另一平台。设立 WTO 法律咨询中心是改善发达国家与发展中国家之间力量不对称状况的一项重要举措,该中心实际上是一个由国际社会力量资助在日内瓦设立的律师事务所,其目的是向发展中国家提供 WTO 的法律培训并就具体争端提出法律建议。该中心由英国、加拿大、一部分欧洲国家和若干发展中国家在 1999 年通过谈判订立条约的方式建立。

发展中国家已经寻觅到更好的途径以协调和表达自身立场,通过组建强有力的联盟,发展中国家不仅有能力联合起来阐述自身的合理立场,还能够在日内瓦构建更具有谈判实力的谈判集团。这种努力会面临很大困难,困难不仅来源于国内政策制定体制的压力,还因为不同发展中国家的各自利益不尽相同。这种利益分歧的复杂程度较之七国集团建立之时有过之而无不及。尽管如此,团结一致显然是发展中国家之间最为重要的问题,非洲国家联盟在多哈回合谈判所起的作用,初步体现了发展中国家结盟的价值所在。建立可信赖联盟的能力对于发展中国家是至关重要的,因为未来多边贸易体制的谈判模式会通过发展中国家和发达国家之间的利益交换形式进行。这一模式在坎昆会议中体现得非常明显,较大的发展中国家在谈判中所扮演的角色也印证了这一点。

拉美地区的区域一体化进程也是与 GATT 基本同步的,但却与欧洲的一体化进程有着本质差异。拉美地区的经济发展是通过保护进口竞争产品的激励措施，以及区域内部的生产分工政策进行的，这种生产分工政策并非通过内部贸易自由化实施，而是通过投资引导措施进行。这种进口替代经济模式对 GATT 体制奉行的自由主义经济理念构成了直接挑战，但 GATT 规则的模糊性却为实施不同经济政策留下了空间。多边贸易体制所面临的主要压力来源于拉美国家自身，所达成的初级产品协议与其他相关协议至少能够稳定初级产品的出口市场，如果运作得好，还会对出口市场有所拓展。但随着拉美地区的经济政策从 1980 年开始向新自由主义方向发生转变，这种新的外向型经济体制就与 GATT 及 WTO 体制及其应对区域化的态度实现了融合。拉美地区内的各国以及各区域贸易安排成员开始倡导自由贸易的经济理念，由于最惠国税率的降低，拉美也强调本地区的区域化对于来自其他区域的进口产品同样是"敞开大门"的。在这些区域贸易安排中最为重要的即为南方共同体市场，这一区域安排主要由巴西和阿根廷牵头，并拉上了乌拉圭和巴拉圭，智利和玻利维亚则是该组织的成员。尽管也受到了国际宏观经济局势不稳定因素的影响，南方共同体市场仍然存续了下来，其与《安第斯协定》成员国的联系也是经常讨论的热点问题。墨西哥同样积极致力于与拉美各国达成贸易安排，其与哥伦比亚、委内瑞拉和南方共同体市场都缔结了相关协议。虽然拉美地区内部的一体化会削弱该地区对多边贸易体制的支持力度，但多边贸易体制所带来的利益对于该区域内的贸易政策仍然是至关重要的。亚洲地区的区域一体化在历史上并没有给多边贸易体制带来太大的问题。亚太地区最为活跃的两个优惠贸易安排是东南亚国家联盟（ASEAN）和澳大利亚与新西兰之间的《更密切经济联系协定》。东盟过去一直只是一个区域性安全组织，很少涉及贸易政策的议题。其一直以来都对贸易自由化持谨慎态度，甚至对于东盟内部的贸易自由化也是如此，这在某种程度上造成了东盟经济一体化进程的滞后，相反，澳大利亚与新西兰之间的《更密切经济联系协定》则大有后发先至之势，现在已经成为世界上最为全面的自由贸易协定之一，该协定在贸易与经济政策的许多方面实现了一体化，同时，既没有扰乱组成成员国内政治与经济结构，也没有造成超国家实体凌驾于主权国家之上的情况，堪称区域一体化的成功典范。

在冷战结束后的相当长一段时间里，美国一直对区域经济一体化持坚决反对的态度，仅仅与以色列订立了双边自由贸易协定。到了 20 世纪 80 年代中期，美国的贸易政策急剧转型，并开始近距离审视其与南北邻国之间的关系问题。作为美国长期以来最大的贸易伙伴，加拿大也开始要求在更加安全的基础之上建立双边贸易安排。这种双边贸易法律框架的发展能使加拿大受益,从而改变其与美国之间实力不对等的贸易关系。《美加自由贸易协定》给实力相对较弱的加拿大带来了相当多的好处,但却不被美国国内政治集团所看重。也许是看到了这一现象,墨西哥也借此在 1990 年向加拿大提出与其订立一个类似协定的要求,随后墨西哥决定加入《北美自由贸易区协定》(North American Free Trade Area,NAFTA)。但是,NAFTA 几乎打破了贸易政策的政治界限,将大量之前的贸易协定从未关注过的国内事项纳入调整范围之中。美国国内针对 NAFTA 所展开的争论甚至比订立乌拉圭回合协定和建立 WTO 时所引发的争论还要激烈,贸易政策因而成为当时美国政治的核心问题。美国国内对于 WTO 的政治态度在很多情况下都会受到其对 NAFTA 态度的影响。因此,NAFTA 是北美各国贸易政治状况的一个重要背景,也是北美地区贸易政治不平衡的重要动因。即使如此,现今的美国似乎更致力于对区域贸易安排进行深化,最近不仅与智利缔结了一份类似于 NAFTA 的双边贸易协定,同时还意图在北美自由贸易区的基础之上建立美洲自由贸易区(FTAA)。

最近一段时间,以新加坡和新西兰为首的一大批国家也开始积极参与到区域一体化的浪潮之中,纷纷对外订立双边贸易协定。美国则对这些国家的动向表示了积极的兴趣,并已经与澳大利亚、中美洲地区以及多米尼加共和国订立了双边贸易协定(CAFTA)。与约旦和新加坡的协定则已经签署,20 世纪 80 年代与以色列订立的协定至今仍然有效。与摩洛哥、泰国、南非和安第斯国家的谈判正在进行之中。与此同时,订立自由贸易区协定也被视为中东地区民主与安全重建进程的一部分,同时也是东南亚国家联盟参与太平洋地区事务工作的一部分。欧盟与南方共同体市场之间的自由贸易协定谈判正在进行,而加拿大也与智利和欧洲自由贸易联盟(EFTA)国家订立了自由贸易协定。自由贸易协定因而已经成为司空见惯之事,并构成了多边贸易体制的重要补充。

成员似乎很少关注反对区域一体化的经济学依据。从界定上看,任何一项对某一个国家生产商有利的歧视性措施都是以其他国家低成本生产商的贸易转移效应为代价的。要想界定和执行"原产地规则",以区分自由贸易区内生产的货物以及从自由贸易区内转运出来的货物,这从来就不是一件容易做到的事情。但是,贸易转移的程度与最惠国关税税率直接相关:如果多边贸易体制能够降低关税水平,歧视待遇所涉及的范围就会减少,所支付的成本也会降低。而且,如果自由贸易协定能够促进区域内的改革,所有成员都会从中获益。但即使是在贸易转移风险很低的情况下,区域化也有"转移注意力"的作用;即由于中小型国家往往无力同时在多个平台中参与贸易谈判,即使是贸易大国也要在不同贸易谈判之间区分出轻重缓急。而区域贸易谈判一般在两轮多边贸易谈判期间进行或者有时也在多边贸易谈判进展缓慢之时展开。这表明,区域贸易谈判是多边贸易谈判的替代品,有时也有助于推进多边贸易谈判的进程,因为其对于多边贸易谈判各国有着警醒作用,如果多边贸易谈判失败,未积极参与区域贸易谈判的国家就沦为"享受优惠待遇较低的国家"。优惠贸易协定安排中的一些做法其实与多边贸易体制密切相关。WTO 的调整范围已经远远不限于边境贸易政策措施,发展一套制定新规则的指导性原则,有助于弱化多边贸易体制的政治性。对于那些意图强化 WTO 体制的人们来说,区域贸易协定中的指导性原则在很多情况下都是可以考虑为其所用的。这些原则包括协调一致原则,更准确地说是有限范围内的协调一致原则。对他国所制定的政策、标准和程序予以相互承认原则。在贸易支出与客观条件不符的情况下减少贸易成本原则。在确定哪个国家应该就措施的执行承担责任的问题上遵循母国或东道国控制原则,以及对具有恶性分配效应的政策采用转移支付方式进行调整原则。

司法体制的成功及其政治管理和立法过程中所存在的缺陷,是否部分造成多边贸易体制出现失衡的状态。这将造成主要贸易大国对于多边贸易体制的国内政治支持与执行这些大国贸易利益相冲突的司法裁决的国际义务两者之间呈分离之势。之所以出现这种失衡,与加入多边贸易体制的成员的数量和类型有关。虽然说多边贸易体制的早期成员对其初始决策制定机制十分适应,但多边贸易体制面对新成员经济利益需求的多元化,应对起来亦有举步维艰之感,这也导致多边贸易体制在体制内采取若干不同方法。应对此类需求的同时也需要通过认可在 WTO 体制外创建的优惠贸易安排等方式来解决所面临的贸易难题。

市场规模以及其他讨价还价的能力在多边贸易协定中扮演着关键角色。尽管优惠贸易协定可以部分认为是 GATT/WTO 的中小成员备感势单力薄而做出的努力,但市场力量的作用即使是在区域性组织中也是非常明显的。在拉美自由贸易区中巴西占有主导地位,墨西哥和阿根廷次之,这也导致其他安第斯国家决定另起炉灶,组建属于自己的优惠贸易协定。美国则无论在经济上还是政治上都居于北美自由贸易区的主导地位。亚洲的区域化进程则通常要考虑日本的因素,现在则还要考虑中国经济所具有的潜力。早期的欧洲经济共同体主要是法国和德国唱主角,区域内的政治决策都要通过两国合意的方式作出(甚至现在有些时候也是如此)。虽然 GATT/WTO 体制主要是由美国和欧洲一手建立,但具有讽刺意味的是,相较于以权力导向的体制,小国从以规则导向的体制中获益反而更多。这样一来,无论是在区域贸易体制还是全球贸易体制中,小国利益的逐步实现,需要制定规则限制贸易大国的权力,贸易大国则为了实现国内经济增长和政治稳定等政策目标而倡导"主权分享"的观念,这两方之间始终存在着紧张关系,贸易大国也一直在诱使贸易小国接受对大国有利的核心贸易规则。

过去 20 年间,区域贸易协定所取得的最令人意外的成绩也许就是发达国家与发展中国家能够在同一项区域贸易安排中成功共存。发展中国家并没有坐等本国经济发展成熟并具有一定竞争力之后才向发达国家开放市场,而是选择了相反的做法。对于发展中国家而言,开放本国市场也是提升本国产业竞争力的一种途径。实行外贸政策改革,采取措施扼制通货膨胀、维持支付平衡和抑制政府过度开销,这样使得许多发展中国家有能力与发达国家签订互惠性的贸易协定。但发展中国家最为重要的收获也许在于,其产品进入发达国家时的市场准入状况得到了改善。美国就对发展中国家的进口产品提供了大量的准入机会(但像糖类这种受到高度保护的产品则不在此限),其国内消费者也因此获益良多。回顾 GATT/WTO 的前 50 年,我们发现,区域一体化并没有放缓自由贸易体制发展的步伐,也没有造成 GATT/WTO 管辖事项范围的扩大,不过发展中国家和发达国家之间经济增长的不平衡和能力的不对称是一个客观事实,这使得多边贸易体制很难满足成员多元化的利益诉求。从成员数量来看,GATT/WTO 已经成为一个真正的全球性贸易体制。区域协定和双边协定呈扩散化态势,这本身就表明其无法满足所有多边贸易体制成员的需求。但是,客观情况表明,制定符合越来越多成员利益需求的统一适用的贸易政策,是一项非常艰巨的任务。在很多情况下,区域贸易安排就是为了尽量实现这一任务才应运而生的。

第三节　全球可持续贸易便利化

尽管继续实施与贸易便利化相关的措施很重要,但全球主要经济体需要逐步走向数字贸易便利化。大多数国家正在采取措施,以提高透明度,加强机构间协调与合作,并简化与贸易相关的费用和手续。但是,双边或区域无纸化贸易制度的执行大部分仍处于试验阶段。《亚洲及太平洋跨境无纸化贸易便利化框架协议》是由 25 个处于不同发展阶段的国家共同制定的一项联合国条约,为加快进展提供必要的包容和灵活的政府间平台。

经济体应采取更全面、更具包容性的贸易便利化战略,包括促进物流和金融流程的措施,满足有特殊需要的群体和部门的需求。2019 年的调查结果突出表明,缺乏专门针对中小企业和妇女拥有的企业的贸易便利化项目和措施,在较小程度上也缺乏针对粮食和农业部门的贸易便利化项目和措施,所有这些都是本地区实现可持续和包容性经济发展的关键。

在提供贸易融资方面存在三大挑战。第一,继续使用纸张意味着贸易融资中的跟单交易容易出现代价高昂的延误和错误。例如,信用证涉及在信息交换和传递过程中对涉及 20 多方的 10~20 份文件进行审查和验证。第二,金融机构被要求进行重大的尽职调查,这增加了贸易融资的成本。第三,虽然银行需要了解客户以减轻信息不对称,但这对中小企业融资构成重大障碍。中小企业通常承受着高利率和抵押品要求的负担,而银行则因合规成本过高而感到气馁。技术可以通过消除手工文档来帮助降低成本和促进交易,并使中小企业概况上积累的数字信息可供贷款人评估风险。例如,电子商务平台和基于云计算的发票,允许较小的公司之间直接交易,降低了成本。区块链技术和人工智能可以为难以获得银行信贷的中小企业提供尽职调查和支付便利。这类技术利用大数据和备用信用信息,能够更有效地了解客户并进行尽职调查。这些技术提供了解决方案,大大提高了国际贸易各个阶段的效率,从而吸引更多的中小企业加入这个系统。

尽管贸易融资领域的数字化和金融技术发展迅速,但仍需克服一些重大挑战。数字化远未完成;而实施成本是其最大的问题之一。区块链技术并非完全没有与透明度、网络安全和运营相关的风险,并带来监管方面的挑战。碎片化的数字化还会在数字实现方面产生问题,使其难以实现与其他各方的系统兼容和交互操作。

鉴于对贸易融资的巨大需求仍未得到满足,政策举措可以促进和鼓励私营部门参与贸易融资。这表明更多的公众参与,如通过出口信贷机构(出口信贷机构)是可取的。国家经济共同体能够支持私营市场认为无利可图或风险过高的工作。2008 年、2009 年的全球金融危机表明,私人市场无法保证充足的流动性,而出口信贷机构和国际金融机构的工作为重振全球贸易作出了重大贡献。多边开发银行也可以通过提供担保和出口信贷作出贡献。私营企业和政府的合作对于帮助推广技术采用和使跨境贸易融资成功至关重要。

各国政府和国际机构应开发数字基础设施、统一标准和法规,以鼓励广泛采用技术。发展一个繁荣的金融科技产业需要信息和通信技术基础设施和监管。国际协调应侧重于各种系统的交互操作性,以促进在中长期内广泛采用技术。有三项国际举措可以帮助建立基础设施:贸易数字标准倡议致力于制定贸易生态系统的数字标准,并创建一个记分卡,以衡量行业向数字化的方向发展。联合国系统制定了关于电子可转让记录以及电子商务和签名的示范法,以帮助各国协调一致地实施数字贸易立法。

提高对贸易融资产品的认识,并辅以政府支持计划,可以帮助中小企业利用贸易融资。与中小企业和行业协会直接接触,对于帮助发展出口能力和使出口商制定承认进入新市场的全部成本的更有效战略至关重要。另一个重点领域是建立更多的贸易融资数据库。由于缺乏关于贸易融资的集中数据库,必须主动采取行动,继续监测提供了多少贸易融资,以便查明和消除差距。国际贸易是落实 2030 年可持续发展议程的重要手段。贸易便利化,或使贸易过程更有效率,以确保从事合法贸易更容易也更便捷。

一、亚洲及太平洋地区的贸易成本与贸易便利化现状

(一)贸易成本:分区域趋势

欧盟(EU)通常被认为是世界上经济一体化程度最高的国家集团。世界银行贸易成本数据库的最新数据显示,中国、日本和韩国(东亚三国)最接近欧盟内部的贸易成本(相当于 55% 的关税),其次是东南亚国家联盟(东盟)的中等收入成员国(76%)。另外,区域内贸易成本最高的是太平洋岛屿发展中国家(133%)和南亚区域合作联盟(121%)。亚洲和太平洋的贸易费用在不同区域之间仍然有很大的差异,尽管费用水平本身随着时间的推移而缓慢下降。东亚的贸易成本最低,而太平洋岛屿发展中国家的贸易成本最高,其次是俄罗斯、中亚和南亚。

(二)实施数字化和可持续的贸易便利化措施

联合国所有区域委员会于 2015 年进行了第一次和第二次全球调查,其他国际组织于 2017 年进行了调查。这项调查的建立满足了对可靠、详细和定期更新的关于实施传统和更有前瞻性的贸易便利化措施的数据的需要。

2019 年的调查包括 53 项贸易便利化措施,如表 5-1 所示。第一组“一般贸易便利化措施”包括许多世贸组织《贸易便利化协定》。四类措施:“透明度”“手续”“机构合作与安排”和“便利过境”。第二组“数字贸易便利化”措施涉及 2016 年亚洲及太平洋经济社会委员会成员国通过的《联合国区域跨境无纸化贸易便利化条约》,包括“无纸化贸易”和“跨境无纸化贸易”两个子组,其中许多是 WTOTFA＋措施。第三组“可持续贸易便利化措施”包括三个分组:“中小企业贸易便利化”“农业贸易便利化”和“妇女参与贸易便利化”。2019 年,第四组也是新的“贸易融资便利化”工作组,进行了试点测试。为便于分析和介绍,调查中包括的每项贸易便利化措施都被评为“全面实施”“部分实施”“试点”或“未实施”。

表 5-1 《全球数字和可持续贸易便利化调查》中的贸易便利化措施

	分组透明度 （5 项措施）	问卷中的贸易便利化措施 在互联网上公布现行进出口规则 事先裁定（关税分类） 独立上诉机制
一般贸易便利化措施	手续（8 项措施）	风险管理（作为决定是否发货的基础） 关税、税款和费用 接受文件的纸张或电子副本办理进出口或过境手续
	机构合作与安排 （5 项措施）	设立国家贸易便利化委员会或类似机构 在国家一级的实地机构之间的合作 政府机构将控制权下放给海关当局 调整与邻国边境口岸的工作日和工作时间 调整与周边国家边境口岸的手续和程序
	便利过境 （4 项措施）	通过海关对过境货物的检验核查,限制实施与邻国的过境便利化协定。运用风险评估对国内各机构之间的通关程序方面开展合作
数字贸易便利化措施	无纸化贸易 （10 项措施）	建立电子/自动报关系统（例如:自动化海关数据系统） 海关和其他贸易管制机构可使用互联网连接 边境口岸的电子单一窗口系统 以电子方式提交报关资料 以电子方式申请及签发进出口许可证 以电子方式提交海运货物舱单 以电子方式提交空运货物舱单 电子申请及签发特惠产地来源证 电子支付关税和费用 以电子方式申请退款
分组数字贸易便利化措施跨境无纸化贸易 （6 项措施）		有关电子交易的法律法规的出台（例如:电子商务法、电子交易法） 认可核证机关向商号发出数字证书 电子方式交换的原产地证书、信用证、报关单 不提供以纸张为基础的文件

续表

中小企业可持续的 贸易便利化 （5 项措施） 农业贸易便利化 （4 项措施）	政府制定了贸易便利化措施,确保了便利化并为中小企业(SMEs)提供负担得起的准入信息 政府已制定具体措施,使中小企业能够更容易受益于授权经济经营者方案 政府已采取行动,使单一窗口更容易方便中小企业使用(例如:提供技术咨询和培训) 为中小企业注册及使用设施提供的服务 政府已采取行动,确保中小企业有充分的代表性,任命国家贸易便利化委员会主要成员 实施其他降低中小企业成本的特殊措施
	和主要贸易伙伴的植物检疫标准 SPS 证书的申请、验证和颁发自动化 在边境口岸对易腐货物的特殊处理
促进妇女参与贸易 （3 项措施）	现行的贸易便利化政策/战略包括对参与贸易的妇女的特别考虑,政府已针对参与贸易的妇女采取了贸易便利化措施,使妇女成为国家贸易便利化委员会的成员
贸易融资便利化 （3 项措施）	通过单一窗口,贸易商可以方便地访问金融银行,允许贸易伙伴之间或与其他国家的银行进行电子数据交换,以减少对纸质文件的依赖,并促进可获得的各种贸易融资服务的数字化贸易

资料来源:亚洲及太平洋经济社会委员会(2019)。

世界贸易组织(WTO)《贸易便利化协定》(TFA)于 2017 年 2 月 22 日经 2/3 WTO 成员批准生效。截至 2019 年 8 月 1 日,全球已有 34 个经济体批准了该协议。塔吉克斯坦最近于 2019 年 7 月 2 日提交了其批准文书,这意味着目前该地区只有 4 个 WTO 成员尚未批准——其中 3 个是太平洋岛国经济体。亚洲和太平洋国家向世贸组织提交的正式通知显示,该地区的发展中经济体在执行该协定方面取得了重大进展。世界贸易组织贸易便利化协定的 65% 在本地区得到落实,较 2017 年提高 6 个百分点。根据各国在其通知中提供的执行日期,到 2024 年 2 月 22 日,使区域 TFA 的平均实施率超过 76%。虽然过去两年取得的重大进展值得强调,但全面完成《贸易便利化协定》的目标仍很遥远。根据提交的通知,最不发达国家的执行率低于30％。这强调世界强国(发达国家和部分发展中国家)必须继续提供必要的技术援助和能力建设,特别是向最不发达国家提供援助。

总的来说,世贸组织《贸易便利化协定》的通知提供了一个有用的(尽管不完善的)概览,反映了全球世贸组织成员在实施《协定》和相关贸易便利化措施方面的进展和努力。为了更清楚地了解贸易便利化措施的实际实施情况,需要建立互补的实施监测机制,如联合国数字和可持续贸易便利化全球调查,以及加强向世贸组织贸易便利化委员会提交报告(透明通报)的要求。

2016年,亚洲及太平洋经济社会委员会成员国通过了《亚洲及太平洋跨境无纸贸易便利化框架协定》(以下简称《贸易便利化协定》)。最新的《联合国贸易和发展条约》旨在促进贸易数字化的实施,并提供一个专门的政府间框架,为跨境贸易数据和文件的电子交换和法律承认制定协调解决方案。亚美尼亚、孟加拉国、柬埔寨、中国和伊朗于2017年签署了该协议。根据最近一次于2019年3月举行的政府间指导小组会议,阿塞拜疆于2018年加入该条约,另有20个国家正在完成加入该条约的国内程序。该条约将在五个成员国批准或加入后生效。该协定完全致力于促进跨境无纸贸易,是对世界贸易组织(WTO)《贸易便利化协定》(WTOTFA)的补充。《贸易便利化协定》侧重于传统贸易便利化措施,但没有明确规定无纸贸易。实施框架协议预计将有助于亚洲及太平洋经济社会委员会成员国履行世贸组织《贸易便利化协定》的单一窗口承诺。框架协议的好处数不胜数:首先,它使成为缔约方的国家能够确立领导地位,并在国家和国际层面为贸易程序的数字化制定明确的战略方向,同时在改革的范围和速度方面保持充分的灵活性;其次,它为缔约方提供了一个独特的平台,通过试点项目和能力建设,为单一窗口和其他无纸化贸易系统的互操作性开发协调一致的解决方案;最后,由于数据和文档的电子交换,预计它将带来显著的效率提高,预计可节省高达25％的交易成本。

该区域的发达经济体(澳大利亚、日本、新西兰)以及新加坡和韩国的执行率都至少为90％。相比之下,一些太平洋岛国的执行情况低于30％。按分区域和有特殊需要的国家集团——最不发达国家、内陆发展中国家和小岛屿发展中国家——划分的贸易便利化执行率见图5-1。除澳大利亚和新西兰外,东亚(79.3％)、东南亚和东帝汶(70.3％)、俄罗斯和中亚(65.6％)、南亚、伊朗和土耳其(55.4％)的平均执行率最高。太平洋地区的滞后率为35.5％。在每个分区域集团内,执行率存在着很大的差异。贸易便利化实施水平的差异在东南亚最为明显,但这只是因为该集团包括东帝汶,而东帝汶还不是东盟的成员国。东盟区域一体化进程似乎在实施贸易便利化方面发挥了重要和积极的作用。贸易便利化实施水平的差异在太平洋小岛屿之间不那么明显。这是由于这些小岛屿国家通常是孤立的经济体,面临着类似的执行限制。

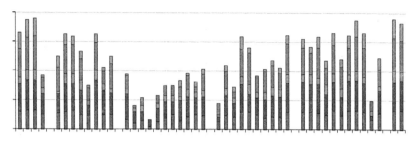

图中所代表的国家从左到右分别是:中国、日本、韩国、蒙古共和国、亚美尼亚、阿塞拜疆、摩尔多瓦、
　　　　　　　　　　　　哈萨克斯坦、吉尔吉斯共和国、俄罗斯、塔吉克斯坦、乌兹别克斯坦、
　　　　　　　　　　　　斐济、基里巴斯、马绍尔群岛、瑙鲁、巴布亚新几内亚、帕劳、萨摩亚、
　　　　　　　　　　　　所罗门群岛、汤加、图瓦卢、瓦努阿图、阿富汗、孟加拉国、不丹、印度、
　　　　　　　　　　　　伊朗、马尔代夫、尼泊尔、巴基斯坦、斯里兰卡、土耳其、文莱、柬埔寨、
　　　　　　　　　　　　印度尼西亚、老挝、马来西亚、缅甸、菲律宾、新加坡、泰国、东帝汶、
　　　　　　　　　　　　越南、澳大利亚、新西兰

■ 透明度　　■ 手续　　■ 制度安排与合作　　■ 无纸贸易　　■ 跨境无纸化贸易

图 5-1　贸易便利化措施的整体实施情况(46 个亚太国家)
资料来源:亚洲及太平洋经济社会委员会(2019)。

二、亚洲及太平洋地区的贸易成本与贸易便利化:风险及困难

与最不发达国家和小岛屿发展中国家相比,小岛屿发展中国家作为一个集团在贸易便利化方面达到了更高的水平。这可以从《维也纳行动纲领》所反映的这些经济体对贸易(和过境)便利的特别重视中得到解释。WTO《贸易便利化协定》中包含的一般贸易便利化措施得到了广泛实施,与"透明度"相关的措施得到了最好的实施(区域平均实施水平为 77%)。简化贸易"手续"和"便利过境"措施的实施也超过 70%。

在数字贸易便利化措施方面,"无纸化贸易"的区域平均实施水平已接近 55%,"无纸化贸易"包括单一窗口和电子支付关税等措施。然而,尽管许多经济体实现无纸化贸易的法律框架已有所改善,但"跨境无纸化贸易"的平均执行率目前为 32%。许多发展中国家还没有开始执行这一组措施。为了将可持续发展目标纳入贸易便利化的主流,从 2017 年开始,可持续贸易便利化措施——中小企业贸易便利化、农业贸易便利化和妇女参与贸易便利化——被纳入调查范围。农产品贸易便利化措施实施情况较好,实施率接近 50%。然而,中小型企业(37%)和妇女拥有的公司(23%)的执行率表明,很少有国家制定了满足其具体需要的贸易便利化措施。鉴于贸易融

资便利化措施作为贸易促进因素的重要性,这些措施已在 2019 年的调查中作为试点。"不知道"的比例很高,也表明提供或验证调查的贸易便利化专家和官员不熟悉贸易融资。传统的贸易便利化行动者,包括海关和贸易主管部门,认为与国际贸易交易的融资和支付有关的程序超出了它们的工作范围。

各类贸易便利化措施中实施最多和最少的措施见表 5-2。本地区实施最多的"透明度"措施是在互联网上公布现有的进出口条例,并就新的条例草案征求利益相关者的意见(在最终定稿之前):46 个经济体中有 95% 以上至少在试点基础上实施了这些条例草案。与此相反,对进口货物的关税分类和原产地的预先裁定在这一类别中执行得最少。风险管理是"形式"措施中实施最多的,98% 的被调查国家至少在试点基础上实施了风险管理。然而,实施比例仅有半成。该区域几乎 1/4 的国家尚未开始建立和公布平均发行时间,36 个国家被认为至少仍处于试验阶段。但是,令人鼓舞的是,相当多的国家在试点基础上进行了时间释放研究。在"体制和合作"措施、国家立法框架和体制方面 96% 的国家至少在试点基础上实施了边境机构合作安排。大多数国家还设立了国家贸易便利化委员会或类似机构,相比之下,在亚洲和太平洋地区,使政府机构能够将控制权下放给海关当局的机制的实施水平仍远低于 50%。

表 5-2 亚洲及太平洋地区实施最多及最少的措施

	实施最多的国家(%)		实施最少的国家(%)	
类别的透明度	审议现有的进出口条例	完全、部分和在试验基础上实施(%)/完全实施(%) 95.7/50.0	措施对进口货物的关税分类和原产地的预先裁定	全面、部分和试点实施(%)/全面实施(%) 89.1/45.7
手续	风险管理	97.8/43.5	授权经营者的贸易便利化措施	76.1/28.3
制度安排与合作	国家立法框架和/或边境机构合作的机构安排	95.7/32.6	政府机构将控制权下放给海关当局	45.7/17.4
无纸贸易	自动海关系统	95.7/63.0	以电子方式申请退款	37.0/19.6
跨境无纸化贸易	电子交易的法律法规	73.9/15.2	无纸托收从跟单信用证付款	26.1/4.3

续表

	实施最多的国家(%)		实施最少的国家(%)	
交通便利	海关当局限制对过境货物的实际检查和使用风险评估	58.7/41.3	支持过境便利的抵达前处理	47.8/21.7
中小企业贸易便利化政策框架	中小企业与贸易有关的资讯措施	78.3/30.4	中小企业的其他特殊措施	37.0/6.5
贸易便利化和农业贸易	易腐货物的特殊处理	84.8/45.7	电子申请及签发SPS证书	47.8/10.9
妇女参与贸易便利化	针对女性贸易商的贸易便利化措施	45.7/2.2	国家贸易促进委员会的女性成员	23.9/6.5
贸易融资便利	提供多种贸易融资服务	50.0/4.3	单一窗口方便了交易员获得融资	8.7/4.3

资料来源:亚洲及太平洋经济社会委员会(2019)。

在太平洋岛屿发展中经济体、俄罗斯和中亚地区尤其如此,这些地区的执行率也低于50%。在被列为"无纸化贸易"措施的九项贸易便利化措施中,海关自动化系统是实施最多的一项。相比之下,几乎所有其他措施的区域实施,包括海关退税的电子申请和优惠原产地证书的电子申请和签发,都远远低于整个区域实施的平均水平。在东南亚、东帝汶和东亚地区实施的"无纸化贸易"措施超过其他区域,特别是在电子单一窗口系统、进出口许可证的电子申请和签发以及航空货物舱单的电子提交方面(特别是在东亚地区)。集团的"跨境无纸化贸易"措施,超过70%的国家中至少有部分发达国家需要支持电子交易的法律和监管框架,但是这些框架仍不完整,部分由于缺乏支持跨境无纸化贸易的制度和法律框架,从跟单信用证收取的无纸化付款仍然有限,略高于25%(至少只有12个国家在试行这一措施)。卫生和植物检疫证书的电子交换已在该区域不到40%的经济体中有限地实施。同样,在所有被调查的国家中,除了一个国家外,贸易商还不能在没有纸质文件的情况下,通过电子方式从银行或保险公司申请信用证。

第二和第三次调查结果的比较显示,2017—2019 年全球取得了实质性进展。该地区总体平均实施比例从 2017 年的 49％上升到 2019 年的 59％。该数字还显示了不同区域、最不发达国家和太平洋岛国的进展情况。俄罗斯和中亚国家取得的进展最大。相比之下,太平洋发展中国家的改善幅度较小。数字贸易便利化措施的实施也进展顺利,各国依靠计算机化来推动许多一般性措施的实施。"无纸化贸易"和"跨境无纸化"的实施自 2017 年以来增加了 9 个百分点以上。在不同群体中观察到的相似的变化率表明,在实施方面,通用的和数字的度量是非常相关的。

对 2019 年全球数字和可持续贸易便利化调查数据的区域分析显示,自 2017 年以来,贸易便利化的实施速度加快。过去两年,全球贸易便利化实施进展超过 10 个百分点,相比之下,2015—2017 年的进展不到 5 个百分点。本地区大多数国家正在积极采取措施,提高透明度,简化贸易手续,加强机构间合作。几乎所有国家的海关都开发了电脑系统,以便在改善管理的同时加快通关速度。该地区近 70％的经济体也在开发全国性的单一电子窗口。

然而,仍有许多工作要做,至少有 1/3 的国家正在进行国家电子单一窗口的规划和试点阶段。跨境(双边、次区域或区域)无纸化贸易体系的实施也大多仍处于试点阶段——东盟成员国是个明显的例外,它们从 2018 年11 月开始通过东盟单一窗口实时交换优惠原产地证书。根据现有的最新数据提出的评估确认,数字贸易便利化措施将给亚洲和太平洋国家带来巨大利益。实施世界贸易组织数字贸易便利化情景,实施无纸化和跨境无纸化贸易措施,将使本地区的国际贸易成本平均降低 16％,比目前实施世界贸易组织的预期水平高出 7 个百分点。

三、亚洲及太平洋地区的贸易成本与贸易便利化:发展趋势

未来,根据联合国全球调查所包含的措施,贸易便利化的实施可以被视为一个逐步的过程。是通过尽可能广泛地分享现有法规的信息,并确保在制定新法规时征求利益相关者的意见,以确保贸易过程更加透明。减少或设计更有效的贸易手续。重新设计的流程可以首先基于纸质文件来实施,但随后可以通过发展无纸化贸易系统来改进。最后是使一个国家单一窗口和其他系统内的贸易数据和文件能够被国际供应链上的授权利益相关者安全地使用和重用,从而加快货物的流动,降低总体贸易成本这一最终步骤将需要该区域内的坚持不懈和富有远见的领导。新兴技术会使其相对容易实现,但真正的挑战不是技术上的。无论是在政治层面还是在运作层面,人们都希望改变贸易的运作方式,并让国际贸易交易更加透明和高效。在这方

面,《跨境无纸贸易便利化框架协定》在亚洲和太平洋地区,作为联合国(UN)条约由超过 25 个国家在不同的发展阶段实施。亚洲和太平洋地区的所有国家应尽快成为该条约的缔约国,以确保它们关心的问题能够在该框架下得到优先考虑,包括在能力建设和技术援助方面。

随着各国继续在贸易便利化方面投入时间和资源,对利益攸关方和有特殊需要的部门给予特别考虑十分重要。2019 年联合国全球调查的数据回顾强调了缺乏贸易便利化项目和措施。鼓励所有国家确保将这些集团和部门纳入贸易便利化的机构安排,以便更容易地确定和满足它们的需要。为此目的,应以更全面和务实的方式设计贸易便利化战略,并与从事贸易的公共和私营部门充分协商。

第四节　全球贸易融资政策改革

众所周知,国际贸易和支持国际贸易的政策改革有利于包容性增长。贸易重新分配生产投入,使之与经济的比较优势相一致。在降低关税、消除其他贸易壁垒和协调海关程序的同时,有助于加强贸易及其对经济增长和脱贫的影响。作为跨境贸易基础的生产和交易通常需要在生产和货物运输过程中获得某种融资和支付保证。在发展中经济体由于融资成本高,许多企业无法提供足够的担保和保险来满足市场需求。由于缺乏担保和信用记录,中小企业无法从银行获得适当的贸易融资。

2008 年、2009 年全球金融危机和全球贸易下滑,使人们更加关注贸易融资的关键作用。在危机期间,贸易融资信用额度的收紧在贸易崩溃中发挥了重要作用,而需求下降是其主要原因。经济混乱促使银行加强金融控制并提高利率。为应对危机,《巴塞尔协议Ⅲ》(BaselⅢ)出台了新的监管要求,要求银行拥有更多的监管资本,并遵守新的流动性要求。这导致发达经济体银行向新兴经济体提供的跨境银行贷款减少。

政策制定者一直在加强旨在减轻贸易融资需求未得到满足的负面影响。各国的出口信贷机构正在努力为中小企业提供融资,而多边开发银行正在通过贸易融资项目帮助扩大支持的力度。《巴塞尔协议Ⅲ》的规定也在对贸易融资工具进行调整,以适应其较低的风险。然而,对贸易融资的巨大需求仍未得到满足。这与小公司交易相关的更高交易和信息成本有关。高昂的成本还使小企业无法利用信用证等贸易融资工具获利。全球贸易融资缺口估计在 1.5 万亿美元左右,其中 40％来自亚洲和太平洋地区。此外,

45％的被拒贸易融资交易来自中小企业。在亚洲,女性拥有的企业占了微型、小型和中型企业(MSMEs)的40％,她们比男性拥有的企业在财务上更加拮据。

创新和技术显示出提高贸易融资效率和可得性的潜力,这也使较小的企业受益。目前正利用数字技术尽量减少与贸易融资相关的大量纸质文件,减少出错率,并加强尽职调查。更重要的是,数字金融服务允许其他形式的支付和金融通过正规的银行系统进行。然而,数字化也面临着一些挑战,如采用该技术的成本高,以及缺乏涵盖数字贸易的国际规则和标准。

本节讨论了技术在促进获得贸易融资方面所起的作用,讨论了贸易融资的缺口、问题和提供贸易融资的挑战。

一、贸易融资市场

(一)市场主导结构

广义上,贸易融资市场可以分为银行中介市场和企业间市场。银行作为中间媒介的贸易融资发挥着两项重要作用:提供与国际贸易交易的营运资金;降低支付风险的手段。银行贸易融资的主要替代方法是进出口企业间的贸易信贷(通常称为贸易信贷)。这包括在付款前装运货物的开户交易和在装运前付款的预付现金交易。

全球约40％的商品贸易由银行间贸易融资支持,60％由企业间贸易信贷支持。信用证(LC)是银行最常用的产品——中间贸易融资市场,其次是跟单托收、供应链融资和担保。在2017年,只有13％的资金来自出口信贷机构(ECA),只有12％的资金来自多边开发银行。按区域划分,约2/3的贸易融资申请来自亚洲和太平洋地区(按价值计算为46％)。

信用证(LC)是银行中介市场的主要工具,涉及两家银行——卖方和买方各一家——为有利于买方的支付义务提供担保。在签订销售协议之后,买方要求他的银行(开证行)开出以卖方为受益人的信用证(图5-2)。然后,开证行将信用证转交给卖方的银行(信用证交易中的"保兑行"),如果买方和开证行没有履行付款义务,买方的银行又向卖方提供额外的担保。一旦采取了这些步骤,卖方将货物装船,并将装船单据交给保兑行,由保兑行支付这笔交易的费用。保兑行将装船单据交给开证行,开证行再将单据转给买方。买方通过开证行履行其付款义务,然后开证行将付给卖方的款项偿还给保兑行。然而,开放账户交易(进口商在收到货物后可以付款)正变得越来越普遍（Foley，Johnson&Lane，2010）（图5-3）。公司使用开放账户作为一种竞争策略来加强产品与市场的关系。供应商也更了解其客户的资金需求、信誉和经营状况。此外，在金融部门不发达的国家，开放账户融资比银行融资更受欢迎。在企业间贸易融资市场上，开户和预付现金是两种主要的交易方式。在开放式账户交易中，卖方在买方付款前将货物装船，买方只有在完好无损地收到货物后，才通过银行间转账的方式支付货款。交易成功取决于买卖双方之间的信任（卖方承担最大的风险）。另一方面，预付现金是指买方在货物到达之前向卖方付款。在这种情况下，买方承担了虽已付款但仍未收到货物的风险（图5-3）。

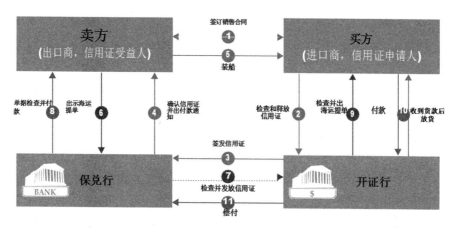

图 5-2　保兑信用证交易

资料来源：国际商会（2014）。

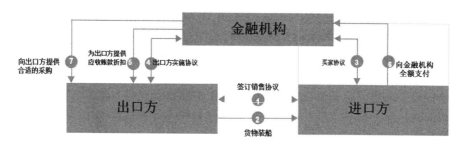

图 5-3　供应链财务/应付财务

资料来源：国际商会（2018 年）。

（二）其他贸易融资方式

其他流行的贸易融资交易形式包括保理和福费廷。在保理和福费廷，出口商将其应收账款以折扣价出售给代理商或福费廷。因此，进口商将不付款的风险转移给代理商或福费廷,以换取较低的价格,同时承担收取债务的责任,将这些债务与应收账款区分开来。保理业务与福费廷业务的一个不同之处在于(表5-3),福费廷通常要求进口商的银行出具跟单付款义务(例如信用证或保函),他们承担进口商的拒付风险,而销售应收账款的出口商则无须承担任何责任。

表5-3　保理和福费廷的区别

应收账款到期	保理短期限	福费廷中长期存款
财务	80%～90%	100%
类型	有追索权或无追索权	无追索权
成本	卖方(委托方)承担	由海外买家承担
二级市场	没有	有

资料来源:国际商会(2016)。

供应链金融是一种相对较新的金融形式。供应链金融计划,通常涉及大规模的买家,旨在提供流动性的供应链,包括下游供应商和上游经纪人。信用等级较高的买方可以以较低的利率和较大的交易量获得融资,这样他们的供应商就可以以较低的成本为业务提供资金。近年来,供应链金融保持增长,因为它可以通过加快现金转换周期,从而提高营运资本效率,从而在供应链中调动大量资金(Malaket,2014)。银行还将供应链金融视为国际贸易金融演进中的一个优先增长领域。

二、通过贸易融资进行风险管理

贸易融资有助于减少与国际贸易有关的风险,如商业、汇率、运输和政治风险。商业风险是进口商不付款或他们拒绝接受交货。汇率风险源于汇率的剧烈波动或货币的贬值。货物在运输途中受损(运输风险),还存在由于战争、叛乱而不可兑换的货币(政治风险)。为了减轻这些风险,各方可以使用银行担保、外汇风险保险或私人保险。

根据风险评估,出口商和进口商使用不同类型的贸易融资交易。如果进口商违约的风险较低,出口商就会更多地依赖开户行。如果风险中等,他们使用信用证;如果风险高,他们使用预付现金(Niepmann 和 Schmidt-Eisenlohr,2017)(图5-4)。预付现金要求在货物装运前付款,这是对出口商来说最安全的付款方式。对于出口商来说,在付款到期前发货的开放式账户是最不安全的。合同货物由出口商承担全部生产和运输费用，并由买方负责生产和运输。对于跟单托收，出口商和进口商依靠各自的银行来促进单据和付款或汇款的交换。然而，没有验证过程，贸易商在不付款的情况下有有限的追索权。虽然跟单托收的风险比信用证大，但跟单托收更方便，费用也更低。信用证或跟单托收是保护卖方的更安全的支付方式。通过保兑的信用证，出口商要求进口商的银行授权出口商所在国的银行向出口商的银行确认付款，从而提供更高的保护，这在高风险市场上尤其有用。

图 5-4　按交易类型划分的风险程度

资料来源：国际商会（2018 年）。

三、政策性贸易融资

贸易融资被认为是使一个国家的贸易潜力最大化并将其用于经济发展的一个重要因素。贸易（以及促进贸易的政策）具有显著的发展效益，可以减少贫困和饥饿，同时使增长更具包容性。贸易也被证明有助于增加教育和卫生方面的机会和投资。

自 2005 年以来，WTO 与世界银行（World Bank）和其他多边开发银行合作，一直致力于为发展中经济体提供贸易融资。国际商会（ICC）年度全球贸易融资调查分析了区域和全球贸易与贸易融资的趋势。它的贸易登记册展示了该行业对违约风险的展望，而它对供应链金融技术的标准定义满足了全球对与供应链金融相关的术语和技术的共同理解的需要。2009 年，20 国集团（G20）承诺加强银行、国际机构和国家机构之间的联合贷款和风险分担。2016 年 20 国集团上海峰会强调了贸易融资的重要性。2018 年《联合国政府间发展融资协定》（《联合国经济及社会理事会 2018 年发展协定》）要求拉美经济共同体和多边开发银行进一步发展贸易和供应链融资项目。国家出口信贷机构为出口提供资金，一般为政府所有。在 2008 年、2009 年全球金融危机期间，由于私营保险公司对短期信贷的敞口有限，各国的出口信贷机构在减轻贸易的负面影响方面发挥了关键作用。出口信贷机构还提供中长期(3 年、5 年、7 年和 10 年)用于资本货物出口和大型基础设施项目的贷款,以及短期(少于 1 年)出口贸易信贷。

四、结论

贸易融资需求未得到满足的情况持续存在。被拒贸易融资申请的指示性衡量指标显示,缺口约为 4 万亿美元,约占世界商品贸易的 8%～10%。全球大约一半的贸易融资提案来自亚洲和太平洋地区,而被否决的申请中有 40%来自该地区。提案数量之多反映了该地区对全球价值链的积极参与,而发展中国家的提案数量之多意味着需要采取更多措施来促进包容性贸易。中小型企业受到的影响最大,因为它们的拒收率往往高于大型企业。与小公司打交道的银行需要更高的交易和信息成本,包括反洗钱(AML)和了解你的客户(KYC)要求,以及发卡银行和进口商的信用评级。高昂的成本使小企业无法利用信用证等贸易融资工具,甚至无法利用开户安排。缺乏贸易融资是一个重大问题非关税贸易壁垒,特别是对发展中经济体的中小企业。由于无法获得贸易融资,贸易计划完全搁置。大约 44%的被拒绝贸易融资申请的公司无法找到合适的替代融资。因此,全面获得融资的确是中小企业增长和参与全球价值链的一个重要因素。

第五节　全球贸易融资手段的改革趋势

新技术可以显著改善中小企业获得贸易融资的渠道。中小企业通常承受着高利率和抵押品要求的负担,而银行则因合规成本过高,改革的积极性会因此降低。技术可以帮助降低成本使中小企业概况上积累的数字信息可供贷款人评估风险。它们为金融服务提供了一种更有效、更分散的方法,有利于中小企业,特别是那些传统银行服务不足的中小企业。其中一些新兴技术包括分布式账本技术(区块链)、人工智能(AI)。虽然技术越来越多地用于当今的物理供应链,但在贸易融资中,它可以提供解决方案,大幅度提高整个贷款流程的效率,并吸引更多的中小企业进入系统。

一、金融科技在贸易金融服务的应用现状

金融科技在金融服务领域产生了一系列的应用,如支付、融资、资产管

理、保险和金融咨询。例如,在贸易融资方面,电子提单和其他电子文件可以极大地减少文书工作,促进与海关的交易(表5-4)。电子商务平台和基于云计算的发票允许买卖双方进行直接交易。分布式账本(包括区块链)技术和人工智能可以帮助那些难以找到贷款银行的中小企业进行尽职调查和支付。金融科技利用移动互联网接入、密码学、人工智能和大数据来改善接入并降低金融服务的成本。这些技术有助于解决流程低效、法规遵从性和信息不对称——贸易融资市场的三大挑战。这些技术通过减少人为错误和支持更快的事务来显著降低流程效率(表5-4)。分布式账本技术、人工智能和大数据可以带来更大的灵活性,以适应监管要求和市场条件的变化。使用大数据和人工智能的金融科技公司可以通过提供非传统的备用信用数据来缓解信息不对称的问题,并实现更高效的要求。

表5-4　现有技术的潜在好处

基于云技术的发票解决方案	应对贸易融资的挑战				
	挑战 1:流程效率低下		挑战 2:法规要求		挑战 3:信息不对称
	减少人为错误√	改进的速度√/事务	提高了对市场的监管要求变化的灵活性	改进 KYC 和 AML 工作	改善信贷评分工具
光学字符识别	√	√		√	
电子提单	√	√			
分布式账本技术,如区块链平台	√		√	√	√
人工智能和大数据	√	√	√	√	√
单一窗口			√		
物联网和GPS	√	√			
应用程序编程接口	√	√	√		

资料来源:亚洲国家银行。

数字化和自动化有助于解决贸易融资中一些长期存在的问题,如高交易处理成本和昂贵的 KYC 程序。数字化的贸易信息可以降低成本,因为它简化了业务流程,降低了客户的成本,并有助于对"反洗钱"和国际制裁的即时合规检查。此外,技术可以降低运营的固定成本,提高机构之间的网络可操作性。对于非银行机构,如出口信贷机构,数字平台和解决方案可以是有效的成本节约工具,使他们能够获取信用信息,从而自动化承保决策。

区块链技术是一个数字平台,它允许银行创建每笔交易的准确和不可变的记录,并以数字方式交换可靠的贸易信息。基于区块链的贸易融资平台会极大地惠及贸易融资的利益相关者。当使用基于区块链的平台时,文档交易比传统流程具有许多优势,包括流程效率、风险降低、管理营运资金和供应链管理(图 5-5)。此外,客户的重要信息可以在客户的银行之间安全共享。

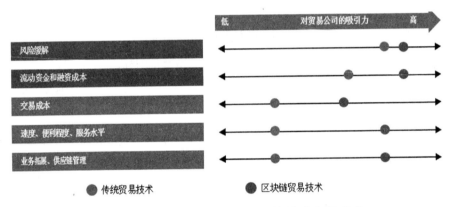

图 5-5　区块链跟单贸易相对于传统流程的优势

资料来源:国际商会(2018 年)。

随着许多新功能的不断开发,数字贸易融资平台要在更大范围的客户中全面投入使用还需要一段时间,但测试已使利益相关者相信,新平台将使贸易融资市场发生重大变化。一个采用自动工作流程的智能合约的数码平台,可为银行及客户提供一个简单和安全的平台,方便国际贸易。例如,数字平台开放账户交易时,出口商和进口商访问一个简单的用户界面,在那里他们可以轻松地创建网上贸易订单,整个贸易过程管理包括订单到付款(用户可以跟踪和追踪 400 件以上的订单),并选择银行产品,合同条件(一个基于事件触发自动付款通过智能合约)和付款条件(图 5-5)。为降低风险,使用平台的客户需通过 KYC 流程进入银行支付业务,将交易对手风险转嫁给银行。

与人工智能和机器学习等技术一起,数字贸易融资平台可以充分发挥其潜力,造福中小企业(表 5-5)。例如,利用人工智能和机器学习进行分析,可以将大量非金融交易记录转化为数字借贷平台中的有用信息,帮助确定是否批准中小企业贷款。根据波士顿咨询集团,如果它们采用集成的数字解决方案,包括智能自动化、协作数字化和未来技术解决方案(ICC2018),银行可以节省50亿美元和60亿美元,甚至可以增加20%的收入。大多数金融科技机构也希望在短期内采用区块链和人工智能技术(普华永道,2017)。通过大数据的补充,使用人工智能的银行可以节省风险管理成本,比目前的过滤技术更快地减少合规筛查中的误报。例如,"反洗钱"数据库 Thomson Reuters World-Check 使用人工智能和大数据在高风险实体被正式列入黑名单之前进行识别。这导致了高达50%的误报率下降(Dab 等,2016)。机器学习可以增强光学字符识别的能力,将纸质文档转换为电子格式,从而将系统从简单地将纸质文本传输到文档处理的后端字段,升级到可以对文档进行一致性和合规性筛选的系统。这些解决方案可以自动检测甚至自动更正与贸易有关的文件中的错误,如提单和装箱单。人工智能和机器学习等先进的信息处理技术可以帮助缩小贸易融资缺口。这些技术降低了一个好的(和小的)公司被金融机构错误分类为坏的公司可能性。金融机构还可以获取供应链中每一步通过的订单的实时信息,通过调整其监管资本而不是提供统一的利率来降低其总费用,并通过提供较低的利率将成本节约转移到出口商身上。然而,银行的最优技术投资水平低于交易员使用这些技术所能享受到的社会最优水平。

表5-5 基于区块链的贸易融资应用

工作单元	技术原理	应用案例
信用证交易	基于 R3 的区块链	2018 年 5 月汇丰(HSBC)和荷兰国际集团(ING)利用该平台与贸易巨头嘉吉(Cargill)进行了首次现场商业贸易融资交易,交易时间从 5～10 天缩短至 24 小时
基于区块链的电子提单	Wave(2015 年通过巴克莱加速器项目的金融科技创业公司)	2017 年,Wave 支持了一项交易,涉及与以色列航运公司 ZIM 和物流公司 Sparx Logistics 一起将产品从中国(PRC)运往加拿大
开账户	在 IBM 区块链平台上构建超级账本结构	2019 年 3 月意大利的 UniCredit 和比利时的 KBC 银行已经使用了这个平台促进金属包装生产商 Gruppo 与 ASA 之间的贸易

工作单元	技术原理	应用案例
开账户	马可波罗（以 Corda 为基础；与 Trade IX 平台整合）	2019 年 3 月国际技术集团福伊特（Voith）与领先的泵和阀门制造商 KSBSE 之间的两笔商业交易。其中一笔交易涉及从德国向中国交付特种液力联轴器，另一笔交易涉及在德国交付泵
供应链金融	dltledgers，一个由渣打银行建立的基于超级账本织物的平台	2019 年 1 月这笔交易是 Agrocorp International 在新加坡进行的，为其从澳大利亚的联合谷物公司（Associated Grain Corp.）购买并转售给孟加拉国客户的农产品提供了便利

资料来源：国际商会（2018 年）。

二、存在的问题

数字化远未完成，而实施成本是它面临的最大挑战之一。约 40％的受访银行认为数字化不是其当前议程的一部分，尽管约 50％的受访者认为数字化仍处于发展阶段。这种低采用率可以解释为银行在投资新兴技术时的谨慎态度，除非其他银行也这样做——确保预期收益高于成本。采用银行支付义务的成本很高，因为它需要彻底改革整合良好、由来已久的程序；并且交易双方必须启用银行支付义务。目前，缓慢的增长速度阻碍了解决方案的实施。发展中国家的微型、小型和中型企业面临严重的融资问题，尤其是在努力实现国际发展的过程中。这些困难可以追溯到几个因素，包括效率低下的流程、严格的法规和不断增加的信息不对称。为了解决这些问题，可以使用各种供应链金融产品以及现有的和新兴的金融技术类型。公司有价值的信息来源有两种：一种是无篡改的（如公开信息），另一种是受公司战略操纵的（如 MSME 伪造的证书或资格）。每个信息源都可以表明这家公司是好是坏。然后银行利用这些信号来评估公司。金融科技的目标是改善这些信号的质量（降低好公司被错误归类为坏公司的可能性），从而有助于缓解那些本应获得融资但却无法获得融资的公司的财务缺口。

贸易金融市场中的金融技术类型可以分为两类。信息处理技术（A 类），如人工智能，使银行能够有效地处理和转换原始数据为有用的信息（信号），可以直接指导决策。信息收集技术（B 类），如数字化，使金融机构能够收集额外的和准确的数据，以便在决策中进行处理。

　　碎片化还会给数字化实施带来更多挑战，使其难以与其他各方的系统兼容和互操作。银行在数字技术方面的投资主要集中在它们自己的贸易融资流程——例如，将纸质文件数字化以供内部操作使用的光学字符识别。贸易融资的利益相关者将从一种整体的方法中获益更多，这种方法要求贸易周期中的所有各方——包括海关代理、托运人和港口当局——进行数字化（Ganesh，2018）。这种方法可以通过建立全球标准和法律来支持，因为银行还认为，缺乏全球性的、已建立的数字金融标准、法律和规则以及缺乏技术专长是采用技术的主要障碍之一。根据 SWIFT 于 2013 年推出的贸易融资平台——银行支付义务（Bank Payment Obligation），债务人银行（买方银行）向接收银行（卖方银行）提供不可撤销的支付承诺。它是一种为降低风险和融资便利而创建的贸易融资工具，特别是为那些选择不使用跟单金融工具（交易是以数据形式进行的）的买卖双方。无论交易规模、地理位置或行业如何，银行支付义务安全地促进了这些数据的交换和验证。

　　区块链技术不仅增加了透明度、网络安全和运营相关的风险，并带来了监管方面的挑战。虽然区块链和分布式账本技术总体上促进了数据的透明性（因为数据可以跨网络中的所有节点访问），但它也带来了共享数据需要保密的复杂性。在跨国界的情况下，数据保护法律在亚洲和太平洋国家之间各不相同。此外，区块链技术的使用不能修复不正确的数据——当数据输入不正确时，整个网络都可以看到它，这增加了其他人根据不正确的数据采取行动的可能性。在分类账上实现的代码中的任何错误都会在整个网络中复制。过时或不安全的代码被黑客使用。包括区块链在内的分布式账本技术面临的主要监管挑战在于其复杂性。监管数字账本技术的早期尝试包括术语问题，特别是在为区块链建立具体规则的司法管辖区。必须制定一个公认的国际术语和公认的定义数字总账技术的标准。

　　尽管与贸易融资交易相关的风险较小，但总体上仍存在风险厌恶情绪，尤其是对小企业而言，因为 2018 年全球的贸易逆差估计仍为 1.5 万亿美元。中小企业跨境贸易受到利率、抵押品、监管要求和复杂的申请程序等贸易融资成本高的阻碍。采用新技术有很大的潜力，可以减少烦琐的文书和程序带来的成本，从而扩大借款者的范围。金融科技等数字技术正在帮助以更低的成本加速交易，同时为借款人提供更大的便利。虽然金融科技也可以提高金融服务的普及性，但一个关键的挑战是如何让更多人获得金融服务。例如，数字账本技术可以减少 50%～70% 的贸易融资运营成本，将周转时间减少到目前水平的 1/3 或 1/4（世界经济论坛和贝恩公司，2018）。

如果发展了必要的基础设施,这些可以极大地帮助中小企业参与国际价值链。通过加强对创新的支持,可以从国家和区域两方面为中小企业贸易融资提供支持。为了利用技术的好处和减少贸易资金的差距,还需要全球各国做出努力,建立有利于采用技术的有利环境。

三、对策建议

鉴于对贸易融资的持续、大量未满足的需求,国家和区域的公共倡议可以补充来自私营部门的贸易融资。这意味着更多的公众参与,比如出口信贷机构。国家出口信贷机构能够支持私营市场认为无利可图或风险过高的工作。2008年、2009年的全球金融危机表明,私人市场无法保证充足的流动性,而出口信贷机构和国际金融机构的工作为全球贸易的复苏作出了重大贡献。多边开发银行也可以通过提供担保和出口信贷为资源池作出贡献。

为了帮助中小企业成长,公共干预可以通过采用发达经济体的良好做法,减少贸易融资壁垒,同时支持国内信贷担保计划。例如,韩国贸易保险公司(KSURE)为中小企业出口商提供一项集体出口贸易保险计划,由代表中小企业的机构(如贸易协会)向KSURE提交申请。这对中小企业有利,因为它降低了搜索成本,提高了对信贷可得性和保险的认识。与此同时,中小企业经常用于资助业务的留存收益或非正式网络不足,因此中小企业可以通过获得外部融资而受益。国内信用担保计划和贸易融资支持都可以使中小企业从国内价值链转向全球价值链。

区域行动还可以刺激投资和在发展中经济体传播创新技术。新兴市场的私营部门创新通常源自本土企业家或全球科技公司。然而,有用技术的扩散受到缺乏涉及监管机构、企业、研究机构和企业家的协作创新生态系统的影响。这些经济体表现出监管的不确定性、繁文缛节和薄弱的知识产权保护,阻碍了对技术创新的投资。此外,薄弱的网络效应阻碍了技术从全球科技公司向国内企业家扩散,而获得风险资本的渠道有限也阻碍了初创企业的发展。亚洲许多发展中国家是中低收入经济体,在获取国际融资方面面临困难。通过增加获得贸易融资的机会来利用贸易机会的潜力很大。区域非洲经济委员会将通过向欠发达经济体的非洲国家经济委员会提供信贷和减少危险措施,促进区域内贸易;并使出口商能够接受担保或信用证。多边开发银行具有跨多个部门的区域专长,可以在协调国家机构和政策以及促进区域协议的更大共识方面发挥重要作用。例如,亚洲开发银行正在研究建立一个多边贸易信贷和担保计划的可行性。

发展一个繁荣的金融科技产业需要信息和通信技术基础设施和监管。金融科技初创公司多建立在最新的技术和支持基础设施随时可用的地方（Haddad&Hornuf，2018）。互联网安全服务的数量、移动电话的订阅量和劳动力规模以及银行贷款的渠道，也对金融科技初创企业产生了积极的影响。在亚洲和太平洋的许多发展中经济体中，这些工作仍需加强。需要帮助支持基础设施和监管改革，并为金融科技初创企业提供风险资本。

协调还应注重各种系统的互操作性，因为它可以导致在中长期内广泛采用技术。如果业务需求为涉众提供了共同的利益，那么它们应该是合理的，并且必须是协作的核心。实现互操作性的各个层次的软基础设施可以是确定的——策略和法律互操作性、人员和组织互操作性、流程和数据互操作性、平台和技术互操作性，这些是实现业务目标所必需的。提高对贸易融资产品的认识，并通过政府支持计划得以加强，可以帮助中小企业利用贸易融资。出口比国内销售更复杂：它包括国际营销和销售、分销、订单履行、运输和贸易合规，这些通常涉及比国内贸易更大的时间和金钱投资（Suominem&Lee，2015），需要更多的贸易融资数据。缺乏一个集中的贸易融资数据库表明，有必要采取主动行动，继续监测提供了多少贸易融资，以确定和应对缺口，包括那些由危机造成的缺口。从长期来看，数据收集可用于在全球贸易融资市场上创建统一的数据架构，以帮助数据分析、基准测试和政策倡导。

国际组织应继续努力缩小中小企业和当地银行的知识差距。为了促进贸易融资技术和互操作性的使用，国际组织可以与贸易融资监管机构保持公开对话，以确保在实施法规时反映贸易和发展方面的考虑。发达经济体还可以帮助改善欠发达国家的数字基础设施以促进全球贸易提供资源和技术。

参考文献

[1]Mhaka S,Jeke L. An Evaluation of the Trade Relationships between South Africa and China: An Empirical Review 1995—2014[J]. South African Journal of Economic and Management Sciences,2016:1-15.

[2]North Africa Economic Outlook:2018[R]. African Development Bank,2018.

[3]Matthew Ward. Statistics on UK-EU Trade[R]. 16 December 2019.

[4]European Union. Trade in Goods with China, European Commission [R]. May 2018.

[5]Brexit Monitor. The Impact of Brexit on (global) Trade[R]. Price Water House Coopers,2018.

[6]Economic Cooperation and Integration among Developing Countries [R]. UNCTAD,2015.

[7]The Year in Trade 2018 Operation of the Trade Agreements Program 70th Report[R]. United States International Trade Commission. December 2017.

[8]World Trade Statistical Review 2018[R]. World Trade Organization,2017.

[9]The Impact of A Trade War: Assessment of the Current Tariffs and Alternative Scenarios[J]. Canadian Economic Analysis Department,2018.

[10]Recent Trends in U. S. Services Trade:2018 Annual Report, International Trade Commission.

[11]Bart Carfagno. Trends in Trade: U. S. -ChinaGoodsTrade 2012—2017[J]. U. S. -China Economic and Security Review Commission,2017.

[12]Alex Stojanovic. Understanding the Economic Impact of Brexit [J]. Oct 2019.

[13]M. Ayhan Kose,Csilla Lakatos,Franziska Ohnsorge,et al. Global Role of the U. S. Economy Linkages[J]. Policies and Spillovers, Policy Research Working Paper,2018.

[14]Hylke Vandenbussche. EU Anti-dumping Casesa gainst China: An

Overview and Future Prospects with Respect to China's WTO Membership[J]. Centre for Transition Economics,Catholic University of Leuven,2018.

[15]Tradetensions,Implications for Developing Countries[R]. United Nations Publishes,2019.

[16]Agricultural Trade,Trade Policies and the Global Food System[R]. United Nations,2019.

[17]WTO Modernisation Introduction to Future EU proposals[R]. WTO Publishes,2018.

[18]Abdul Abiad,Kristina Baris,John Arvin Bernabe,et al. Shiela Camingue Romance,Paul Neilmer Feliciano,Mahinthan Joseph Mariasingham,and Valerie Mercer Blackman. The Impact of Trade Conflict on Developing Asia[J]. ADB economics working paper series,December,2018(155).

[19]中国人民大学重阳金融研究院."一带一路"与国际贸易新格局:"一带一路"智库研究蓝皮书:2015—2016[M].北京:中信出版社,2016.

[20]金中夏.全球化向何处去——重建中的世界贸易投资规则与格局(中国金融四十人论坛书系)[M].杭州:浙江出版集团数字传媒有限公司,2017.

[21]余淼杰.贸易开放与中国经济发展[M].北京:北京大学出版社,2016.

[22]苏宁."一带一路"倡议与中国参与全球治理新突破[M].上海:上海社会科学院出版社,2019.

[23]权衡."一带一路"建设与沿线自由贸易区发展[M].上海:上海社会科学院出版社,2019.

[24]道格拉斯·欧文.贸易的冲突:美国贸易政策200年[M].北京:中信出版社,2019.

[25]朱榄叶.世界贸易组织国际贸易纠纷案例评析.2013—2015[M].北京:法律出版社,2016.

[26]龚柏华.WTO二十周年:争端解决与中国[M].上海:上海人民出版社,2016.

[27]傅东辉.论贸易救济:WTO反倾销反补贴规则研究[M].北京:中国法制出版社,2015.